L'AUBE
UN JOURNAL D'INSPIRATION
CHRÉTIENNE DANS LA
TOURMENTE ET L'ESPÉRANCE
DES ANNÉES 1930
— SEPTEMBRE 1938 – JUIN 1940 —

©2018 Jean-Michel Cadiot

FRANCE

www.atffrance.com
ATF France est une empreinte de ATF (Australia) Ltd
PO Box 504
Hindmarsh, SA 5007
Australie
ABN 90 116 359 963
www.atfpress.com
nouveaux horizons

L'AUBE
UN JOURNAL D'INSPIRATION CHRÉTIENNE
DANS LA TOURMENTE ET L'ESPÉRANCE DES
ANNÉES 1930
— SEPTEMBRE 1938 – JUIN 1940 —

Introduction et choix de textes par
Jean-Michel Cadiot

FRANCE

2018

INTRODUCTION
De Munich à l'occupation allemande

Ce troisième et dernier livre d'articles de *L'aube* d'avant-guerre, ce quotidien d'inspiration chrétienne, est le plus long, et aussi le plus intense, lourd, dramatique, celui où cette famille spirituelle s'est le plus exprimée.

Il couvre la période allant d'avant Munich au 9 juin 1940, jour de l'arrivée à Rouen — quatre jours avant celle de Paris — des troupes nazies. L'aube, en plein exode, décide immédiatement de se saborder, ne voulant pas paraître sous occupation.

Moins de deux ans où la foi des journalistes et auteurs, mais aussi leur patriotisme, leur volonté de rassembler au-delà des clivages, leurs idées d'avant-garde et leur lucidité se sont manifestées avec le plus de force, d'écho.

Pendant les quelque vingt mois où le sort de l'Europe, et d'une grande partie du monde a basculé, il y a eu d'abord les Accords de Munich, la mainmise sur la Tchécoslovaquie, la victoire de la dictature franquiste en Espagne, les menaces de plus en plus fortes sur l'est de l'Europe. Puis, en août 1939 le pacte germano-soviétique, le partage de la Pologne, et, chaque semaine, de nouvelles avancées allemandes en Europe du Nord, la guerre de Finlande, la capitulation belge, et, après huit mois de « drôle de guerre », la victoire contre l'armée française, fulgurante, même si — comme ses confrères —, *L'aube* devenu journal de guerre, soumis à la censure militaire, se montrait d'un optimisme qui avec le recul apparaît exagéré.

Cette période est aussi celle des hésitations et errements politiques, avec les cabinets Daladier, puis Reynaud, y compris son remaniement intégrant Pétain, mais aussi le général de Gaulle.

Avant Munich, L'aube, par les voix de Francisque Gay, Luigi Sturzo, Georges Bidault et Louis Terrenoire, Pierre Corval, Jean Richard, ne cesse de mettre en garde contre les concessions face à Hitler. Pendant les initiatives dramatiques de Chamberlain auprès du Führer, le journal demande la plus grande fermeté, en particulier pour défendre la Tchécoslovaquie.

Collaborateur précieux du journal, l'écrivain et syndicaliste chrétien belge Élie Baussart, dénonce le 4 septembre les agissements de Mussolini, Hitler et Franco depuis 1936, en deux ans, qui mènent à ce qu'il appelle « l'inévitable », la guerre, et supplie la France et l'Angleterre de faire montre de « sang-froid et de fermeté » sur la Tchécoslovaquie.

Quelques semaines plus tard, L'aube exprime son opposition aux Accords de Munich, même si elle refuse d'accabler personnellement Daladier, et que ce rejet ne prendra consistance qu'au bout de quelques semaines. Sans doute l'article de Francisque Gay : « Volonté de paix » — que nous publions —, signé à l'annonce de l'accord, contient-il de l'amertume, et un brin d'espérance qui peuvent sembler anachroniques. Mais L'aube a pour principe de toujours garder une vision qui dépasse les événements immédiats. Un article du comte Sforza, ancien ministre italien des Affaires étrangères, autre grande figure de l'antifascisme en Italie avec Sturzo, montre le caractère « effroyable » de l'abandon de la Tchécoslovaquie.

Le journal avait le soutien d'une association « Les amis de l'aube », qui se transformera dès lors, devant les tensions montantes, la faillite du système politique et la perspective d'une guerre dans l'ouest de l'Europe, et de la nécessaire résistance s'imposant, se transforme fin 1938 en « Nouvelles équipes françaises », souvent appelées simplement « La nef ». Une sorte de résurgence du « Sillon » de Marc Sangnier. Ce n'est pas un nouveau parti, mais il a une organisation solide, d'immenses ambitions spirituelles et politiques, dont celle de « refonder la démocratie », et de mettre en œuvre un travail de propagande effréné pour contrer la propagande nazie.

Il ne s'agit plus de rassembler seulement « les démocrates d'inspiration chrétienne », mais « les hommes de notre esprit ». Mais de s'ouvrir à toute la société française et de défendre a civilisation européenne, les droits de l'homme.

La Nef défend en particulier le Premier ministre chrétien Paul Van Zeeland, l'opposant au « rexisme », le vainqueur du pronazi Léon Degrelle aux élections en 1937, celui qui avait dirigé avec un succès un gouvernement de large rassemblement, incluant des socialistes, pendant deux ans (1935-1937), la référence morale et politique belge. L'aube et la Nef organisent des réunions et des Congrès où se retrouvent tous les proches, parmi lesquels un Jeune Républicain, André Sidobre qui n'est autre que Maurice Schumann, futur porte-parole de la France libre, et le futur garde des Sceaux Edmond Michelet, qui fut déporté à Dachau, tout comme Terrenoire, Dannenmüller — futur agent de liaison de Bidault président du CNR — et Gaston Garo, employé de L'aube — qui sera l'agent de liaison de Francisque Gay pendant la résistance. Autres figures : Henri Fréville, futur maire de Rennes, Gilbert Perroy, futur maire du XIVe arrondissement de Paris.

Bien sûr, Marc Sangnier, Georges Hoog, Étienne Borne, tous les dirigeants du PDP (Champetier de Ribes, Jean Raymond-Laurent, Charles Flory), Ernest Pezet s'impliquent dans ce nouveau combat spirituel. Les dirigeants et militants de la CFTC, de la JOC, les Équipes sociales de Robert Garric aussi.

Jean Lacroix, cofondateur d'Esprit, mais aussi collaborateur très fidèle de L'aube, participe avec Emmanuel Mounier lui-même au Congrès de novembre 1938. De même, malgré les relations difficiles liées à leur absorption de La Vie catholique, un an auparavant, les responsables de Temps présent — ce journal dont Charles de Gaulle fut un des tout premier abonné et ami —, Ella Sauvageot, le père dominicain Boisselot, le père Chenu participent avec Beuve-Méry. Viennent aussi le radical Pierre Cot, au nom du Mouvement universel pour la paix (MUP) homme politique chrétien, et d'autres anciens ministres du Front populaire : Yvon Delbos, Léo Lagrange et Cécile Brunschwicg, de même que René Cassin, le professeur Robert Debré et Gaston Monnerville. S'associe aussi le pasteur Wilfred Monod, une grande figure du protestantisme. Le tout premier communiqué du congrès est un soutien aux juifs persécutés à l'occasion de la Nuit de cristal.

Certes, l'expérience Van Zeeland fut éphémère, l'histoire l'a presque oubliée malgré son œuvre de paix, mais elle préfigura l'Europe d'après-guerre. La Nef aussi fut éphémère ; mais elle fut un élément fondateur de la résistance, au départ spirituelle, puis de la résistance tout court — Bidaut succéda à Jean Moulin à la tête du CNR.

Début 1939, c'est la mort de Pie XI, à qui L'aube vouait une véritable dévotion, presque une vénération. Avec Pie XII, L'aube n'est plus autant en odeur de sainteté. Une campagne au Vatican accuse le journal d'être communiste. Un signe : l'interdit contre l'Action française est levé le 1er septembre. Le journal consacre un grand nombre d'articles à celui qui est nommé par Francisque Gay « sans doute le meilleur » pape de l'histoire, et laisse pointer une certaine amertume avec l'élection de Pie XII.

Du 19 février 1939 à son dernier numéro, le 10 juin 1940, L'aube d'avant-guerre se présentera comme « le journal des Nouvelles Équipes françaises ».

Puis vient le pacte germano-soviétique, l'agression contre la Pologne, et en France, la « drôle de guerre », et la mobilisation. Les articles de Terrenoire et de Bidault présentent la guerre inévitable. Cela n'empêche pas de tenter, jusqu'au bout, la paix « dans la fermeté ».

Le 24 octobre 1939, Madaule voit déjà l'après-guerre : « Il faut refaire l'Europe non pas contre l'Allemagne, mais avec une Allemagne libérée de ses démons. » Le lendemain, Francisque Gay écrit : « On a compris que cette fois, il faut en finir. La force ne peut être déposée qu'après la victoire totale. »

Terrenoire, puis Bidault, étant mobilisés, l'équipe de L'aube se rétrécit. Francisque Gay écrit beaucoup plus, aidé de Maurice Schumann, Paul Archambault, Jacques Madaule, Jean Dannenmüller, Max Scherer, Pierre-Henri Simon, Étienne Borne, Georges Hoog.

« Il faut penser la guerre », lance le 24 mai Francisque Gay, se félicitant de la nomination de Paul Reynaud, et — avec une certaine fierté de l'avoir publié en 1933 —, de Charles de Gaulle au gouvernement.

Plusieurs longs articles de l'intellectuel juif polonais Arthur Steigler, très bien documentés, décrivent comment l'Allemagne nazie crée un immense ghetto juif qu'il appelle « protectorat », à Lublin, danser l'est de la Pologne, après en avoir chassé les Polonais. Dès début 1940, L'aube explique que le but d'Hitler est l'extermination totale des juifs en Europe.

Tous les jours *L'aube* prédit néanmoins la « victoire finale », sachant bien et n'éludant pas que ce sera après une première défaite... Dans le tout dernier numéro, celui des 9-10 juin 1940, Paul Archambault écrit : « Ce qui nous menace aujourd'hui, ce n'est pas l'orgueil ou l'ivresse de la vie, c'est l'accablement de vivre, peut-être le désespoir de vivre. »

Les articles, les plus émouvants, sont écrits sur la paix, sur Noël de 1939, qui, dans sa pauvreté, ressemble à celui de Bethléem, et peut rappeler la fuite en Égypte de la Sainte Famille.

Archambaut, Madaule — qui dessine une carte de l'Europe future ressemblant à s'y méprendre à celle de l'Union européenne aujourd'hui ! —, Hourdin, Erward Montier, Pierre-Henri Simon, Étienne Borne, Ernest Pezt, François Veuillot, écrivent sur la guerre et la paix, le sentiment chrétien, l'espérance éperdue, la nécessité d'accueillir des réfugiés, juifs de l'Europe de l'Est et espagnols. Combat inlassable « pour Dantzig », avec jamais un mot blessant pour le peuple allemand.

Pendant ces derniers mois de sursis à l'irrémédiable horreur de la guerre, *L'aube* se distingue en publiant — il l'a certes fait depuis le début — un très grand nombre d'articles écrits par des femmes : Jeanne Ancelet-Hustache, la grande germaniste, Cécile de Corlieu, Pauline Lecormier, mais aussi Marguerite George, Marguerite d'Escola, Jeanne-Etiennette Durand, Isabelle Sandy, Geneviève Dardel, et Hélène Dufays, qui appelle à la mobilisation citoyenne des femmes. Hélène Dufays rend aussi un long et bel hommage à la féministe laïque — le mot « neutre » était alors à la mode — Adrienne Avril de Sainte-Croix, dont elle nous révèle les liens avec l'Église catholique.

En huit ans, *L'aube* avait bien donné des espoirs de vivre.

Et, au-delà d'une résistance sans haine, elle a contribué à créer la refondation, la réconciliation et la démocratie nouvelle d'après-guerre.

Jean-Michel Cadiot

ANNÉE 1938

N° 1853 — 1ᴱᴿ SEPTEMBRE 1938
Réalisme de Briand
On vient de rappeler, avec des moqueries, l'anniversaire de la signature du pacte Briand-Kellog, qui mettait la guerre hors la loi. On a raillé, une fois de plus, la politique extérieure qui, entre 1919 et 1935, fut celle de la France. On a parlé d'irréalisme.

Ce mot d'irréalisme appliqué à l'action de Briand me choque. Je sais que celui-ci avait des défauts, qu'il n'était pas laborieux au sens vulgaire du terme, et qu'il ne soignait pas assez les détails. Il appartenait, comme tous les vrais diplomates, comme Talleyrand et comme Mazarin, à cette race d'hommes d'État qui ne gouvernent pas les choses, mais qui gouvernent les hommes, agissant sur les passions, faisant davantage de psychologie que de technique ; et c'est pour cela sans doute qu'il est resté parmi nous un signe de contradiction. Au contraire d'un Poincaré qui répondait à la main à toutes les lettres que des inconnus lui écrivaient, qui étudiait personnellement tous les dossiers et qui plaidait consciencieusement devant les Chambres la thèse de l'État pendant des journées entières, sans d'ailleurs convaincre personne, Briand n'avait pas d'autre méthode de travail que celle qui consiste à utiliser les hommes, puis à agir sur eux en flattant leurs passions ; on a dit de Briand qu'il ne savait rien et qu'il comprenait tout. On a exagéré. Ce qui est vrai, c'est qu'il n'aimait ni l'érudition, ni les livres et que lorsqu'il avait besoin de connaître l'état d'une question, plutôt que d'étudier lui-même, il préférait interroger un fonctionnaire en fumant une cigarette, dans le grand bureau du quai d'Orsay face à la Seine, et lui faire livrer son savoir. Poincaré fut un grand commis. Briand fut un excellent diplomate. Mais peut-on dire qu'il manqua de réalisme ? Vraiment, je ne le pense pas.

Pour l'affirmer sans hésitation, il ne faut jamais avoir lu le texte d'un des quinze ou vingt grands discours de politique extérieure qu'il prononça pendant les six années qu'il demeura à la tête de notre diplomatie, il ne faut rien savoir de ce qu'était le traité de Versailles dont Briand ne porte pas la responsabilité, mais qu'il était chargé d'appliquer, il ne faut rien connaître de la carrière de Briand qui n'est au contraire qu'une longue soumission au réel.

Lorsque Briand montait à la tribune de la Chambre pour répondre aux critiques de ses adversaires, il avait toujours coutume de leur rendre d'abord hommage. Il reconnaissait ce qu'il y avait de théoriquement justifié dans leurs critiques. Il épousait leur thèse. Il la développait. Il la reprenait à son compte. Il s'écriait : « Ah ! Comme mes contradicteurs ont raison ! Comme je voudrais pouvoir faire ce qu'ils demandent ! Comme ce serait plus commode ! Malheureusement, je vis dans une époque donnée et je suis obligé de tenir compte des contingences. J'aimerais, moi aussi, que les négociations du traité de Versailles aient mis l'Allemagne définitivement hors de cause, ma tâche en serait rendue plus facile. J'aimerais que l'Angleterre et l'Allemagne soient à nos côtés pour appliquer ce traité dont elles nous ont imposé certaines clauses. J'aimerais garder un contact plus étroit avec nos amis de l'Europe centrale. J'aimerais que la France soit entourée d'alliés. Mais, ajoutait en général Briand, pour l'instant la question ne se pose pas ainsi. Elle ne se pose pas de savoir ce que théoriquement et idéalement nous aurions dû faire, mais de savoir ce que nous pouvons faire aujourd'hui. Je m'efforce de me servir des atouts que la France a dans son jeu, de travailler avec les atouts que j'ai dans les mains, de corriger les insuffisances des traités. »

Et Briand agissait conformément aux déclarations dont j'ai essayé de résumer l'esprit. Il ramenait l'Angleterre à nos côtés. Il faisait accepter librement par l'Allemagne les frontières de 1919. Il faisait de la Société des Nations le centre le plus actif de notre diplomatie, celle où la France consolidait ses alliances et maintenait la cohésion de l'Europe centrale. Il empêchait, en 1931, quelques mois avant sa mort, la première tentative d'Anschluss. Il occupait les chancelleries de ses initiatives renouvelées. Il donnait vie aux traités. Tout cela sans sacrifier la force de notre armée. Je ne vois pas vraiment ce qu'on peut lui reprocher sur le terrain des faits.

Alors que reste-t-il de cette fameuse accusation d'irréalisme ? Il reste que Briand couvrit son action diplomatique d'un grand voile d'idéalisme et qu'il prêcha la paix. Il savait bien tout ce qui menaçait l'édifice de Versailles bâti sur les sables. Pour essayer de sauver ce qu'il était de son devoir de sauver, il comprit qu'il devait créer un courant favorable à la paix dans l'opinion internationale et se laisser porter par lui. Il fut à sa manière un précurseur qui vit le premier l'importance qu'allait prendre l'opinion publique européenne. Alors que, pour réaliser leur rêve d'impérialisme, les dictateurs imposent depuis deux ans à l'Europe un chantage à la guerre, Briand, lui, pour faire durer les traités fit, si j'ose dire, un chantage à la paix. Et, là encore, aucune trace d'irréalisme. Il devina que la paix était définitivement du côté de la France en 1919, d'une France ayant retrouvé l'Alsace-Lorraine et forte de son empire colonial. Son astuce fut d'avoir lié les réalités passagères de l'application et du maintien des traités à cette réalité permanente du destin français ; le désir de paix.

Les hommes qui, depuis deux ans, utilisent démagogiquement la volonté pacifique de notre peuple pour faciliter à M. Hitler la révision des traités ne sont pas qualifiés pour reprocher à Briand son pacifisme patriotique d'il y a dix ans.

Georges Hourdin

N° 1855 — 3 SEPTEMBRE 1938

À propos des 40 heures
Ces mots ont fait couler beaucoup d'encre et le récent discours du président du Conseil annonçant un « aménagement » a réveillé les passions. À droite, on écrit que la France est perdue si la loi n'est pas abrogée. Cette mesure doit, par un coup de baguette magique supprimer toutes les difficultés. M. Guignoux, peu suspect, sait-on jamais, après tout… a fait justice de ces sophismes. C'est une grave erreur de croire que l'aménagement de la loi de 40 heures suffit à résoudre tous les problèmes.

À gauche, on proclame la loi intangible dans sa rigidité, sans se rendre compte qu'un peu de souplesse, permettrait à l'amélioration des conditions de travail, voulue par le législateur, de subsister, malgré la concurrence, momentanée peut-être, mais réelle, des pays voisins où l'on travaille encore davantage pour un salaire moindre.

Jouhaux a pourtant reconnu que la loi ne pourrait être maintenue si cette concurrence durait. La vérité, comme toujours, n'est ni à droite ni à gauche, où les exagérations sont manifestes, mais dans le retour au simple bon sens. Nos voisins pourvus de régimes totalitaires fournissent un effort considérable de réarmement. Comment ne pas comprendre la nécessité, si notre régime démocratique ne veut pas charger les chaînes de l'esclavage, de répondre à cet effort par une démonstration de solidarité nationale, qui prouvera notre volonté de défendre à la fois nos libertés, notre indépendance et notre civilisation.

Nous ne pouvons éviter, dans la situation internationale actuelle, de prévoir des heures supplémentaires pour les industries de guerre et celles qui peuvent obtenir des commandes et fournir du travail. Mais certaines usines ne tournent que 32 heures, d'autres moins encore, et naturellement, elles ne demandent pas d'heures supplémentaires. Comment arriver à rendre à celles-ci la prospérité, pour leur permettre de travailler 40 heures ? Il ne suffit pas de produire pour faire cesser toutes les difficultés. Il manque d'acheteurs, et on ne peut plus dire, après les deux dernières dévaluations, que les 40 heures et les charges qui en résultent sont en cause. Ces usines travaillent en grande partie pour l'exportation. Si la France a, pendant plusieurs années, laissé envahir son marché intérieur, par des produits étrangers, belges, allemands, anglais, tchécoslovaques, etc., vendus meilleur marché, soit par suite des dévaluations des monnaies de ces pays, soit par suite des salaires inférieurs, il ne semble pas que les pays susnommés soient disposés à autoriser l'importation massive de produits français, que les récents alignements du franc permettraient d'offrir à bon compte.

Des mesures immédiates ont été prises dans les pays voisins pour empêcher l'envahissement des produits français. Sut le plan économique, nos voisins, amis ou ennemis, sont plus vigilants que nous. L'augmentation de la production risquerait dans ces conditions pour un certain nombre d'industries, d'aggraver la crise née de la surproduction, ne l'oublions pas.

Soyons donc objectifs, et ne nous laissons pas entraîner dans l'esprit partisan. Collaborons avec nos organisations coopératives, avec les Pouvoirs publics pour faciliter leur tâche difficile, au lieu de l'entraver par des critiques négatives et souvent injustes et inconsidérées.

Nous aurons ainsi véritablement rempli notre devoir de bons citoyens et travaillé à réaliser le bien commun.

Aide-toi… le Ciel t'aidera, disait le proverbe. C'est toujours vrai.

Maurice Duhamel

N° 1856 — 4-5 SEPTEMBRE 1938

L'heure dangereuse
Le pauvre Eugène Dabit écrivait dans son journal, en 1936, qu'à chaque été, c'était l'angoisse et l'inquiétude, la menace de la guerre. Mais « cette menace, continuait-il, se fait d'année en année plus précise ; elle va devenir réalité ». S'il vivait encore, combien sentirait-il plus fortement cette menace, comme il verrait toute proche de lui cette réalité.

La guerre d'Abyssinie tirait à sa fin, mais deux foyers n'étaient pas allumés, celui d'Espagne et celui de Chine. L'Autriche était toujours indépendante et la question des Allemands des Sudètes, non encore empoisonnée par l'idéologie raciste, ni utilisée par l'impérialisme allemand, était un problème dont la politique intérieure de la Tchécoslovaquie avait seule à connaître. Le Reich n'avait pas encore poussé son réarmement comme aujourd'hui, l'axe Rome-Berlin n'était pas créé. La S.D.N., enfin, présentait une façade solide : elle venait de montrer sa vitalité en entraînant avec elle plus de cinquante États engagés à appliquer à l'Italie des sanctions économiques et financières. Comment serions-nous tentés de nous demander, pouvait-on craindre alors pour la paix ? Et cependant, l'alarme était réelle, et Dabit n'était pas le seul à redouter « le commencement de l'horreur et du chaos ». Il faudrait peut-être conclure de là qu'il ne faut jamais se résigner à la guerre et que ceux qui ont le pouvoir de la déchaîner hésiteront toujours à faire le pas qui les engagera devant l'histoire. Aujourd'hui, à regarder le chaos froidement, il faut reconnaître que, à côté des conditions générales qui constituent un état de pré-guerre, se succèdent des faits qui laisseraient croire que la paix ne tient plus qu'à quelques fils, et que, si ceux-ci venaient à se rompre…

Est-ce que l'Italie n'agit pas comme si elle avait renoncé à son accord avec l'Angleterre ? Il est peu vraisemblable que Franco ait rédigé, sans accord avec ses « alliés » sa réponse qui n'est rien de moins qu'une fin de non-recevoir. C'est donc que derrière lui Mussolini et Hitler sont décidés à gagner, coûte que coûte, la guerre d'Espagne et que le premier, certainement encouragé par le Führer, entend poursuivre sa politique d'hégémonie dans la Méditerranée. Les excitations de la presse fasciste contre la France, le refus de passeports aux touristes italiens en France, confirment à leur tour que le Duce ne veut aucun accommodement avec Paris, qu'il considère la République comme l'ennemi principal dans la guerre qu'il prépare ? D'autre part, les affaires de la Tchécoslovaquie ne paraissent pas devoir s'arranger. Tout d'ailleurs autorise les pires inquiétudes de ce côté : et cette précipitation dans les travaux de fortification aux frontières occidentales du Reich, et cette véritable mobilisation, pendant des semaines, de plus d'un million d'hommes sous prétexte de manœuvres !

Si vraiment, et nous le souhaitons de tout cœur, tout cela ne signifie pas qu'on prépare la guerre, non pas pour demain, mais pour aujourd'hui, c'est que les gouvernements qui se livrent à ces exercices jouent avec le péril avec une inconscience criminelle.

Faut-il donc accepter la fatalité de la guerre ? Moins que jamais, nous le pensons. Un homme politique français disait un jour que pour faire la guerre, il fallait être deux. Il reste aux puissances menacées d'agir avec sang-froid et fermeté pour conjurer ce qui paraît être l'inévitable. La Tchécoslovaquie, par sa froide décision, l'Angleterre, par son énergique intervention, ont, le 21 mai, arrêté la bille au moment où elle s'engageait sur la pente.

La France et l'Angleterre peuvent encore sauver la paix et l'Europe et la civilisation.

Qu'elles opposent des nerfs d'acier à l'agitation des États menaçants, une claire intelligence des réalités, une fermeté inébranlable dans la définition des positions conciliatrices au-delà desquelles on ne les entraînera pas, quoi qu'il dût arriver.

Elles sont fortes, assez fortes pour que la partie paraisse à des voisins malintentionnés trop mal engagée pour être livrée.

Élie Baussart

N° 1860 — 9 SEPTEMBRE 1938

La Biennale de Venise
Pour les milieux cinématographiques, la Biennale de Venise est un événement important. C'est une sorte de concours mondial qui se tient chaque année au mois d'août. Pourquoi le nom de Biennale, si l'épreuve a lieu tous les ans ? C'est que, naguère encore, il s'agissait d'une manifestation à laquelle participaient tous les arts, et qui avait lieu tous les deux ans. On eut la honteuse hardiesse d'y admettre le cinéma, et le cinéma a pris tant de place qu'on est revenu à Venise tous les ans, pour lui seul. L'avantage de cette compétition, c'est que tous les peuples producteurs de cinéma y prennent part, avec des films désignés officiellement. La Biennale dure une quinzaine de jours, pendant lesquels on présente successivement les films envoyés par les diverses nations. Théoriquement, on peut penser que le meilleur de la production cinématographique mondiale paraît à Venise ; en fait, il y aurait de graves réserves. En France même, ce ne sont pas toujours les meilleurs films que notre gouvernement désigne, et il faut avouer que sa tâche est difficile.

Cette confrontation de la production de tous les peuples peut devenir évidemment la source de grands progrès pour l'art : et une pareille épreuve devrait nécessairement être internationale, car nécessairement, le cinéma ne peut se limiter aux frontières. Entendons-nous ; chaque peuple doit produire des films selon son génie ; les essais de films internationaux ont été lamentables, mais la variété des spectacles, l'hygiène intellectuelle et l'ampleur des capitaux investis exigent ensemble que chaque nation accepte avec les siens les meilleurs films de la production universelle.

L'an dernier, le cinéma français avait remporté à Venise un gros succès, et cette année encore, il s'est placé fort avantageusement. Il a été longtemps de mode de dénigrer notre production : bien à tort, car ce n'est pas d'hier que nous avons de bons films. Cependant, il est arrivé que l'Amérique s'est un peu désintéressée de la compétition de Venise et que l'Allemagne, depuis Hitler, s'est trop employée aux films de propagande, pour sacrifier suffisamment à l'art. Les autres nations productrices, malgré de grands efforts, notamment en Italie, ne sont arrivées qu'à des résultats partiels. Cette année, il a suffi aux Américains d'envoyer *Blanche-Neige et les sept nains* pour dominer indiscutablement le concours. On a donc attribué au grand film de

Walt Disney « Le Trophée d'art et de l'Exposition », récompense créée spécialement.

La Coupe Mussolini, qui est ensuite le prix le plus important, a été partagée entre deux films, l'un allemand, l'autre italien : *Les Dieux du stade*, l'œuvre puissante réalisée sur les Jeux olympiques par Leni Riefenstahl ; et *Luciano Serra, pilote*, ce dernier film réalisé par Alexandrini et supervisé par Vittorio Mussolini, le fils du Duce, est consacré à la gloire de l'aviation italienne dont on magnifie notamment les exploits en Éthiopie. Le cinéma italien, pas plus que le cinéma allemand, ne perdent de vue qu'ils ont à servir et bien naïf qui croirait que l'art seulement est en jeu !

La France présentait, outre une intéressante rétrospective du cinéma français, depuis ses origines, six productions : *Quai des Brumes*, de Marcel Carné, *La Mort du cygne*, de Benoist-Lévy, *Abus de confiance*, d'Henri Decoin, *Ramuntcho*, de René Barberis, et deux films inédits, *Le Joueur d'échecs*, de Jean Breville, *L'Innocent*, avec Noël-Noël. On s'étonne que ne figurent pas dans cette sélection *Sœurs d'armes*, de Léon Poirier, *J'accuse*, d'Abel Gance, *le Petit Chose*, de Maurice Cloche.

Quoi qu'il en soit, à Venise, on a attribué la Coupe du Jury international pour la première sélection nationale à l'ensemble de la sélection française, y compris la rétrospective. Cela est très flatteur et sans doute mérité ; la France obtient aussi le prix du meilleur film d'actualité avec *Le Voyage des souverains britanniques en France*, et le prix du meilleur documentaire, avec *Kara Koran*.

Le film de Marcel Carné, *Quai des brumes*, avait fait grande impression par sa valeur artistique, mais le sujet du film avait valu à la France les habituels brocards. Nos ennemis avaient trop beau jeu à souligner que nous ne sortons pas des histoires d'apaches ; soyons sûrs qu'ils ne s'en désolent pas, et ils n'ont pas perdu cette occasion de marquer que notre art n'est au service que de notre décadence. Ils ont récompensé le film sans le louer directement, en attribuant à Marcel Carné la médaille du meilleur metteur en scène. Ce n'est pas sans justesse : mais voilà comment on nous envoie jouer de l'accordéon. Il est plus difficile d'expliquer pourquoi on a attribué la « Coupe du ministère de la Culture populaire » au film de Léonide Maguy, *La Prison sans barreaux*. Ce film n'est assurément pas sans mérites, quoi qu'il ne puisse se comparer et de loin à tels de ses concurrents français, notamment *La Mort du cygne*, mais que peut venir faire là la « culture populaire ? » Il s'agit, on le sait, d'une maison de correction pour jeunes filles d'abord mal administrée, et dont une nouvelle direction fait un endroit idyllique.

Ce n'est pas la première fois que l'on a lieu de s'étonner de la manière dont le fascisme, dans la question du cinéma, entend la morale. Il semblerait que le goût de la discipline, si fortement revendiqué par Mussolini dût faire blâmer en Italie les mêmes films qu'en France, quand ils touchent à certains points fondamentaux. Il est arrivé plusieurs fois qu'il n'en soit pas ainsi, et cela ne s'explique pas toujours, s'il arrive que cela aide à comprendre telles différences curieuses. Quelque moraliste s'en préoccuperait utilement.

Sur le public, l'influence de la Biennale de Venise ne paraît pas jusqu'ici considérable, au moins en France. Les prix fournissent un argument de publicité, sans plus, et qui ne porte pas plus que d'autres. L'intérêt vient d'ailleurs et notamment de ce que des productions nationales encore ignorées, comme la japonaise, la tchécoslovaque, la hongroise, l'arabe, pourrait brusquement un jour surgir dans un grand film que Venise consacrerait. En attendant, Venise n'est pas sans travailler à renforcer sensiblement l'influence des gouvernements sur la production cinématographique.

Michel Collinet

N° 1862 — 11-12 SEPTEMBRE 1938

Ceux qui trahissent la patrie
Nous haïssons la guerre et, à la différence de certains néophytes du pacifisme, nous la haïssons depuis toujours. Quand il s'est agi d'organiser la paix, quand il s'est agi de réaliser l'apaisement des esprits et des cœurs, quand il s'est agi d'obtenir le désarmement bilatéral et son contrôle, nous avons toujours été — et au prix de quels outrages ! — avec ceux qui, fidèles au sacrifice des morts, voulaient à jamais empêcher le retour du cauchemar. Chaque fois, nous avons trouvé contre nous l'acharnement de ces mêmes hommes qui, après avoir écarté toute conciliation quand la conciliation était possible, en sont aujourd'hui à réclamer l'agenouillement de la patrie devant le péril que leur fanatisme et leur aveuglement ont contribué à ressus-

citer. Nous, nous n'avons pas changé. Si des sacrifices peuvent fonder la paix, nous proclamons que ces sacrifices, même lourds, même très lourds, doivent être consentis. Si par exemple, en échange de la neutralité tchécoslovaque, l'Allemagne s'engageait dans la voie d'un désarmement contractuel et vérifié, la neutralité tchécoslovaque serait en effet un élément de solution. Est-ce de cela qu'il s'agit ? Nullement. De prétendus nationalistes réclament aujourd'hui qu'on « laisse tomber » les Tchèques, sans autre contrepartie que de gagner quelques semaines avant la ruée ou l'abdication. Je considère qu'on calcule, avec cynisme, que la Tchécoslovaquie sera le prix qu'on achètera la paix. Mais peut-on croire sans démence, ou affecter de croire sans trahisons, que l'abandon d'un peuple ami puisse détourner demain le Reich des nouvelles entreprises que son chef a toujours proclamées nécessaires et dont nous sommes les victimes désignées ?

L'abandon de la Tchécoslovaquie se présente donc non seulement comme une action sans honneur, non seulement comme une action sans profit, mais comme un geste qui sauve, si on peut dire, trois semaines de présent pour perdre irrémédiablement l'avenir. Il se trouve cependant des gens qui, parmi ceux précisément qui font profession de dénoncer depuis vingt ans l'Allemagne et ses desseins, pour réclamer que la France se réserve à la seule défense de ses « intérêts immédiats ». « Y en a marre des Tchèques », matraqueurs des pauvres Sudètes, etc.… Ne croyez pas que j'invente. Vous trouverez tout cela dans les articles qu'ont publiés ces jours-ci deux quotidiens marseillais *Le Petit Marseillais* et *Le Soleil de Marseille*, articles qui, dans les circonstances où ils ont encouragé Hitler constituent au sens propre du mot des actes de haute trahison.

Le peuple français qui aime passionnément la paix saura se souvenir de ceux qui, par leur fanatisme pour les régimes fascistes, l'ont lâchement frappé dans le dos. Il fera tout pour sauver la paix, et il sait que ce n'est pas en se suicidant qu'il la sauvera. Mais il n'oubliera pas qu'au moment critique le péril a été aggravé du fait de l'usage que l'adversaire a pu faire de ce qu'ont publié chez nous au détriment du salut public les rédacteurs du Bonnet blanc de la nouvelle trahison.

Georges Bidault

N° 1866 — 16 SEPTEMBRE 1938
Les coups de théâtre se succèdent
Neville Chamberlain rentre à Londres. On avait dit qu'il resterait jusqu'à samedi. Il y a donc novation au programme, s'il faut du moins s'en rapporter à ce qui était prévu. Gardons-nous de toute imprudence d'appréciation, spécialement en un sens pessimiste. Une nouvelle entrevue est, nous dit-on, envisagée entre les deux chefs de gouvernement. Ce qu'il est impossible de savoir, c'est si cette entrevue n'est mentionnée que comme une clause de style ou s'il s'agit bien d'une reprise des pourparlers qui, après consultation du cabinet britannique, et, nous en sommes assurés, du gouvernement français, prendrait des dimensions plus importantes qu'il n'avait été supposé au départ. Cette deuxième hypothèse non seulement ne serait pas inquiétante, mais elle serait certainement favorable.

Ce que nous voulons espérer, c'est que les conversations de Berchtesgaden ont débordé le cadre primitif. Plus le cadre s'élargit, plus le problème apparaît susceptible de solutions satisfaisantes. Je répète que le voyage de M. Chamberlain ne peut s'expliquer par le consentement britannique au dépècement de l'État tchécoslovaque selon les volontés du Führer. Si donc les entretiens de Berchtesgaden ont porté sur tous les problèmes qui ont besoin d'une solution en vue d'un règlement général, le besoin ressenti par M. Chamberlain de consulter ses collègues doit être interprété comme l'indication qu'on s'oriente dans le seul sens que depuis le début nous avons déclaré souhaitable. Si l'autre explication était la bonne, il faudrait évidemment s'attendre au pire, et le voyage de Berchtesgaden n'aurait eu d'autre résultat (et c'en est un, immense) que de mettre en pleine lumière, après tant d'efforts inutiles, la responsabilité du crime. Nous espérons tant qu'il restera un brin d'espérance, nous refusons seulement de mettre notre espérance dans l'abandon des principes auxquels notre indépendance est attachée. Une possibilité d'entente existe. C'est cette possibilité que M. Neville Chamberlain a assumé la mission historique de faire aboutir. Elle consiste dans la reconstruction quasi totale de l'Europe. Laisser l'Allemagne démolir l'un après l'autre les murs de soutènement sur lesquels repose l'ordre continental serait une complicité accordée aux destructeurs de la civilisation. Tout remettre sur le tapis, envisager fermement sur des bases de justice et de raison un ordre européen qui permettrait aux idéologies de coexister sans violence, aux nations de voisiner sans querelles, à la paix de durer sans abdication, c'est une tâche au contraire, que nous ne pouvons envisager qu'avec le désir d'y collaborer. [...]

Georges Bidault

N° 1870 — 21 SEPTEMBRE 1938

La crise des Allemands-Sudètes catholiques

Dès que l'Autriche tomba aux mains de Hitler, les Allemands-Sudètes catholiques furent pris de panique, crurent que l'heure de leur destin arrivait : qu'ils allaient subir à brève échéance le même sort que les catholiques autrichiens, et ils devinrent, contre leur volonté, nazistes eux-mêmes. Beaucoup votèrent pour les listes de Heinlein, d'autres se tinrent à l'écart en silence, le clergé se divisa, la question nationale prit le dessus, les ministres allemands du Cabinet Hodza démissionnèrent, les chrétiens-sociaux cessèrent de faire partie de la majorité gouvernementale : ce fut la débandade. Un de leurs chefs a dit : « Nous n'avons pas à être plus catholiques que le cardinal Innitzer ! » (lequel, entre parenthèses, est un Allemand des Sudètes). C'est ainsi que jusqu'à maintenant seul le parti de Heinlein a eu la parole et a représenté les intérêts, les aspirations, les revendications des Allemands-Sudètes dans les tractations avec le gouvernement tchécoslovaque et avec lord Runciman. Les catholiques organisés dans le parti chrétien-social (environ un tiers de la population allemande de la Tchécoslovaquie) sont restés dans l'ombre, subissant ou acceptant une tactique qui les conduisait vers le Reich de Hitler. Comment cette attitude a-t-elle été possible quand ils avaient devant les yeux le sort les exemples de la Sarre et de l'Autriche ? Les catholiques de la Sarre qui formaient une majorité compacte — unis aux socialistes — auraient pu, lors du plébiscite de janvier 1935, répondre non et demander le renvoi à dix ans de l'incorporation au Reich. Mais ils subirent la propagande nazie, aidée par les directions des évêques de Spire et de Trèves (qui croyaient à la gratitude... religieuse de Hitler), et ils n'écoutèrent pas ou ne comprirent pas le télégramme du Vatican qui laissait les catholiques libres, en conscience de voter à leur gré, selon les intérêts religieux et moraux.

Aujourd'hui, les catholiques de la Sarre n'ont plus leurs syndicats, leurs coopératives, leur presse : ils n'ont plus leurs écoles libres. En échange il y a la propagande antichrétienne de la race, il y a les persécutions anticatholiques ; et personne ne peut réagir : tout le monde doit se taire ou applaudir. Mais si le tort des catholiques de la Sarre peut s'évaluer au chiffre de cinquante, celui des catholiques d'Autriche monte à quatre-vingt-dix. Rien ne justifiait leur philo-nazisme, leur politique philo-mussolinienne. Ils ont cru se délivrer du socialisme (les fatales journées de février 1934 sont la faute la plus grave de leurs hommes politiques) et ils sont tombés aux mains de Hitler. Après ces deux exemples, est-il possible que les catholiques sudètes ne comprennent pas qu'ils n'ont aucune excuse, s'ils laissent venir l'instant fatal où ils seront détachés de la Tchécoslovaquie ? Aujourd'hui, ils ont journaux, écoles, députés, liberté, possibilité d'obtenir cette autonomie et cette parité de droits qu'ils demandent depuis vingt ans. Pourquoi tomber sous la tyrannie naziste, qui les assujettit à la persécution antichrétienne comme leurs frères malheureux de La Sarre et de l'Autriche ?

Les catholiques belges, pour sauver leurs droits scolaires, ont mené des batailles politiques qui ont duré un demi-siècle. Les catholiques français continuent depuis près d'un siècle à maintenir leurs écoles et à maintenir leur existence. Et les catholiques allemands en feraient fi pour un faux nationalisme où ils engloutiraient liberté et religion ? Pendant que j'écris cet article arrive la nouvelle que les Allemands-Sudètes catholiques, socialistes, agrariens et libéraux ont formé un nouveau parti : le « parti des Allemands de Bohème », lequel, acceptant de traiter avec le gouvernement tchécoslovaque sur la base des dernières propositions en faveur de l'autonomie des minorités, refuse le détachement de la Tchécoslovaquie, voulu par Heinlein pour l'union au Reich allemand. C'est à un acte d'importance exceptionnelle. C'est la première fois que des Allemands ont le courage de dire non à Hitler et que des catholiques, enfin, savent prendre leurs responsabilités comme catholiques.

Si cette information est complètement exacte comme nous l'espérons, et si le nouveau parti sait tenir tête au chantage naziste et dominer la peur (de l'union au Reich), alors la situation internationale aussi pourra s'améliorer, comme pourront se calmer les angoisses du monde devant une guerre injuste et catastrophique.

Luigi Sturzo

N° 1871 — 22 SEPTEMBRE 1938

Tour d'horizon

Tache d'huile

La tache d'huile s'étend avec une rapidité infernale. En quelques jours, nous sommes passés des huit points de Carlsbad à la demande de rattachement des Sudètes au Reich du plan franco-anglais acceptant ce rattachement aux exigences soudaines de la Hongrie et de la Pologne, équivalant au démembrement complet de la Tchécoslovaquie. Où donc et comment s'arrêtera l'effroyable progression ?

Lucidus

N° 1878 — 30 SEPTEMBRE 1938

Volonté de paix

Jamais plus qu'en ces longues semaines d'angoisse nous n'avons eu une plus claire conscience de l'effroyable péril qui nous menaçait. Qu'aurions-nous pu redouter davantage que de voir les dures contraintes de la violence s'imposer comme des exigences de la justice, du droit, de la paix ? L'insidieuse manœuvre a pu parfois, nous inquiéter et nous troubler. Pourtant, les hommes de notre esprit ne s'étaient-ils pas, sur ce plan, toujours trouvés unanimes ? Jamais, depuis vingt ans, ils n'avaient connu d'hésitation. Après la sanglante tragédie qui avait secoué l'Europe, ils avaient à opposer aux solutions de force leur message de fraternité. Nous avons été parmi les premiers et les plus fermes à déceler et à dénoncer les multiples ferments de la discorde que contenaient les traités de 1918. Nous n'avons cessé, cependant, de recommander qu'on s'impliquât à utiliser toutes les possibilités qu'offraient les nouvelles institutions internationales, qu'il fallait d'abord et de toute urgence amender.

Nous nous sommes donc impliqués avec une farouche résolution à seconder tout effort entrepris pour obtenir le désarmement des haines ou des forces de destruction. Pas une initiative n'a été prise, par qui que ce soit, pour substituer des procédures d'arbitrage aux méthodes de violence qui n'ait eu aussitôt notre appui enthousiaste.

Hélas ! Il nous a bien fallu constater que, chez les vainqueurs comme chez les vaincus, les passions exacerbées d'un nationalisme négatif venaient contrarier, paralyser les plus généreuses entreprises pour instaurer une paix durable entre les peuples. Trop longtemps, on a vécu dans l'espoir fallacieux que des nations épuisées et humiliées consentiraient à assumer seules la charge de réparer les dommages causés par quatre années d'une guerre atroce. Trop longtemps, on s'est refusé à comprendre que si certains aménagements des frontières territoriales n'étaient pas faits pacifiquement, ils seraient un jour imposés sous la menace des armes et sans nul souci de justice. Trop longtemps, on s'est imaginé qu'un État de 65 millions d'habitants, disposant d'un formidable potentiel industriel, pourrait indéfiniment rester seul désarmé dans une Europe qui s'épuisait à renforcer son lourd appareil militaire.

Trop longtemps, on a cru qu'il était expédient de laisser des nations où fermentait l'espoir d'une revanche, hors de l'assemblée où devait se préparer une réorganisation pacifique de l'Europe. Tout cela, nous n'avons cessé de le clamer de toutes nos forces, à chaque occasion, sans nous soucier autrement des injures et des menaces qu'on nous prodiguait : visionnaires, objecteurs de conscience, pacifistes bêlants, défaitistes, traîtres, etc.…

Pourtant, dans la poursuite de notre idéal, nous avions soin de bous cramponner même aux plus décevantes et aux plus fragiles réalités de la politique internationale. Non seulement nous n'avons jamais consenti à un désarmement unilatéral et incontrôlé, mais quand il était encore temps, nous applaudissions Briand s'associant à Maginot, pour réclamer un renforcement de la défense nationale, tout en poursuivant ses efforts en vue du perfectionnement de la sécurité collective.

Hélas ! Les faiblesses congénitales des organismes genevois n'offraient qu'une insuffisante résistance aux assauts répétés de tous les nationalismes. Des procédures étrangères à l'esprit de Wilson et de Briand durent être employées. Les protocoles d'arbitrage, les pactes de non-agression ou d'assistance, les conventions de limitation des armements terrestres, navals ou aériens s'avérant inopérants, on tenta pour les appuyer de reprendre parallèlement la vieille politique d'alliances. Naturellement, ce compromis bâtard des deux politiques ne réussit pas à empêcher l'agression du Japon contre la Chine, ni la conquête de l'Éthiopie par l'Italie, ni la guerre civile d'Espagne.

Du reste, un peu partout à travers l'Europe, de nouvelles dictatures s'installaient. L'Allemagne surtout s'était donné un nouveau maître. Celui-là savait ce qu'il voulait. Dix ans avant d'accéder au pouvoir suprême, il avait fixé son plan. Aussitôt en position des leviers de commande, il en poursuit la réalisation. Même alors, nous nous sommes refusés à désespérer. Ne constatons-nous pas que, préoccupé de consolider son régime, à l'intérieur, Hitler paraissait disposé à éviter les causes de conflit avec les nations démocratiques ? Il fallait l'encourager à persévérer. Quand il proposa une limitation générale des armements, alors que la Conférence du désarmement menaçait d'avorter, nous avons été les premiers à demander qu'on le prît au mot. Pourquoi ne pas reconnaître toutefois que mille raisons rendaient ses propositions suspectes ? Quoi qu'il en soit, en face d'une Europe impuissante et inerte, il va désormais se libérer une à une de toutes les obligations imposées par le « diktat » de Versailles : dénonciation des derniers engagements pour les réparations, militarisation de la Rhénanie, réarmement de l'Allemagne.

Tant qu'il ne touche pas au statut territorial de l'Europe, les gouvernements atterrés laissent faire. D'autant que, chaque fois, on nous annonçait que c'était bien la dernière qu'on nous ferait peur : « Je n'ai aucune visée territoriale en Europe », déclarait Hitler le 7 mars 1936.

... Deux ans plus tard, l'annexion pure et simple de l'Autriche était réalisée, sans coup férir. Pas une protestation ne se fit entendre. Le Führer ne venait-il pas de répéter une fois de plus que, son appétit satisfait, l'Allemagne ne réclamait plus rien !

Pourtant, quelques semaines plus tard, c'est vers la Tchécoslovaquie que le chancelier allemand portait ses vues. Les nations pacifiques, conscientes du péril, parurent comprendre, pour la première fois, que tout effort de conciliation serait vain s'il ne s'accompagnait de quelque fermeté. Hitler s'inclina. Prague, sagement, tenta de régler avec les représentants des minorités les difficultés survenues. Londres, avec l'assentiment de Paris, offrit sa médiation.

À la vérité, pendant douze ans, les Sudètes avaient fait fort bon ménage avec les Tchèques. Au reste, la Bohême n'avait jamais été rattachée à l'Allemagne : elle avait toujours constitué une unité territoriale où les nationalités s'étaient parfaitement entendues. Depuis

1923 jusqu'en 1933, on peut dire que, dans toute l'Europe centrale, il n'y avait pas une seule minorité plus loyaliste que ne l'étaient les Sudètes qui avaient non seulement leurs journaux, leurs écoles, leurs universités, une large place dans l'administration et l'économie nationale, mais des représentants nombreux au Parlement et au gouvernement. La propagande hitlérienne sut pourtant s'employer à susciter et à envenimer les inévitables petites difficultés locales. Une agitation incessante, attisant les mécontentements provoqués par la crise économique mondiale, porta ses fruits. On réclama d'abord une large autonomie. Quand, après deux mois de négociations, elle fut accordée, on réclama autre chose...

Hélas ! Il fallut bientôt constater que l'hitlérisme triomphant prenait pour faiblesse et lâcheté la volonté de paix des pays démocratiques. Ses exigences augmentèrent.

Au mémorandum de Londres, on répondait par l'ultimatum de Godesberg. Tant d'abandons, tant de sacrifices auraient-ils été consentis en vain ? L'Europe allait-elle vivre des journées encore plus terrifiantes que celles qu'elle avait vécues de 1914 à 1918 ?

Le bruit des armées et des flottes qui hâtaient leur mobilisation faisait partout à travers le monde, couler les larmes des mères et des épouses, lorsqu'hier la radio répandait à travers les ondes la nouvelle qu'une sensationnelle rencontre ouvrait vers la paix de nouvelles perspectives.

Comment ne nous serions-nous pas associés à ce grand sursaut d'espérance qui a soulevé le monde à l'annonce que Daladier et Chamberlain allaient faire un suprême effort pour sauver la paix, cette paix pour laquelle nous n'avons cessé de travailler ?

Ah ! Comment ne les aurions-nous pas chaleureusement applaudis de consentir à abandonner même les voies de la prudence, dès lors qu'un espoir restait de préserver l'humanité de l'effroyable cataclysme qui se préparait ?

Oui, s'il reste quelque sacrifice à demander que la morale balbutiante permettrait encore de solliciter, il faudra le proposer. Oui, s'il est possible d'accorder à Hitler quelque nouvelle satisfaction d'amour-propre qu'il jugerait nécessaire à la sauvegarde du prestige de sa dictature, il ne doit pas lui être refusé.

Mais Londres et Paris ont eu la preuve, après Godesberg, que la conscience des peuples libres ne saurait tolérer que Hitler, seul, puisse fixer les frontières et s'emparer, avant qu'ils aient été délimités par des juges impartiaux, des territoires que Prague a consenti à céder, mais où sont fixées d'importantes minorités tchèques.

Tous les sacrifices possibles, et quelques-uns qui heurtaient le sens moral, ont été faits. Dans sa tragique épreuve, la malheureuse Tchécoslovaquie a gardé un calme, un sang-froid, une discipline qui lui ont mérité l'admiration du monde. Si Hitler revenait sur ses engagements de Berchtesgaden, s'il s'obstinait dans l'intransigeance que Chamberlain a déplorée à Godesberg, la preuve serait faite qu'il se propose de recourir à la violence pour affirmer sa volonté d'hégémonie...

Rien ne serait plus contraire à la volonté de paix des démocraties qui, pour sauvegarder les valeurs humaines en péril, auraient pour devoir impérieux de faire front contre tous ceux qui tenteraient de courber le monde sous le joug de la violence.

Nous comptons que la sagesse, l'équité, la volonté de paix l'emporteront. Nous mettons notre confiance en Dieu qui assistera les hommes dont les peuples anxieux attendent la décision.

Francisque Gay

N° 1879 — 1ᴇʀ OCTOBRE 1938

Tour d'horizon

La paix sauvée

Oui, la paix est sauvée. Pour combien de temps ? Dieu seul le sait. Mais nous n'aurons pas la guerre aujourd'hui et peut-être pas demain, et nous nous souvenons de toute notre tradition qui nous crie que la guerre est le pire des fléaux, qu'elle n'est jamais une solution, et que si elle était survenue quand même, malgré tous les efforts de ces derniers jours, elle aurait encore fauché une génération, pépinière d'hommes, pépinière de chefs, pépinières d'apôtres. Or, nous savons que si la France souffre aujourd'hui d'une atroce pénurie d'hommes d'État et d'hommes d'action, c'est parce que la dernière guerre a englouti les meilleurs. Cela dit, reconnaissons que la France sort peu glorieuse de cette crise. En fait, nous avons perdu une guerre que nous n'avons pas faite. Le plus fidèle de nos alliés est pratiquement supprimé de la carte d'Europe. Hitler triomphe, nous avons sauvé la mise à Mussolini et il n'est pas jusqu'à nos amis anglais qui se trouvent désemparés par nos palinodies.

Cependant la paix est sauve pour le quart d'heure et peut-être — on ne sait jamais — pour longtemps. Avec toute la liturgie chrétienne, bénissons cette paix qui est l'un des biens suprêmes et pour laquelle le saint Pape Pie XI offrait si généreusement sa vie dans sa pathétique allocution de jeudi soir.

Lucidus

N° 1882 — 5 OCTOBRE 1938

Proust et Mauriac

On n'a jamais fini de connaître un homme, même s'il est un écrivain dont l'œuvre nous est familière et si, de surcroît, on a pu l'approcher, converser, correspondre avec lui. C'est ce qui arrive à M. François Mauriac vis-à-vis de Marcel Proust. Et le passage où il nous en fait l'aveu n'est pas le moins émouvant, comme l'a bien marqué Morienval dans la Préface aux *Enfants aveugles*. Si j'y reviens, c'est parce que j'y trouve d'abord l'une des plus rares et des plus nobles choses du monde : un homme qui confesse qu'il s'est trompé : « On a parfois fait état, écrit Mauriac, d'un jugement que je portais au lendemain de sa mort, sur ce trou béant laissé dans l'œuvre de Proust par l'absence de Dieu. J'en mesure aujourd'hui l'injustice ». Et, en revanche, la plus juste appréciation sur la position spirituelle de Proust nous est donnée presque aussitôt : « Il a le pressentiment de la grâce, note Mauriac, il sent l'eau divine affleurer sous cette création lépreuse, mais publicain, n'ose la recueillir dans ses mains souillées ». C'est là surtout ce qui paraît important à souligner, car ce pressentiment de la grâce, cet affleurement de l'eau divine sont bien le sommet de la pensée, de la poésie proustiennes.

Henri Bremond l'avait deviné : lorsqu'il écrivait le débat sur la poésie pure, il avait sans cesse sous les yeux, nous dit-il, les pages de Proust sur le Septuor de Vinteuil où le grand écrivain d'*À la recherche du temps perdu* a noté combien l'art du musicien qu'il imagine transmet une prière, une espérance qui lui sont indiciblement personnelles : « C'est bien dit Proust, un accent unique auquel s'élèvent, auquel reviennent malgré eux les grands chanteurs que sont les musiciens originaux, et qui est une preuve de l'existence irréductible individuelle de l'âme... » Et cette patrie inconnue dans chaque artiste lui semble être l'unique citoyen, « cet ineffable qui différencie qualitativement ce que chacun a senti » et que seul l'art exprime lui apparaît comme « un appel vers une joie supra-terrestre ».

Impression d'éternité que donnaient également à Proust de beaux spectacles, des clochers, des arbres. Cet appel qui demeure mystérieux pour lui ne laisse pas de l'incliner vers la croyance à l'immortalité de l'âme. Je songe à ce qu'il a écrit sur la mort de Bergotte : « ... tout se passe dans notre vie commune comme si nous y entrions avec le fait d'obligations contractées dans une vie antérieure... Toutes ces obligations qui n'ont pas leur sanction dans la vie présente semblent appartenir à un monde différent, fondé sur la bonté, le scrupule, le sacrifice, un monde entièrement différent de celui-ci, et dont nous sortons pour naître à cette terre, avant peut-être d'y retourner revivre sous l'empire de ces lois inconnues auxquelles nous avons obéi parce que nous en portions l'enseignement en nous, sans savoir qui les avait tracées — ces lois dont tout travail profond de l'intelligence nous rapproche et qui sont invisibles seulement — et encore ! — pour les sots ». Ainsi, le monde poétique et le monde moral concordent, dans l'âme de Proust, pour postuler un monde spirituel dont ils sont également issus.

Qui nierait la valeur de ce témoignage ? En nous le rappelant et en lui donnant sa place, M. François Mauriac qui sait, lui, par qui ces grandes lois ont été tracées, accomplit non seulement un acte de justice vis-à-vis de Marcel Proust, mais fraye aussi peut-être une route pour plus d'un incroyant de bonne foi.

Jean Soulairol

N° 1882 — 5 OCTOBRE 1938

À l'œuvre

Fait-on seulement du bruit auprès d'un malade, mange-t-on sous ses yeux quelque mets qui lui est interdit, alors qu'il est entre la vie et la mort, lui raconte-t-on des histoires de bon vivant ? Lui parle-t-on d'espoirs terrestres quand le drap funèbre est déjà si proche de son visage ?

Il semble, cependant, que cela se passe actuellement, puisqu'un pauvre pays blessé, amputé pour la paix d'un monde qui l'y a contraint, peut entendre le bruit des milliers de bouchons de champagne qui sautent pour célébrer notre pacifique victoire. Il y aura une maison de la paix, il y aura des Tchèques, après tant d'autres hommes dépossédés, qui n'ont plus « leur » maison. Je l'écris avec douleur, avec angoisse, sans accuser le voisin, sans essayer de rejeter les torts ici ou là, je constate tout simplement. Notre chair crie la joie animale (et légitime bien sûr) d'avoir échappé à tant de tortures suspendues sur elle et notre cœur est heureux d'avoir gardé ceux qu'il aime... Mais écoutons-nous un peu plus attentivement... Et notre âme est-elle, peut-être en paix, notre âme ?

J'ai conservé mes amis, mon travail, mes petites routines quotidiennes, mais les Tchèques ? À y regarder de près dans la solitude d'une méditation, il semble que nous ne soyons presque plus dans la France des saints qui, les siècles passés, lui ont permis d'accomplir les actes de sa mission providentielle dans le monde !

Mais non ! Cela n'est pas possible ! Nous allons nous ressaisir et tirer de la situation la leçon d'humilité et de charité chrétienne qu'elle nous commande ?

Puisqu'on parle de paix, c'est donc d'une guerre que nous sortons. Profitons vite de cette trêve pour reconsidérer nos positions antérieures, nos fortifications morales, nos bastions spirituels ! Prenons conscience de nos responsabilités.

Assez de ces réjouissances : à l'œuvre, car toute négligence produit un recul et prépare une défaite probable pour l'avenir. La vie doit monter et non descendre.

Espérons encore. Et travaillons.

Marguerite George

N° 1892 — 16-17 OCTOBRE 1938

Le problème tchèque commence demain
Le soudain engrenage d'ultimatums, d'appels désespérés, de mobilisations que l'accord de Munich interrompit, a été la répétition exacte

de juillet 1914. Rien n'y a manqué, pas même les « chiffons de papier ». Quelle fut donc, à l'inverse de 1914, la force qui arrêta la guerre au bord de l'abîme ? N'en déplaise aux hommes d'État dont on chante les mérites : ceux qui ont retenu l'Europe au dernier moment sur la pente sanglante ont été les morts de 1914-18 ; c'est le souvenir de leur sacrifice — un sacrifice dont nous nous demandons parfois s'il ne fut pas complètement stérile — qui a fait prévaloir la volonté de ceux qui ont voulu la paix, qui l'ont voulue non par manque de courage, mais parce qu'un dégoût invincible de la guerre leur a fait préférer l'acceptation, les yeux ouverts, de risques encore plus graves pour l'avenir. Les dirigeants de l'Europe encore libre serviront leurs pays en reportant le mérite de la paix aux ombres de nos morts plutôt qu'à leur prudence. Dans le langage diplomatique, le mot prudence a des synonymes moins reluisants : tandis que personne au monde n'ose constater le courage guerrier des Anglais, des Français, des Tchèques. Partout, après le soupir de soulagement des peuples, on se demande de plus en plus de quoi demain sera fait.

Il faut avoir le courage de reconnaître que l'accord de Munich n'aura fait que déplacer les problèmes et proroger les échéances. C'est rendre service non seulement à la vérité, mais à la cause même de la paix que d'en avertir certaines sections de l'opinion, trop désireuses — après la secousse de la fin de septembre — de croire que tout sera dorénavant pour le mieux.

Pourquoi l'accord de Munich n'a-t-il fait que déplacer les problèmes ? Parce que l'indépendance et la liberté de l'Europe ne seront peut-être pas en danger si, malgré la perte de frontières millénaires de la Bohème l'État tchécoslovaque peut se reconstituer une vie normale, et — après la preuve presque surhumaine qu'il a donnée de son stoïcisme et de son courage — réussir à raffermir son indépendance. Mais si les difficultés se multiplient sur la nouvelle route ? Si les Puissances démocratiques ont, vis-à-vis de ces difficultés et des risques atroces qu'elles peuvent engendrer, les mêmes vues superficielles que Lord Runciman avec la plus honnête des intentions tira de ses conversations avec les aristocrates ex-autrichiens qu'il fréquenta et qui ont pour le peuple slave le mépris enfantin qui mena les Hasbourg à la ruine ?

La liste des difficultés de demain — dont, je le reconnais, il était impossible de s'occuper à Munich, mais qu'il est souverainement imprudent d'ignorer — serait trop longue et parfois trop technique pour que je la donne ici. Mais prenons quelques exemples. L'accord de Munich prévoit un droit d'option pour les habitants : ceux qui, dans la Tchécoslovaquie réduite, opteront pour le Reich agrandi seront fort peu nombreux, tandis que ceux qui, dans les Sudètes, opteront pour la République tchécoslovaque seront une masse énorme ; en effet, il y a, dans les régions cédées à l'Allemagne 800 000 Tchèques. À ces 800 000 Tchèques qui reflueront vers Prague, il faut ajouter les démocrates allemands — un cinquième de tous les Allemands des Sudètes d'après les dernières élections : ces démocrates savent ce qui les attend avec l'arrivée des nazis ; il faudra peut-être leur ajouter de nombreux catholiques qui étaient libres et respectés sous le régime de Prague ; si tant est qu'ils se rappellent l'existence décevante des catholiques de la Sarre et l'inutilité des humiliations du cardinal Innitzer à Vienne ; finalement tous les Juifs fuiront eux aussi l'Allemagne nazie. Cette malheureuse masse humaine — à laquelle personne n'a jusqu'ici daigné penser — formera plus d'un million d'optants pour une Tchécoslovaquie diminuée, appauvrie ; et économiquement désorganisée.

Les usines auront passé à l'Allemagne et les mineurs à la Tchécoslovaquie : les grandes fabriques de tissus passeront aux Allemands, mais les tisserands passeront aux Tchécoslovaques ; les grandes fabriques de cristaux et de porcelaines deviendraient allemandes, mais la moitié au moins de leurs ouvriers émigrera dans un pays où, en fait d'industrie, ils trouveront peu de choses, en dehors du cuir et des chaussures ; quant aux Juifs, qui vivaient du commerce des riches régions sudètes, que pourront-ils faire, arrivés sans un sou dans un pays essentiellement agricole ? Tous, Juifs, catholiques, protestants, risquent de former une gigantesque masse inorganisée et désespérée, où les appels à la haine et à la vengeance trouveront des oreilles et des cœurs tout prêts à les entendre. La Tchécoslovaquie était jusqu'à aujourd'hui le pays slave le plus solidement organisé contre toute aventure bolcheviste. Mais si, demain, des hordes de réfugiés en haillons s'abandonnent à des troubles et à des désordres n'est-il pas à craindre qu'une propagande habile travestisse ces incidents trop naturels en symptôme d'un danger « rouge » qu'il faudra extirper « pour le bien de l'Europe », prétexte qui servit si bien pour envahir l'Espagne où, à la veille de la révolte de Franco, des communistes n'avaient recueilli que moins de 4 % du suffrage universel ? Ce qui s'est bien vu au sud des Pyrénées pourrait fort bien se vérifier au-delà des Sudètes...

En outre, qui peut assurer que parmi les dizaines de milliers d'optants pour la Tchécoslovaquie, il ne se glissera pas des groupes chargés de jouer aux socialistes persécutés ou aux démocrates meurtris et qui, en réalité, ne seront que des instruments aux mains de ceux qui, pendant la guerre, envoyèrent Lénine à Petersbourg « dans un wagon plombé », comme personne ne l'a oublié à droite ou qui, hier, firent brûler le Reichstag par de faux communistes, ainsi qu'on le pense à gauche ?

Que les émigrations fictives se vérifient ou non, il est évident que le danger existe d'une formation, dans l'État tchécoslovaque réduit, d'une nouvelle « minorité allemande ». Le jour où ils le voudront, ce sera un jeu pour les chefs nazis de constituer un dossier de danger formidable, où un Runciman de l'avenir découvrira mille injustices à réparer. N'oublions pas qu'il ne s'est trouvé personne en Europe pour se demander pourquoi les « atrocités » contre les Allemands des Sudètes ne commencèrent — ô miracle ! — que le lendemain du jour où la conclusion de l'accord Hitler-Pilsudski fit remiser (pour un temps) les « atrocités » anti-allemandes des Polonais.

Un autre danger : les grands industriels des Sudètes étaient, en 1919, opposés à une union avec le Reich, parce qu'ils craignaient la compétition des industries similaires de l'Allemagne, alors, comme aujourd'hui, puissamment organisées. Certains d'entre eux, que je ne nommerai pas pour ne pas les livrer aux persécutions de Berlin, me le déclarèrent ouvertement lorsque je les reçus à la Consulta, à Rome, en 1920 et 21. Leur sort sera aujourd'hui bien pire qu'il n'aurait été alors, puisque l'Allemagne a encore moins besoin d'une nouvelle avalanche de tissus, de cristaux, de porcelaines. Les industriels des Sudètes purent compter jusqu'au 1er octobre — jour qu'ils ont célébré les drapeaux aux fenêtres, mais la crainte dans les cœurs — sur la clientèle de la vaste zone agricole tchèque. Cette clientèle disparaît. Ne seront-ils pas tentés de fomenter des agitations et des troubles qui, d'une façon ou d'une autre, finiront par leur rendre les marchés que la nouvelle frontière leur a enlevés ? Un bluff gigantesque de quelques mois a suffi pour faire oublier à l'Europe entière que, hier encore, Heinlein, le chef des Sudètes, protestait de son loyalisme vis-à-vis de

Prague. Tous ceux qui y ont intérêt seront tentés d'essayer une seconde aventure. En Allemagne, cela s'appelle du dynamisme.

On ne pourra pas dire un jour que ce dynamisme s'est caché, que la France et l'Angleterre crurent, de bonne foi le Führer lorsque celui-ci déclara : « Plus de revendications territoriales en Europe ! » Voici ce que l'on peut lire dans le fascicule 101, paru ces jours-ci, des *National-sozialistische Manchette*, organe officiel d'Alfred Rosenberg, le théoricien attitré du nazisme : « Les régions des Sudètes et même tout le territoire actuel de l'État tchécoslovaque ont été autrefois des terres du peuple germanique ». Et plus loin, une seconde fois : « Tout le territoire que couvre l'actuel État tchécoslovaque était un territoire du peuple germanique. Voilà de bons slogans pour la campagne revendicatrice de demain ».

Il ne faut pas oublier que l'avenir du nouvel État tchèque est soumis, du fait de l'amputation de sa frontière naturelle, à une épreuve effroyable. Certes, on a confiance lorsqu'on se remémore la vitalité miraculeuse de cette race qui, il y a trois siècles, à la fin d'une ère de persécutions et de guerres, ne groupait plus que quelques 600 000 âmes et qui, sous les Habsbourg, fut longtemps traitée comme une Bedientenvola (peuple de serfs, selon le mot de Grilparrer, poète sentimental autrichien qui aima et loua tout au monde sauf ces « chiens de Tchèques ») ; mais il ne faut pas oublier non plus que si, sur les Atlas, les Tchèques forment un saillant dans la masse du peuple allemand, cela résulta de la défense que les Tchèques trouvèrent toujours dans leur frontière montagneuse. Tout autour d'eux il y avait un vaste continent slave ; il n'en reste que quelques îlots, comme en Saxe. Tous les Slaves furent engloutis par les Allemands, sauf les Tchèques qui étaient protégés par leurs montagnes ; cette fois les Tchèques reprennent leur lutte séculaire pour la vie, mais sans frontières, et contre un germanisme mille fois plus agressif, parce que convaincu dans sa masse de remplir une mission pseudo-divine. Autrefois, c'étaient les intellectuels allemands qui poussaient au mépris des Tchèques à commencer par Karl Marx qui dans ses œuvres rejoint Theodore Mommsen, l'historien de Rome, qui s'écrie : « Il faut casser à coups de matraque les durs crânes des Tchèques ». Quiconque a, comme moi, entendu à la radio les accents de la haine indicible contre les Tchèques que Hitler a déversés ces jours-ci dans les cœurs des millions d'Allemands, ne peut pas ne pas trembler pour ce peuple si, pour se défendre contre une masse énorme voulant le submerger, il n'a que des « garanties diplomatiques » dont il a le droit d'apprécier la valeur. Après avoir empêché les Tchèques de se défendre, le moins que l'Europe puisse faire est de veiller jour après jour, et avec une volonté mille fois plus ferme que celle qu'il faut pour signer un vague traité de garanti, afin que la nouvelle République tchèque ne puisse être étranglée ni économiquement, ni démographiquement, ni politiquement. L'Europe doit faire cela davantage par égoïsme que par loyauté : car le jour où les Tchèques perdraient leur indépendance réelle, le rêve de *Mein Kampf* deviendrait la plus solide des réalités. Les Tchèques devenus des vassaux, tous les autres peuples de l'Europe centrale le seraient aussi — et pas eux seulement.

J'ai pris part à trop de conférences internationales pour ne pas savoir que ceux que l'on appelle souvent hommes d'État n'y ont pas souvent le temps de penser à l'avenir ; le présent leur donne déjà bien assez d'embarras. Ce sont les historiens seuls qui, du fond de leurs paisibles cabinets de travail, prêtent aux hommes d'État des desseins à longue portée... D'ailleurs, à Munich, il n'était possible que de penser à une seule chose : éviter la guerre immédiate. Mais il n'en est pas moins vrai que l'enjeu qui sera en cause demain sera d'une importance suprême pour l'avenir de la civilisation européenne. Il ne s'agira plus d'erreurs épisodiques comme lorsque je me trouvai seul à prêcher aux hommes d'État anglais que c'était folie de bâtir l'Orient européen sur la base mensongère d'une Turquie battue. Cette fois, il s'agit — sur ce qui reste de sol tchèque libre — de l'Europe entière ; plus encore : du sort de la liberté humaine.

Il est fort bien d'avoir évité une guerre. Mais les morts de 1914-1918 penseraient que leur sacrifice fut pas ne fut pas stérile si, instruits par les erreurs du passé, nous savons aussi éviter des défaites — des défaites où l'enjeu n'est pas des frontières, des peuples, des colonies, mais quelque chose d'infiniment plus précieux : la sauvegarde de la civilisation chrétienne.

Le comte Carlo Sforza
(ancien ministre des Affaires étrangères du Royaume d'Italie)

N° 1898 — 23-24 OCTOBRE 1938

Et maintenant ?

Nous savions qu'il fallait que la guerre n'eût pas lieu ; l'horrible, l'humiliante, l'inutile guerre : nous savions qu'il fallait lui barrer la route. Nous savions que la course aux armements était un dérivatif derrière lequel les conducteurs de peuples masquaient leur impuissance — volontaire ou non — à organiser la production, la consommation, la collaboration des hommes. Maintenant, nous savons que l'horreur, la honte, l'inutilité apparaissent comme à nous, aux peuples allemand, italien, anglais, à tous les peuples de l'univers. Nous savons bien que, bien qu'on les occupe à fabriquer des canons, les peuples ne se haïssent pas.

Nous savions que la France s'était faite le champion magnifique et respecté de la paix par le droit, au temps de Briand et de tous ceux qui voulurent, avec lui, corriger les erreurs du Traité de Versailles et faire une Europe fraternelle. Nous savions les injures, les sarcasmes, les manœuvres par lesquels nos « nationaux » sapèrent et brisèrent la paix des pacifistes. Nous savions que ces mêmes nationaux français étaient devenus, par la suite, pro-fascistes ou pro-hitlériens ; nous le savions, car il est une qualité qui ne peut leur être contestée : la franchise. Maintenant, nous savons les circonstances et les conditions de paix que leur politique réservait à la France. Maintenant, nous savons que ceux-là mêmes qui exploitent les passions nationalistes ont à Berlin et à Rome leur patrie spirituelle, comme les communistes ont la leur à Moscou. Nous savions l'incohérence des « bien-pensants » ; nous savions aussi le prestige exercé par l'argent sur des êtres qui, au fond d'eux-mêmes, ne se connaissent pas d'autre supériorité. Maintenant, nous savons jusqu'à quels mensonges peut aller une presse asservie à l'argent et le désaxement complet qu'elle crée chez de braves gens. Nous savons l'impérieuse nécessité de poser les problèmes sans équivoque.

Nous savions que nous aimions la France.

Maintenant, nous savons par les réactions qu'a provoquées la dernière crise, la profondeur de cet amour.

Nous savions que nous étions Français ; nous savions la valeur de ce que nous a légué le passé et qu'une part d'héritage dans le patrimoine humain nous imposait toujours des responsabilités de précurseurs.

Maintenant, nous savons qu'à la gloire militaire qui fut si souvent notre partage, nous avons préféré la paix et qu'à cette paix nous avons mis un grand prix. Il y a eu un échec diplomatique, il y a eu une concession à la force, mais il reste en nos âmes la volonté que les redressements selon la justice et le droit s'obtiendront pacifiquement et que la victoire de l'esprit s'opérera par l'esprit. Il reste en nos âmes la volonté qu'à cette ruineuse course aux armements, à ce misérable chantage à la guerre imposés aux peuples, se substituera un « traité mondial » soumettant les « souverainetés internationales au droit international ».

Que les exploiteurs des nationalistes modèrent leurs protestations. Malgré leur double jeu de « princes », ils détruisent ce qu'ils voulaient renforcer. Car autant les communistes refuseraient de se dresser contre Moscou, autant les fascistes français refuseraient de combattre Mussolini — nous avons là-dessus l'assurance de M. Maurras — et autant d'autres n'abandonnaient jamais Hitler. Ainsi, par delà et en dehors des frontières géographiques se constituent les groupes idéologiques.

C'est donc le moment, pour nous, de rendre à la France, dans une synthèse du passé et du présent, ce caractère de patrie spirituelle que de toutes les nations elle sut conquérir la première.

C'est le moment, pour nous, de donner à tout homme juste — quelle que soit par ailleurs sa nationalité — qui rêve en ce chaos actuel économique et social, d'une révolution pacifique mettant fin à toute forme et à tout esprit d'esclavage, c'est le moment pour nous de lui donner la France comme une patrie d'élection, à laquelle il resterait fidèle, fût-ce au péril de sa vie.

Cécile de Corlieu

N° 1899 — 28 OCTOBRE 1938

Conscience, dignité humaine

En disant aux membres du Congrès d'archéologie sacrée que les persécutions d'Allemagne et d'Autriche l'affligent profondément, non pas seulement en tant que Père des fidèles, mais en tant qu'homme, en voyant la dignité humaine ainsi trahie, comme elle le fut par Julien l'Apostat et Judas, le Pape a bien montré à quel point la défense de l'Église est liée à celle de la civilisation et des droits de la personne. Par le baiser du Concordat, le dictateur germanique a trahi l'Église. Mais il n'a pas moins trahi, en effet, la dignité humaine. Aux antiques vertus de loyauté, de fidélité, le Prince du mensonge substitue pour ses serviteurs politiques une règle de reniement et de duplicité ; que tout soit gagné, fors l'honneur ce qui sert à l'homme, c'est de perdre son âme pour conquérir l'univers, voilà les principes premiers de cette morale inversée. Comment respecterait-elle la conscience d'autrui ? Nous entrons dans l'empire de la négation, où aucun oui ne compte plus, où l'ordre du monde est bouleversé, renversé par celui qui a dit : « Je ne servirai pas » et dont M. André Gide a écrit un jour profondément que son plus grand souci serait de nous persuader qu'il n'existe pas. La matière se substitue à l'esprit, le néant à l'être. Le Méphistophélès de Goethe le déclare fort exactement : « Je suis celui qui dit toujours non ». Et c'est pour cela qu'est niée d'abord la plus haute manifestation terrestre de l'être et de l'esprit : la personne humaine dans sa conscience irréductible. Au respect de l'homme libre est opposé violemment et imposé un régime d'esclavage. Le syllabus contre le racisme a parfaitement défini cette position dans la huitième proposition qu'il condamne : « Chaque homme n'existe que par l'État et pour l'État. Tout ce qu'il possède de droit dérive uniquement d'une concession de l'État ».

Et M. Jacques Maritain dans *Questions de conscience* constate : « Pratiquement, celui que sa conscience porte à juger de la conduite à tenir en tel cas donné (ayant des incidences politiques ou sociales) autrement que la masse du peuple et les chefs de celle-ci sera considéré comme traître à la communauté ». Au surplus, il n'est pas vrai, il ne peut être vrai que l'État totalitaire laisse la religion lire dans la vie privée, puisque tout homme n'est plus une personne, mais sa chose, puisque tout de l'homme lui appartient. Le philosophe de *Questions de conscience* le marque fort bien : « Le principe totalitaire tend de soi à faire des choses qui sont à César la religion réelle de la communauté humaine ; à mobiliser pour des fins terrestres les énergies religieuses de l'être humain ». C'est ainsi que toute action de la conscience se trouve blessée.

Or l'homme n'est homme qu'en tant qu'il est un animal conscient, un animal raisonnable, un animal capable de prendre et d'avoir connaissance, conscience, de ce qu'il est et de ce qu'il doit être. C'est la conscience qui lui indique ses devoirs envers autrui et envers Dieu, qui le peut faire de plus en plus social et religieux. L'empêcher de porter un jugement moral, c'est l'empêcher de penser. L'âge de raison est l'âge de la discrimination du mal et du bien.

Plus la conscience s'élève à la reconnaissance active de la paternité universelle de Dieu et de l'essentielle fraternité de tous les hommes, plus elle aboutit à un humanisme intégral, plus elle fait la dignité humaine. Qu'il lui soit nécessaire, pour réaliser cet idéal, dans l'état de nature déchue et rachetée, d'avoir une grâce surnaturelle, n'excuse pas le régime qui étouffe et opprime le germe de la bonne volonté, cet amour sans lequel l'homme tourne à un plus grand mal tout ce qu'il a de meilleur.

Jean Soulairol

N° 1907 — 4 NOVEMBRE 1938

France, nous voici !

Ce Congrès de *l'aube*, il ne faudrait pas qu'il marquât seulement une date dans l'histoire de notre journal et le point de départ d'un nouveau progrès de notre mouvement : il faudrait que, prenant l'importance d'un acte national, il pesât d'un poids sensible dans la destinée tragiquement incertaine de notre patrie. Nous venons nous compter, mesurer notre force, choisir nos moyens, nous mettre pleinement d'accord sur une ligne d'action politique, puis, comme les bons chevaliers d'une cause juste et grande, offrir à la France l'épée nue et pure de notre courage et de notre foi.

Nous, c'est-à-dire non pas tel parti ou te groupement de partis, mais, venus de toutes les provinces, de tous les métiers, de toutes les classes et de toutes les églises, nous tous qui appuyons sur une conception chrétienne une fidélité indéfectible à la cause de la liberté, de la justice et de la paix. Cette cause, qui donc la servira mieux aujourd'hui que les chrétiens ? Quelle est encore la seule ligne de résistance qui ne bronche pas contre la tyrannie des régimes totalitaires si ce n'est la muette et secrète armée des consciences chrétiennes ? Où se trouve le principe d'un régime qui ne soit la dictature d'aucune classe, l'abolition d'aucun droit, mais l'harmonie de la cité, pour le bien commun et pour le salut des personnes, sinon dans l'Évangile du Christ et dans cette protection fidèle de la morale chrétienne que constitue la doctrine sociale de l'Église ?

De qui enfin doit-on espérer un amour profond et parfait de la paix, une charité universelle, une volonté d'accord et de compréhension à l'égard de toutes les races, de tous les groupements sociaux et ethniques, si ce n'est de ceux qui essaient de vivre dans la fidélité à un commandement d'amour et dans l'espérance de la béatitude promise aux pacifiques ?

Oui, ce serait de nouveau un grand scandale dans l'histoire si, à l'heure où l'humanité souffre, doute, hésite et glisse déjà dans une boue de sang vers ses vieilles erreurs et ses vieux crimes, aucune voix secourable, aucune geste de salut ne venaient de ceux qui ont reçu et gardé un message divin. À quoi servirait-il qu'il y eût des chrétiens dans le monde, si le monde, pour sa liberté, pour sa justice et pour sa paix n'a rien à attendre des chrétiens ? S'ils se précipitent aussi lâchement que les autres à protester contre l'exploitation du pauvre par le riche et du faible par le fort ? S'ils sont aussi exposés que les autres à jeter des troupeaux de jeunes hommes dans le labyrinthe mortel de la guerre, pour des combinaisons de diplomates ou des passions d'idéologues.

Les actes qui marqueront la voie de la fidélité, les mots qui rendront aux Français la conscience unanime de leur vocation et de leur honneur ; ont voit mal, dans la France désorbitée, déchirée et humiliée de 1938 de qui on pourrait les attendre, si ce n'est des chrétiens décidés à vivre intégralement leur foi, puis à en prolonger les exigences dans leur morale sociale et leurs options politiques ? L'idée claire dont la France a besoin pour se reconnaître dans la nuit dangereuse où l'Europe cherche à se sauver de la mort, quel parti, quel groupe social ou quelle famille spirituelle est capable aujourd'hui de la définir assez justement, de la proférer d'une bouche assez pure et de la servir avec assez de désintéressement et de courage ?

Le communisme égare dans l'aventure désastreuse d'une erreur métaphysique quelques volontés généreuses et quelques intelligences solides mêlées d'ailleurs à des intellectuels présomptueux, à des agitateurs fanatiques et à des masses aveuglées par la démagogie de leurs chefs et par leurs propres colères. Le socialisme pâtit de participer à l'erreur marxiste, et traîne lourdement sous le signe illusoirement héroïque d'un drapeau révolutionnaire, la foule de ses futurs profiteurs, financiers en peau de lapin, techniciens aux lunettes d'écaille constamment tournées vers les charges profitables d'une bureaucratie d'État. Héritiers de la tradition jacobine, les radicaux demeurent déchirés entre un égalitarisme sentimental qui leur fait pousser des vœux pour la cause du peuple, et un conservatisme intéressé qui incline leurs actes, en fin de compte, dans le sens souhaité par les lecteurs du *Temps*.

Penchée sur ce qui lui reste, la bourgeoisie de droite couve ses trésors et ses privilèges d'un tel amour que sa conscience religieuse, sa conscience patriotique et le sens même de son propre intérêt s'y corrompent ou s'y abolissent, elle compromet la cause de l'Église dans celle des fascismes, et la cause de la propriété privée, qui est pour tout le monde un droit naturel, dans celle des trusts qui est l'expropriation de tout le monde au profit d'une poignée de seigneurs. Enfin dans leur laboratoire cloisonné d'orgueil, au milieu d'un silence que ne troublent ni la parole de Dieu ni la voix souffrante des foules, ni le poème d'espérance que chantent, de Platon à Bergson, tous ceux qui ont cru à une élévation possible de l'âme humaine, les positivistes maurrassiens dépensent beaucoup d'esprit à faire déchoir l'esprit, beaucoup de zèle à définir un humanisme inhumain.

Mais une liberté qui soit dans les âmes autant que dans les lois, une justice qui traduise dans le monde temporel un vœu de raison et d'amour éternellement conçu, une paix qui ne soit ni le désordre immobilisé par la peur, ni l'équilibre précaire de forces guerrières en instable contrepoids ; une liberté, une justice et une paix qui s'harmonisent au bien suprême et au vrai suprême, à qui donc la clef en a-t-elle été confiée, et qui devrait en connaître le secret mieux que nous, les chrétiens ?

Nous avons un grand rôle à jouer dans le salut de la France, mais ne nous payons pas d'illusion : nous ne sauverons pas la France tout seuls. Nous devons être un élément inspirateur dans un large rassemblement des volontés françaises, mais quelles seront les bases et les limites de ce rassemblement ? L'erreur serait ici de penser, suivant les pauvres et vieilles catégories parlementaires, suivant les règles d'une éthique électorale défaillante et périmée. Il ne faudrait pas dire : nous voulons bien des amis à droite, jusqu'à tel groupe, à gauche jusqu'à tel autre. Nous reconnaissons la qualité de bons Français aux républicains de gauche, mais pas à ceux de la Fédération républicaine, aux amis de M. Frossard, mais pas à ceux de M. Blum... Aucun calcul ne serait plus vain, plus petit, moins adapté aux exigences actuelles. Nous ne pouvons collaborer, c'est évident, ni avec les défenseurs de l'oligarchie capitaliste en tant que tels, ni globalement avec le communisme, mais il y a, à l'extrême-droite comme à l'extrême-gauche, même dans les grands conseils d'administration, et même dans les syndicats marxistes, des hommes qui sont encore des hommes libres, des citoyens qui ne sont pas des partisans, des Français qui participent à l'âme de la France. C'est avec ceux-là, pris à toutes les latitudes politiques (et séparés des malins et des parasites qui sont aussi de tous les partis) qu'il faut vouloir travailler : ce sont ceux-là qui portent la volonté durable de la patrie.

La France ne sera pas sauvée par un rassemblement de partis, mais par un rassemblement de personnes. Si nous, les chrétiens, nous ne savions pas y prendre notre place et y souffler notre esprit, notre cas serait simple : nous aurions gaspillé la force qui a été mise en nous et manqué notre vocation temporelle.

Pierre-Henri Simon

N° 1908 — 5 NOVEMBRE 1938

Défense ouvrière et renouvellement national
Ce serait une tâche intéressante et fort utile d'analyser précisément en ces jours l'état psychologique de ce pays. Le trouble du milieu intellectuel me frappe : division passionnelle, incompréhensions, retour sur vingt années passées, presque perdues ; sentiment qu'il s'agit à la fois de l'existence de la nation et de la liberté personnelle de chacun de nous ; conviction de plus en plus commune que les vieilles souches dirigeantes sont usées, que le personnel du régime doit être, pour la majeure part, éliminé et remplacé. Ceux d'entre nous qui, depuis quelques années, sentent venir la décomposition ne l'auraient pas crue tellement rapide, ni si profonde. Quelque intérêt que présentent les intellectuels dans ce pays, je ne veux point parler d'abord de leur trouble qu'il faut laisser se développer, mais d'une inquiétude moins aperçue et d'une égale importance. Évoquons le présent état d'âme des militants ouvriers en rassemblant des impressions dispersées, mais concordantes.

Ne nous demandons pas s'il existe une offensive patronale organisée contre le régime social instauré en 1936. La question me paraît secondaire : la mentalité ouvrière qui m'intéresse ici ne se forme pas par des vues d'ensemble, mais par des expériences fragmentaires, expériences des entreprises des conseils syndicaux, des organismes paritaires. Tous les renseignements, toutes les leçons qu'on peut y recueillir ne paraissent concorder : il n'y a peut-être pas d'offensive patronale organisée, il existe en tout cas des réactions patronales dignes de remarque.

L'ordre nouveau des relations du travail ne paraît pas profondément, définitivement accepté : beaucoup de militants syndicaux connaissent certaines façons d'appliquer les congés payés, de tourner les stipulations contractuelles, de jouer avec les procédures de conciliation, d'arbitrage, de surarbitrage et de révision des sentences, de retarder ou d'éluder le renouvellement des conventions collectives. Très souvent, les travailleurs qui réfléchissent ne peuvent avoir confiance, se sentir en sécurité. Le législateur a voulu faire des relations du travail des rapports de droit ; devant le patronat français, bien des militants ouvriers se sentent encore, à l'expérience, dans un simple rapport de forces qui peut rapidement se renverser au détriment des salariés. Devant cette situation, deux tendances se manifestent dans la mentalité ouvrière. L'une de résistance. L'autre de passivité. Je n'analyserai pas le retour, qui se devine, à la passivité ; je ne chercherai pas davantage à l'expliquer ; le constatant, je dirai qu'il constitue, à mes yeux un grand péril, non seulement pour la classe ouvrière, mais pour la communauté nationale tout entière. Une morne résignation, un fatalisme de la masse populaire, ce peut être une tentation pour quelque médiocre imitateur des totalitarismes étrangers. Contre l'instauration d'un régime autoritaire, il n'y a pas trop, aujourd'hui, de forces de résistance : la tradition ouvrière française ; toutes les formes de syndicalisme ont leur rôle à jouer, irremplaçable. Il nous faut souhaiter, à tout essai de régression sociale, une forte résistance ouvrière. À quelles conditions sera-t-elle efficace, pour le prolétariat et la nation même ? À condition d'être : intelligente, « centrée », consciente de la grandeur de la situation historique.

Par résistance, par action intelligente, j'entends celle qui choisit ses points d'application, ne se les pas imposer. Présentement, je dirai : attention aux quarante heures ! Ce chiffre est devenu un symbole de toute la législation sociale, et pour ceux qui la défendent, et sans doute aussi pour ceux qui savent la combattre. Dans l'opposition des formules, le jeu des mythes, la classe ouvrière risque ici d'être vaincue devant l'opinion publique ; un mythe chasse l'autre ; aux rêves d'abondance, voici que succède, non sans raison, l'idée de la production nationale. Il convient donc de diviser la question des quarante heures, quitte à en obtenir l'examen industrie par industrie. On me dira que les dirigeants étrangers sont mal préparés à ces discussions. Je répondrai qu'engagés dans la voie de « l'économie orientée » nous avons le choix entre une dictature qui écrasera toute réaction ouvrière et un appel à la raison des travailleurs organisés.

Une résistance intelligente serait souple sur les quarante heures, ferme sur les conventions collectives : il faut que ce régime continue de fonctionner, de façon vivante, pratique, intelligible à la masse ouvrière. Pourquoi ? Parce que la convention collective consacre l'intervention du syndicat, fait voir dans la communauté ouvrière une source de droit. Hors du syndicalisme libre et des conventions collectives qui en procèdent, toute organisation professionnelle, tout système corporatif aboutissent de fait à la réglementation autoritaire des relations du travail, à un véritable monopole juridique de l'État. État totalitaire, même honteux, et syndicat libre s'excluent absolument. Non seulement l'intérêt tactique de la classe ouvrière, mais l'intérêt suprême d'une nation qui veut rester libre, telles sont les raisons pourquoi la résistance ouvrière doit être centrée sur le nouveau droit ouvrier issu du capitalisme.

La masse ouvrière peut sentir, je crois, l'importance de l'enjeu. Déjà, en tout cas, la gravité de la situation. Ce sentiment se manifeste par le besoin, l'exigence parfois de directions claires et fermes. Quand on a fait quelque étude et participé à quelques expériences de l'étranger, on a aujourd'hui le devoir de rappeler qu'avec la démocratie, les mouvements ouvriers ont été perdus trop souvent par le manque d'imagination, et d'élan qu'on a généralement observé chez leurs dirigeants. Adaptés au régime parlementaire, ceux-ci n'ont eu ni vision, ni foi à la mesure d'une époque où se font et se défont les Empires et les formes de civilisation. Ils se sont trouvés au-dessous de leurs responsabilités. Puisse cette leçon ne pas être inutile à ce pays.

Après tant de défaites, il faut quelque entêtement pour croire encore dans le mouvement ouvrier. Il m'apparaît cependant qu'à certaines conditions bien définies, il peut encore en France se sauver lui-même et, pour sa part, sauver la nation.

Paul Vignaux

N° 1909 — 6-7 NOVEMBRE 1938

Munich, Eurasie et colonies. Les risques d'une fausse paix

« En quoi consiste pour l'avenir ce qu'on est convenu d'appeler les "accords" de Munich ? On veut y voir une promesse de collaboration en vue de régler la vie et le statut de l'Europe. Bien. Mais quelles sont les garanties mutuelles, par quelle procédure, avec quel recours possible en cas de désaccord ? Dans quel esprit, selon quel plan ? »

Le ministre des Affaires étrangères serait aussi en peine de répondre à cette question aujourd'hui qu'il y a trois semaines. Et pour cause ! Les « accords » de Munich ? Côté France-Angleterre, c'est la guerre évitée, mais donnant « gagné » à Hitler qui en menaçait ; c'est un point final au risque tchécoslovaque, mais aussi la voie ouverte à d'autres risques et à d'autres capitulations à la manière de Munich. C'est en outre la fin de toute autorité française dans le centre et l'est européen. Voilà pour le passé. Et pour l'avenir ? Qu'est-ce donc au juste que Munich ?…

Pour l'avenir ? Dans le communiqué final de Munich qui justifie le titre « d'accords », rien qui oblige Hitler et Mussolini à donner suite aux suggestions contenues dans le communiqué : il n'y a pas d'accords de Munich.

Exagération ? Point du tout. À preuve : la façon dont l'Allemagne a tranché les litiges slovaque et ruthène. À preuve : le communiqué final du « petit congrès » des « quatre » — pas ceux de Munich — à Vienne, où l'Italie a dû renoncer à ses vues et faire bon visage quand même, ou la révision du Traité de Trianon — tant mieux pour la Hongrie — sur l'initiative et l'arbitrage de l'Allemagne et de l'Italie, hors de la présence de la France et de l'Angleterre, puissances signataires. Quels accents de triomphe, quelle cruelle ironie dans les presses allemande et italienne ! Pour la première fois, écrivent leurs leaders, depuis la guerre, ce n'est plus la France, c'est l'Allemagne et l'Italie qui décident sur le Danube… La médiation de Vienne consacre l'abdication et l'élimination de la France dans le centre et l'est de l'Europe... C'en est fini et pour longtemps... C'est une magnifique revanche sur Versailles, moins de vingt ans après l'armistice...

J'entends bien qu'on s'en console : M. Berthod, et donc M. Bonnet, aussi M. Flandin. Et M. Chamberlain, bien sûr. Pour ce dernier, il y aura toujours de bons profits et des aubaines financières (il l'a dit aux Communes) dans une Europe centrale, même dominée par l'Allemagne, dans une Chine même prise en main par le Japon : il se résigne donc sans peine dans l'espoir du « business ». Par malheur, nous n'avons pas les mêmes motifs de consolation !...

Et voici que le prince Konoye, Premier ministre nippon, lance sur l'Asie la bombe révisionniste de... fabrication allemande ; et l'Amérique, l'Angleterre, la Russie et la France de s'interroger anxieusement...

Et voici que les Ukrainiens (5 millions environ) de la Galicie polonaise commencent à s'agiter. Motif : indépendance de l'Ukraine. La tactique sudète va donner du souci à la Pologne quand elle appliquera — ou menacera de l'être — à la Galicie orientale. L'éventualité se produira à l'heure que l'Allemagne choisira, quand elle la jugera nécessaire aux fins lointaines de sa politique d'expansion et de domination. C'est bien pourquoi Hitler a voulu à tout prix garder libre le couloir slovaquo-ruthène : la Pologne, la Hongrie et la Roumanie, liant leurs intérêts dans le triangle de « l'Ukraine carpathique » (nouveau nom choisi par Mgr Volosin, de la Russie subcarpathique) ; ce nom préfigure et annonce la prochaine « grande affaire », auraient barré la route aux opérations diplomatiques et, ultérieurement militaires du IIIe Reich. Ce tronçon infime, et pourtant essentiel, de l'Ukraine, Hitler le magnanime l'a gardé à la Tchécoslovaquie pour laquelle il n'est plus désormais ni une sauvegarde ni un accroissement de force : il veut en avoir la libre disposition. Il l'aura : la Tchécoslovaquie est désormais dans sa main, *volens nolens*, et associée, de gré ou de force, à la politique hitlérienne. Il s'agissait pour Hitler de neutraliser tout de suite toute velléité de résistance au « devenir allemand », dans l'Est européen ; de faire échec à la dernière tentative italienne de barrage efficace à la poussée germanique ; de se rapprocher assez de la Russie pour encourager le Japon à « oser » à son tour, en Extrême-Orient (le prince Konoye a « osé » aussitôt). Pologne et Roumanie savent qu'elles n'ont « qu'à bien se tenir », sinon en Galicie et en Bessarabie, une agitation « à la manière sudète » posera le problème de l'Ukraine, tandis que la Hongrie — non sans droit et raison — revendiquera les Hongrois frontaliers de Transylvanie.

Reste à reprendre bien en main la Pologne qui, en l'affaire « ruthène » a joué un jeu personnel et indépendant, voire opposé, mais qui, en une affaire capitale, a dû capituler.

On s'y emploie déjà. On y réussira sans doute : le rattachement de la Lithuanie à la Pologne est une de ces nombreuses entreprises qui, avant Munich, n'étaient que des vues de l'esprit, et qui, depuis Munich, sont des éléments possibles d'une politique européenne conduite désormais par l'Allemagne. Reste aussi à gagner l'Estonie, la Lettonie et la Finlande à la cause germanique — en dépit des fraternités slaves, bien affaiblies — ou à les contraindre à la servir : la tâche n'est pas au-dessus des forces du IIIe Reich, désormais irrésistible.

Cela fait, la voie « Nord » vers la Russie sera ouverte, la voie « Sud », voie double étant le Danube (mer Noire) et le couloir slovaque-ruthène (Ukraine). Par la voie nord, on atteindra la Carélie russe pour pouvoir couper Leningrad de Moscou, et de la mer Blanche, poumon vital de la Russie nordique. Sûr du concours ou de la neutralité de la Pologne, de la Roumanie, de la Hongrie, des petits îlots baltes, insoucieux de la Tchécoslovaquie, dans le poing allemand et d'ailleurs consentante et prête à l'assimilation tranquille quant à la Roumanie, faible jusqu'à l'impuissance et la paralysie ; certain d'une synchronisation, côté Japon, du révisionnisme asiatique et de l'antislavisme japonais (forme la plus virulente de l'anti-européanisme nippon), alors commencera l'ère des grandes opérations vers l'Est, annoncée par *Mein Kampf* : l'URSS sera serrée en tenaille d'Extrême-Orient en Occident, prise en pince de Riga aux bouches du Dniestr. Si la Pologne expire, l'attaque frontale s'ajoutera à l'attaque par les ailes. Stratégie du café du Commerce ! Perspectives outrées et prévisions de dyspeptique ! dira-t-on. Avant Hitler, c'était une prévision à long terme ; Hitler venu, une probabilité à court terme. Je maintiens que les perspectives que je viens d'évoquer sont désormais dans l'ordre des réalités politiques prévisibles.

D'ici qu'elles deviennent « fait accompli », la revendication coloniale se fera de plus en plus pressante. L'initiative du prince Konoye ajoute l'Asie à l'Afrique dans le programme révisionniste colonial : l'Indochine sera vite mise en cause.

Se battra-t-on pour l'Indochine ? interrogeait ironiquement M. Guernut, le 3 novembre, dans *La République*. On a tellement clamé, pour que Hitler le sache bien (et que même l'homme de la rue ne l'ignore pas outre-Rhin), qu'on ne se battrait que pour les « frontières françaises », qu'il conviendrait tout de même de savoir avec précision et de quelles bouches autorisées, ce qu'il faut entendre par « frontières françaises », où elles commencent et finissent. Où et comment désormais on les défendra ? Qui aurait la candeur de croire qu'une bataille navale lointaine ou une « campagne coloniale » en Afrique ou en Asie suffiraient à décider du sort de notre Empire... ou de celui de M. Chamberlain ? Alors, sera-ce en Europe qu'il faudra en découdre, en dépit de Munich ?

« La conduite de Londres à l'égard de la question coloniale sera considérée par les milieux allemands comme une preuve de la valeur de l'accord de Munich », telle est l'antienne portée à l'Angleterre — et bien entendu à la France — par le *Giornale d'Italia*, journal inspiré.

« Rien à faire ! » s'exclame Daladier. Vaine protestation : il va falloir s'aligner. Après Munich, c'est fatal. À moins de devenir « belliciste » ! Or, ça jamais, n'est-ce pas ? Alors, pas de rodomontade, pas de tartarinade, comme à la Pointe de Grave : il faudra s'aligner. Ribbentrop a raison : Munich annule Versailles, y compris les clauses coloniales.

Ernest Pezet

N° 1912 — 10 NOVEMBRE 1938

Le rapport que Francisque Gay présentera au Congrès

Maintenant : à l'action !

IV – Les instruments de notre propagande

Voilà donc notre mouvement baptisé. Le vocable nouveau sous lequel il sollicitera le concours de tous les hommes de notre esprit ne laissera plus croire que nous ne sommes que l'amicale des lecteurs d'un journal ayant pour seule préoccupation de lui recruter de nouveaux abonnés. Nous pouvons espérer voir venir à nous la foule des militants de toutes les formations politiques et professionnelles, qui, aux heures de la grande angoisse nationale, ont ressenti, comme jamais auparavant, qu'ils étaient bien les fils d'un même esprit et qu'ils devaient faire front pour s'opposer à la poussée des totalitarismes, de ceux de la droite comme de ceux de la gauche.

Nous avons enfin arrêté les termes de l'appel qu'ensemble nous pouvions adresser aux masses de notre pays. Nous sommes donc prêts à engager notre offensive ; il nous reste seulement à indiquer rapidement de quels instruments nous pourrons nous servir.

Les nouvelles équipes françaises comprendront certainement que l'arme de choix dans les luttes pour la conquête de l'opinion, c'est incontestablement le journal, et plus spécialement le quotidien d'opinion.

Les nouvelles équipes françaises, donc, prendront joyeusement la relève des groupes d'Amis de *l'aube*. En travaillant à recruter de nouveaux lecteurs, pour le petit journal qui va devenir leur organe, elles sauront qu'elles travaillent directement à élargir le rayonnement de leurs idées. Elles auront à poursuivre les campagnes qui ont permis à *l'aube* de vivre et de se développer.

Parfois, en présence de grands événements qui inquiètent et passionnent les foules, il faudra donner à certaines prises de position l'allure de véritables manifestes. *L'aube* l'a déjà fait au lendemain du 6 février, notamment en soutenant la candidature de moralité publique de Jacques Madaule contre l'ancien préfet de police Chiappe. Elle l'a fait lors de la guerre d'Éthiopie, et après le suicide de Salengro. Elle l'a fait en face de la guerre civile en Espagne et au moment de l'Anschluss autrichien. Désormais, les N.E.F s'emploieront à obtenir des signatures pour des manifestes analogues et leur assureront une large diffusion dans chacune de nos provinces françaises.

Bien souvent, les campagnes menées dans le journal devront être appuyées, confirmées, complétées par des tracts, des brochures, des livres. Déjà, à propos de l'affaire tchécoslovaque, nous avons jugé utile d'examiner dans une brochure synthétique les arguments par lesquels certains ont essayé de se faire une bonne conscience. C'est la N.E.F qui se chargera d'assurer une large distribution de ces tracts, ces livres, de ces brochures.

Pour atteindre les masses, il faut encore pouvoir utiliser l'affiche, mais, de tous les instruments de propagande d'idées ou de publicité commerciale, l'affiche est incontestablement le moyen le plus coûteux. C'est pourquoi il est à peu près interdit aux jeunes mouvements qui, opérant sur le plan national, ne peuvent compter sur la collaboration de groupements locaux. Pour toute la France, une campagne d'affiches peut revenir à quelques centaines de mille francs, tandis qu'une vingtaine d'affiches, judicieusement placées ne coûteront qu'une centaine de francs au groupement qui voudrait, dans une ville de 25 à 50 000 habitants, appuyer efficacement une campagne de propagande menée par d'autres moyens.

Il appartiendra à nos amis d'apprécier le moment où ils pourront entreprendre de donner, dans leur ville ou dans leur région, de grandes conférences privées, de larges réunions publiques et contradictoires, ou même de vastes meetings.

Nous ne manquerons certes pas de conférenciers, peut-être même pouvons-nous faire appel à quelques-uns des meilleurs orateurs et des plus puissants tribuns de l'heure présente. Mais pour qu'une conférence, et plus encore des réunions publiques, et meetings aient des résultats utiles, il faut d'abord les préparer soigneusement. Ensuite être en mesure d'assurer l'absolue liberté de la tribune. Enfin être prêt à exploiter les résultats.

Ne nous faisons pas trop d'illusions. Il ne semble pas qu'en dehors de quelques rares villes de province où nos amis peuvent déjà compter sur le concours d'organisations voisines, nous puissions, au cours de cet hiver, réunir des auditoires de grande importance.

Nous ne nous interdirons pas, pour autant, d'user de la conférence : c'est un des moyens les plus efficaces de la propagande des idées, mais la sagesse nous commande d'avancer dans cette voie prudemment, par petites étapes.

Dans la plupart des cas, avec les moyens dont disposent nos amis, des conférences devant 100, 200, 300 personnes, mais multipliées aussi souvent qu'il sera possible, seront plus utiles que de vastes meetings que nous réserverons pour une date ultérieure.

En somme, dans le choix des instruments, nous n'aurons pas beaucoup à innover. La principale différence entre notre action d'hier et celle de demain sera une différence d'intensité... Différence aussi dans l'esprit et dans la méthode d'application. C'est là le dernier point que nous avons à examiner avant de conclure.

V – Esprit et méthode

Jusqu'ici, nous l'avons dit, l'activité des Amis de l'aube s'est le plus souvent limitée à la recherche d'abonnements et de souscriptions pour leur journal. Les Nouvelles Équipes françaises auront, au contraire, davantage à se préoccuper de la propagande des idées qui constituent le patrimoine commun de tous les amis de *l'aube*. Les organismes directeurs de la N.E.F. devront donc s'appliquer à saisir toutes les occasions qui se présenteront d'engager avec chance de succès quelque campagne d'idées. Ne nous dissimulons pas que la réussite de l'offensive que nous voulons engager va dépendre essentiellement des choix que nous ferons : elle dépendra de notre plus ou moins grande ingéniosité à profiter de toutes les opportunités pour faire entendre notre message. C'est en déroulant dans un ordre logique, sans se soucier des événements, les différents points du programme sur lequel nous nous serons mis d'accord que nous parviendrons à intéresser les masses.

C'est par des attitudes nettes et vigoureuses, prises en face de cas concrets, que l'on agit sur la sensibilité, sur l'intelligence des foules. Je ne vois pas comment on pourrait contester cette évidence. L'opinion publique, même la mieux informée, se passionne moins pour des questions de tactique parlementaire ou électorale que pour les prises de position en face de grands événements qui servent en quelque matière de tests.

Ce que, par exemple, l'homme de la rue aurait pu nous demander au cours de ces dernières années, avant de décider s'il devait nous donner son adhésion, c'est de définir notre attitude en face des agitateurs de la rue qui ont provoqué la journée du 6 février ; c'est de lui dire si nous approuvons l'agression italienne contre l'Éthiopie ou celle du Japon contre la Chine ; c'est d'exprimer clairement notre pensée sur la guerre contre les églises et contre les prêtres en Espagne ou sur les massacres de Badajoz, l'incendie de Guernica ou les bombardements de Barcelone ; ce sont nos réactions en présence de la campagne de calomnie qui a poussé le ministre Salengro au suicide ; c'est notre jugement sur le cardinal Innitzer, lors qu'il inclinait la pourpre romaine devant le racisme persécuteur.

Tout cela, me dira-t-on, l'aube l'a déjà fait. Oui, certes, et nous n'ignorons pas combien nos prises de position ont contribué à faire tomber les préjugés de la presse et des partis de gauche. Mais, en dehors de quelques citations dans les journaux et par la radio — sur lesquels demain il faudra encore compter — nos déclarations n'ont guère été connues des foules. Désormais, les Nouvelles Équipes françaises, à l'occasion d'événements semblables, s'ingénieront à user de tous les moyens dont nous parlions précédemment (tracts et brochures, affiches, conférences, meetings) afin de donner plus de retentissement aux campagnes engagées par le journal.

Pour cela, il faudra — et je m'excuse de le répéter — que nous puissions compter sur le concours de groupes nombreux et disciplinés. Il faudra que chacun de nos lecteurs, que chaque militant se considère comme en état de mobilisation constante, résolu à répondre à tous nos appels, prêt à exécuter toutes les consignes. Les militants de la N.E.F. se délivreront s'il est besoin de leurs préventions d'intellectuels contre le slogan et l'usage de la répétition.

Bien sûr, le slogan peut être parfois une forme de mensonge imagé. Il est souvent une cause de déformation. Ce que nous aurons à faire, c'est de rechercher les formules heureuses qui peuvent faire pénétrer la vérité dans les couches plus profondes de l'opinion, c'est de faire, de cette méthode qu'on a trop souvent utilisée pour des fins démagogiques, un moyen de formation civique. Nous n'aurons pas non plus peur de la répétition. Tous nos adversaires ont su se débarrasser de ce nouveau scrupule qui paralyse certains esprits distingués. Faut-il rappeler que bien des hommes de ma génération, par exemple, n'ont jamais connu qu'un seul article du code de procédure civile et criminelle, le fameux article 445, que l'Action française, depuis la révision du procès de Dreyfus jusqu'à la guerre n'a omis, un seul jour, de reproduire en pleine place.

Je rappellerai encore un autre exemple, pris celui-ci dans notre tradition : le Sillon, qui mérite bien, n'est-il pas vrai ? d'être pour nous un maître de pédagogie politique, le Sillon est resté fameux par l'usage incessant qu'il fit de certaines maximes et ces formules devenues de véritables slogans, ont puissamment contribué à marquer d'une empreinte commune la foule des sillonistes qui comptent aujourd'hui encore parmi les meilleurs animateurs de tous nos mouvements :

« L'amour plus fort que la haine. »
« Il faut aller au vrai avec toute notre âme. »
« Tout à la cause. »
« La trouée. »

« Se laisser faire par la vie. » Ces mots étaient pour nous chargés de sens. Bien plus, ils ont donné un sens à la vie de tous les militants formés à cette grande école de civisme.

VI – Conclusion

Arrivant au terme de ce trop long rapport, je ressens avec un vif regret que je n'ai fait qu'effleurer un sujet trop vaste. Qu'importe ! Mon rôle ne devait-il pas se borner à marquer, à grands traits, le plan général de l'action que nous allons entreprendre ? L'essentiel, c'est que nous allons maintenant discuter et décider ; c'est ce que vont décider, après nous, les milliers de bons militants qui attendent avec une confiance anxieuse les conclusions pratiques que notre Congrès aura dégagées.

Dans quelques heures, nous allons nous séparer.

Nous nous trouvons en face d'une lourde responsabilité. Pourquoi ne prendrions-nous pas, ici même, l'engagement solennel de nous mettre au travail, aussitôt rentrés chez nous. Avant la fin du mois de novembre, dans chacune de nos régions, dans chacun de nos arrondissements, nous avons à alerter les amis qui ne se trouvent pas, ici, aujourd'hui.

Les événements nous pressent. Il faut que notre voix soit entendue de la France tout entière. Promettons-nous mutuellement de sacrifier joyeusement une part de nos loisirs pour assurer dans nos milieux respectifs, une large diffusion à nos idées. Nous n'avons plus le droit d'attendre paresseusement que les vieilles formations politiques découvrent miraculeusement les voies du salut.

En France et dans le monde, toutes les institutions de liberté qui sont la sauvegarde des valeurs spirituelles et humaines se trouvent en péril. Entrons donc résolument dans l'action, engageons une puissante offensive de conquête. Un jour proche, peut-être, nous pourrons dire que nous étions au Congrès qui aura fixé notre plan tactique et préparé — ce que nous espérons tous — la victoire.

N° 1912 — 10 NOVEMBRE 1938

La force que chacun doit identifier

Nous vivons actuellement sous le signe de la force. Des nations qui, sous l'emprise ou la poigne de certaines mystiques ou de certains dictateurs, ont déifié la force brutale, contraignent les peuples qui n'ont point renié le primat du droit et de la justice, à les suivre, ou même, à les devancer dans la course aux armements. L'implacable axiome qu'on regarde à tort comme l'affirmation d'une vérité permanente, alors qu'elle n'est que la constatation d'une vérité transitoire : *Si vis pacem, para bellum*, est devenu pour un temps, hélas ! indéterminé, la dure loi de ce monde qui se croit en progrès.

Si l'on veut prévenir une attaque toujours menaçante, il faut intimider l'assaillant éventuel par une force supérieure à celle dont il dispose.

Si l'on veut engager avec un autre pays des négociations pacifiques, il faut encore s'appuyer sur une force qui permettra de modérer ou de repousser les exigences du partenaire.

C'est là, malheureusement, un fait d'une évidence inexorable et d'une impitoyable rigueur, auquel, certes, il ne faut pas se résigner, mais dont il serait aujourd'hui puéril et imprudent de ne point tenir compte. On doit seulement, tout en prenant ou en acceptant les mesures qui s'imposent à qui veut devenir et rester le plus fort, prévoir obstinément le jour où le monde, enfin, pourra respirer sous une autre loi et, obstinément aussi, préparer ce jour. Or, pour en hâter l'avènement, l'un des moyens les plus efficaces et les plus directs, c'est de développer sans cesse contre la puissance et l'ampleur démesurée des forces matérielles, le contingent et le dynamisme des forces morales. Ceci, j'en conviens, n'est pas une nouveauté, bien au contraire, c'est presque un lieu commun. Car l'appel aux forces morales, la nécessité des forces morales sont passés presque à l'état de slogan qu'on retrouve en ce moment sur toutes les lèvres et sous toutes les plumes !

Mais, par ailleurs, le devoir personnel auquel est tenu chaque citoyen français — par une obligation permanente, au surplus, que les conjectures actuelles ne font que souligner et raviver — le devoir de réveiller, d'entretenir, d'intensifier en soi ces forces morales, est-il aussi profondément gravé dans toutes les consciences ?

C'est pourtant le domaine comme ces forces-là doivent premièrement s'établir, si l'on veut qu'elles en puissent rayonner. Les forces morales, en effet, ne se fabriquent pas en série ; elles ne dépendent point des crédits budgétaires ; aucune usine ne les saurait forger. Ah, sans doute, il y a des doctrines et des institutions qui les définissent, qui les propagent et qui les communiquent ; mais elles demeurent inopérantes, elles restent à l'état de pures virtualités, tant qu'elles ne trouvent point des âmes pour les recueillir, pour en assimiler la richesse et l'énergie, pour les irradier dans le monde. Seulement, et c'est là une de leurs supériorités sur les forces matérielles, toutes les âmes, jusqu'aux plus humbles, aux plus faibles, aux plus ignorantes, peuvent devenir de ces forces morales, à la fois des récepteurs et des diffuseurs. [...] La domination de la force n'aura qu'un temps, la prédominance de l'esprit est assurée de lui survivre.

Une telle certitude est comme une sorte de « diktat » spirituel et intime, qui précise dans la crise actuelle ; pour le salut de la patrie, leur plus haute et plus importante obligation de citoyens français ; ne pas affaiblir ni amoindrir en eux la puissance dont ils ont reçu le dépôt et dont la France a besoin la fortifier, au contraire, cette puissance, et l'accroître sans cesse afin d'en apporter le renfort à leur pays, sans diminution ni affadissement.

Et cette conduite, au fond, ce n'est pas seulement leur conscience de chrétien qui leur en fait un devoir, c'est aussi l'appel, peut-être inconscient, mais ardent d'une multitude de Français qui leur en réclame le secours. Car si tant de Français se tournent aujourd'hui vers les catholiques, c'est qu'ils comprennent, ou du moins qu'ils devinent ou qu'ils sentent la force morale sociale, nationale même du catholicisme. Ne leur apporter qu'un catholicisme énervé ou mutilé ce ne serait pas seulement trahir notre foi, ce serait encore décevoir leur attente.

François Veuillot

N° 1916 — 15 NOVEMBRE 1938

En avant ! pour les Nouvelles Équipes Françaises !

Le magnifique banquet qui a réuni près d'un millier de nos amis a manifesté la fraternité de nos liens et la foi qui nous anime.

Il y a un an, notre banquet se tenait dans une salle relativement petite, dont la perspective était multipliée par de grandes glaces ; mais les tables étaient si serrées les unes contre les autres et appuyées tellement aux banquettes que les orateurs devaient se jucher sur celles-ci... Ce souvenir s'imposait à moi, dimanche, en regardant l'immense vaisseau du Palais des Congrès où près de mille couverts étaient dressés pour nos amis, comme des armées rangées en bataille où la table d'honneur accueillait tant de personnalités qui, de leur présence, de leur collaboration, saluaient la naissance d'un grand mouvement de réconciliation et de rénovation qui déborde tellement les seules activités politiques et auquel pratiquement est lié le sort des valeurs humaines et des forces spirituelles qui donne son sens à notre tradition nationale : Les Nouvelles Équipes Françaises.

Je ne ferai pas avec vous le tour des tables pour y saluer les représentants de tant d'activités culturelles, professionnelles, sociales et civiques venus de toutes les provinces et qui, conscients des menaces immédiates, qui planent sur notre pays, ont décidé, dans l'atmosphère d'amitié et de compréhension dont la N.E.F a déjà donné la preuve, à fournir l'effort indispensable. Il nous faudrait des colonnes, non pas pour dire ses mérites et l'autorité de chacun, mais seulement pour donner des noms avec les titres et les qualités qui les accompagnent : malgré la monotonie, cela aurait du moins l'avantage de montrer que tout ce qui n'a pas renoncé à la mission de la France, tout ce qui est conscient de son double courant historique populaire et chrétien, se retrouve dès maintenant autour de la N.E.F.

Cette liste, d'ailleurs, comporterait de très nombreuses lacunes, car beaucoup de nos amis, et non des moindres, n'avaient pu se déplacer et nous en avaient écrit ou dit leurs regrets [...]. Pourquoi ne citerions-nous pas ici Mlle Butillard, secrétaire générale de l'U.F.C.S, M. Joseph Zamanski, président de la Confédération française patronale, M. Jules Zirnheld, président de la Confédération française des Travailleurs chrétiens, M. Eugène Dhutoit, président des Semaines sociales, le R. P. Bernadot, directeur de *La Vie intellectuelle*, MM. Philippe Serre, Paul Simon, P. Trémintin, Don Sturzo, M. Beuve-Méry, reparti pour la Tchécoslovaquie, Alfred Michelin, Henri Colas, P. Henri Simon qui, retenu à Gand, nous télégraphiait ses regrets, Teitgen, qui, de Nancy, nous assurait de sa totale collaboration, Élie Baussart, directeur de *La Terre wallonne*, et de nos amis de l'*Avant-Garde* qui, de Bruxelles, nous envoyaient ce message : « Votre fête est la nôtre ; près de vous par les idéaux communs, unis dans l'action quotidienne, nous sommes de cœur avec vous en ce jour qui consacre notre force et notre prestige. Puisse la France suivre les grands principes que vous défendez » [...].

La table d'honneur

Le témoignage de la reconnaissance et de l'amitié à l'égard de nos hôtes que traduisait Francisque Gay : Mme Brunschvicg, ancien secrétaire d'État à l'Éducation nationale, dont l'œuvre et l'action furent longuement applaudies ; le maître dont l'œuvre, le message et les campagnes ont si souvent trouvé en nos esprits et nos cœurs les échos profonds d'une sympathie qui va bien au-delà des mots et qui s'exprime par une émouvante ovation qui ne s'apaise que pour reprendre avec plus d'ampleur ; M. Georges Duhamel, de l'Académie ; le R. P. Merklen qui mesure à la vigueur des applaudissements qui montent vers lui l'admiration que l'on a pour l'œuvre que *La Croix* poursuit avec lui ; et les applaudissements ne vont pas cesser au fur et à mesure que Francisque Gay saluera les responsables de Temps présent avec Stanislas Fumet, Mme Sauvageot et Georges Hourdin ; ceux de Politique avec Ch. Flory et Charles Blondel, d'*Esprit* et de *Voltigeur* avec Mounier et Touchard ; les animateurs d'*Europe Nouvelle*, avec Mme Le Verrier et M. Philippe ; nos amis des organisations politiques, Parti Démocrate-Populaire et Jeune République avec Raymond Laurent et Georges Hoog ; des organisations syndicales avec Gaston Tessier ; les membres de l'enseignement, les techniciens que représenté A. Liouville, président de l'U.S.I.C, les militants des divers milieux sociaux, les écrivains, nombreux dans la salle, mais que Francisque Gay remercie d'une manière particulière en la personne d'André Thérive.

Jacques Fonlupt-Espébarer

Sans doute, si l'on avait voulu distinguer, autour de nos tables, tous ceux qui le méritaient, la liste aurait été longue, très longue, mais l'heure était venue des toasts et, le premier, Fonlupt, de Strasbourg, vient au micro. Il évoque l'unité profonde de nos préoccupations essentielles : l'égalité fraternelle des hommes, le respect intégral de la personne humaine, sans acception des religions, des nations et des races, notre volonté quand tant de dangers menacent la civilisation à nos frontières d'assurer la liberté à tous, cette liberté dont la France est la patrie naturelle.

Mgr Rodolphe Zhanel

Toute la salle, debout, exprime sa douloureuse et profonde sympathie en une interminable ovation, au moment où la parole est donnée à Mgr Zhanel, recteur de la Mission tchécoslovaque à Paris. Il dit son plaisir d'être au milieu de nous, car il sait combien la France catholique compatit aux épreuves de son pays. « Le peuple tchécoslovaque, continue-t-il, ne laissera pas d'être sensible aux sympathies qui lui viennent par votre intermédiaire ». Et il y a tant de confiante amitié dans les paroles que nous ne laissons pas d'en être bouleversés.

La Tchécoslovaquie n'est pas le seul pays durement éprouvé et nos amis d'Espagne reçoivent une même marque de sympathie quand Francisque Gay signale leur présence et précise le rôle que les uns et les autres ont joué : Ruiz Hebrard, président des jeunesses catholiques catalanes qui ont maintenu au péril de leur vie le culte en Catalogne ; Mardonez Ziauritz, Antonio de Gamard, Javier de Landaburu, Manuel Robles Arangitz, J-M de Leizaola, Rocca, Morera Mendizabal chargé en même temps de représenter nos amis du People and Freedom.

Nos amis d'Espagne
Et voici Robles Aranjiz, député de Bilbao, fondateur et président de la Solidarité des Travailleurs basques, proscrit par la dictature et qui a repris la charrue pour assurer la subsistance de ses neuf enfants. En quelques mots ardents, il remercia l'aube et la CFTC de défendre la cause de la liberté humaine, de la liberté syndicale et de la démocratie, et il nous invite à barrer la route aux régimes autoritaires.

J-M de Leizaola, du Parti nationaliste basque, conseiller de la justice du gouvernement basque, grâce à qui la légalité n'a jamais cessé de régner à Bilbao, nous apporte le salut des amis de l'étranger ; il évoque les trois émigrations du peuple basque en France, et après avoir rappelé que les problèmes qui se posent sont des problèmes de l'État et de l'État en face de l'humanité, proclame qu'il n'y a qu'une manière légitime pour un État d'être totalitaire, c'est de garder et de protéger tous ses citoyens et de maintenir la paix entre eux.

André Thérive
On connaît André Thérive, on sait la place qu'il occupe dans les lettres françaises, sa présence nous est cause de joie et de fierté. Mais il veut l'expliquer, et il fait appel aux souvenirs de sa jeunesse, dans un collège où se sont tenues les célèbres réunions de la Crypte d'où est sorti « Le Sillon ». La semence plantée par eux a levé aujourd'hui en une plante vigoureuse.

Il a une autre raison d'être à la naissance des Nouvelles Équipes françaises, c'est qu'elle est fêtée en un lieu historique : aux confins de Paris et de sa banlieue, aux portes de la province, sur une route historique, celle qui va de Paris à Versailles. Et puis il salue la jeunesse qui éclate dans l'assemblée, l'exemple de l'aube, exemple unique d'un journal pur, propre, aux ressources claires, qui n'a rien à se reprocher, auquel il est honorable de collaborer parce que *l'aube* est un honneur national, parce que, grâce à elle, il commence à ne presque plus y avoir d'antichrétiens, parce qu'avec elle, avec la foi qui l'anime, c'est, pour reprendre la devise tchécoslovaque, la vérité qui vaincra.

Emmanuel Mounier
Et voici, au nom d'*Esprit*, Emmanuel Mounier qui se plaît à insister sur la double signification des présences multiples que l'on remarque au départ de la N.E.F. Cette diversité est un gage de bon ordre, dit-il, et cette convergence est le symbole de l'unité française que nous cherchons et qu'il faut commencer de faire avant de la réclamer.

Stanislas Fumet
À son tour, au nom de *Temps présent*, Stanislas Fumet parle : il apporte un témoignage d'affection et de confiance à l'équipe de *l'aube*, qui a toujours bien servi la cause du bien commun à laquelle se consacre *Temps présent*, un bien commun nécessairement lié à la vérité chrétienne.

Que marche donc la N.E.F pour prouver la vérité de son mouvement. Il la salue, il souhaite son succès, il félicite ceux qui ont eu le courage de la lancer, qui ont l'avenir et le présent pour eux, parce qu'ils ne craignent rien, n'ayant rien à craindre et qu'ils défendent l'homme contre l'esclavage. « Au nom de *Temps présent*, du fond du cœur, s'écrie Fumet, bravo Gay, bravo Georges Bidault ! »

Gaston Tessier
C'est un témoignage de reconnaissance que Gaston Tessier apporte, au nom de la CFTC, parce que *l'aube* a puissamment aidé à gagner la bataille de la liberté syndicale, témoignage d'espérance. Il rappelle l'exemple de la CFTC, résolue à demeurer elle-même et prête à toutes les collaborations, et après avoir salué les travailleurs persécutés en Allemagne et les travailleurs coloniaux, il souhaite que la NEF nous

entraîne vers cette organisation de toutes les collaborations pour réaliser une économie vraiment humaine.

Jeanne Ancelet-Hustache
Mme Ancelet-Hustache se réjouit à son tour de l'apparition de la N.E.F, qui va nous permettre de fournir fidèlement notre effort quotidien afin que tout rentre dans l'ordre. Elle redit notre volonté d'union et d'accueil et nous invite à rester toujours le levain indispensable avant de traduire notre reconnaissance à ceux qui ont fondé et animé notre mouvement, Marc Sangnier, Francisque Gay.

Georges Hoog
Georges Hoog évoque lui aussi des souvenirs en ce banquet de la renaissance spiritualiste et française où il se sent si parfaitement chez lui. C'est toujours la même tâche qu'il faut mener à bien : abolir le divorce des forces religieuses et des forces de progrès. Nous la reprenons avec plus d'ardeur que jamais après avoir entendu l'appel de Madaule et celui de Bidault qui, dit-il, en termes excellents, précis, très exacts, a dressé la charte de l'œuvre que nous voulons accomplir ensemble.

Il s'agit de retrouver le sens de la communauté nationale : pour le faire tous ensemble, vous pouvez compter sur nous, conclut-il.

Raymond-Laurent
Raymond-Laurent, lui, est venu avec enthousiasme rendre un hommage public à Francisque Gay dont la foi et la ténacité farouche sont un exemple pour tous ; il est vraiment l'animateur et le chef ; il rend aussi hommage au journal, à Bidault et il salue les Nouvelles Équipes françaises où se retrouvent tous ceux qui veulent que la France reste fidèle à son rôle de soldat de l'idéal et à sa raison d'être : le pays de la liberté, le refuge de toutes les grandes valeurs humaines.

« J'applaudis, ajoute-t-il, à la formation de la N.E.F ; moi aussi, je m'embarque et de toutes mes forces, je contribuerai au succès de leur action » et la devise de Paris « *Fluctuat nec mergitur* » sera celle des Nouvelles Équipes Françaises, de la NEF.

Georges Bidault
Et c'est le tour de Bidault. Il ne fera pas de discours. Aussi bien la lettre de M. Wilfred Monod qu'il vient de recevoir et dont il donne

lecture vaut-elle tous les discours. Il s'agit de la barbarie nouvelle qui se manifeste par les pogroms ; persévérez dans la protestation, écrit M. Monod.

Pour les tâches urgentes, pour le salut du pays, dit Bidault, il n'est personne parmi nous qui ne sente la nécessité de la collaboration avec toutes les familles d'esprit, et nous nous adressons à tous les hommes de bonne volonté et c'est avec fierté et gratitude que nous les retrouvons près de nous où ils se sentent chez eux.

Mais il s'agit que triomphe l'idéal et nous devons être en état d'insurrection, jusqu'à ce que nous soyons ou morts ou victorieux.

Marc Sangnier

Le triple ban qui a accueilli les derniers mots de Bidault devient une ovation indescriptible quand Marc Sangnier paraît au micro. Il dit son émotion de se voir, en ces heures, s'éveiller tout le passé, et s'annoncer tout l'avenir. Il salue les camarades présents, ceux d'autrefois et les jeunes... puis les camarades qui ne sont pas là, ceux que la mort a pris, dont la présence invisible nous soutient et nous anime encore ; ceux qui, groupés dans d'autres camps, sont déjà, sans le savoir, de notre famille spirituelle qui est ouverte à tous les hommes de bonne volonté.

La tâche qui s'annonce est immense : Il faut pour nous entraîner la hardiesse de Francisque Gay, mais pour l'assumer, il nous faut des novateurs ; les sauveurs que le monde se donne autour de nous ne le sont pas, sans doute, ils trompent les foules, mais ils n'apportent pas la jeunesse d'une espérance nouvelle, ce sont les chrétiens qui représentent l'éternelle jeunesse du monde. À notre message d'espérance, il faut ajouter les conclusions pratiques que réclament les problèmes de chaque jour en gardant la foi dans les réalités spirituelles. Nous ne pouvons pas désespérer de l'avenir parce que ni la force, ni la brutalité des dictateurs ne peuvent quelque chose contre nous. Ayons foi en l'avenir, dans la mission spirituelle de la France, jouons notre jeu, c'est la condition de notre succès.

On devine l'immense et émouvante ovation qui accueillit ces paroles où tous nos amis retrouvaient l'écho de leurs plus chères préoccupations.

Germaine Malaterre-Sellier

Mme Malaterre-Sellier, à son tour, dit sa joie d'avoir retrouvé la maison commune. Nous reprenons confiance et cette confiance, dit-elle, nous est plus facile, parce que, au milieu de la destruction de tant de valeurs morales, il y a un homme, un vieillard ; la seule puissance qui n'a pas courbé la tête : le Pape. D'un seul mouvement, toute la salle se lève et applaudit longuement. Le Pape qui a choisi l'heure de la grande épreuve pour dire qu'il était le père de tous les hommes, de tous ceux en qui la justice est plus profondément lésée.

Notre message, tous les peuples l'attendent, le peuple allemand, le peuple italien, le peuple chinois et la paix que nous donnerons sera la paix humaine. Pour l'édifier, nous nous donnerons jusqu'à la mort.

Francisque Gay

Pour terminer, Francisque Gay nous invite à méditer quelques secondes sur les résolutions que nous avons prises ensemble et, debout, tous dans le silence, pensent à ces engagements. Nous ne nous sauverons qu'avec une volonté bien trempée. Notre offensive sera ce que nous la ferons. Il s'agit de donner tout ce que nous pouvons donner, de sacrifier tout ce qu'il faut pour sauver toutes les valeurs humaines qui nous sont chères. Pour conjurer les menaces, il ne faut plus de discours, l'heure est à l'action.

Une nouvelle ovation, et doucement, la foule s'écoule cependant que s'ébauchent de nouvelles conversations…

La joie et l'enthousiasme de ces heures nous ont empoignés, mais ils font peser sur nous une véritable oppression : que rien n'est fait, que le congrès n'a rien achevé, mais au contraire qu'il a donné le branle à tout, à nos espoirs, à nos responsabilités, à notre tâche. Chez nous, par nous, un grand mouvement de rénovation et de réconciliation nationale vient de prendre naissance. Il dépend de nous que cela aboutisse. Notre oppression ne s'atténuera que lorsque nous aurons vraiment restauré la communauté française.

Maurice Carité

N° 1916 — 15 NOVEMBRE 1938

Un ordre du jour de la NEF sur les persécutions contre les juifs (la « nuit de cristal »)
Le 2ᵉ Congrès national de *l'aube*, réuni à l'occasion de la fondation des Nouvelles Équipes françaises, a appris avec la plus vive émotion les odieuses persécutions dont sont victimes les juifs d'Allemagne, à la suite d'un crime politique que les consciences ont d'ailleurs été dès le premier moment unanimes à le réprouver. Français de tradition chrétienne, ils expriment leur plus profonde et douloureuse indignation contre les violences systématiques exercées sur des innocents et contre une législation qui, allant jusqu'à rendre les victimes responsables des sévices commis contre elles, donne un caractère de permanence à cette persécution.

Unis à tous ceux qui, dans le monde entier, ont élevé leur voix en faveur des victimes vers lesquelles va leur compassion fraternelle, ils se sentent blessés dans leur conscience et dans leur dignité humaine.

Les congressistes tiennent à souligner qu'en rédigeant cet ordre du jour, ils n'obéissent à aucun parti-pris d'animosité contre le peuple allemand ni contre l'Allemagne, mais ils s'affligent de constater qu'un racisme au nom duquel se commettent de telles atrocités, rend plus difficiles encore les efforts en vue du rapprochement entre tous les peuples et de la paix véritable auxquels ils demeurent inébranlablement attachés.

N° 1920 — 19 NOVEMBRE 1938

Attention chez nous aussi !
Même s'ils nous connaissaient mal, les lecteurs de l'aube ne sauraient ignorer notre attitude à l'égard de la question juive : l'article de Georges Bidault au lendemain des persécutions d'Allemagne, le manifeste publié à l'occasion de notre Congrès les affiches qui témoigneront plus haut encore suffiraient à bien affirmer notre position. La question est d'ailleurs assez grave, assez tristement d'actualité, pour que nous éprouvions le besoin d'y revenir.

Certain « Tour d'horizon » que nos lecteurs n'ont pas oublié a prouvé qu'à part quelques exceptions la réaction de la presse française n'a pas été, dans son ensemble, celle que l'on aurait pu attendre d'esprits droits et de cœurs bien placés. Nous serons délibérément optimistes et nous n'attribuerons à cette modération que des motifs excusables : l'indignation devant le crime politique — que nous sommes, faut-il le redire, autant et plus que d'autres, au nom de nos principes mêmes, les premiers à réprouver — la crainte d'aggraver encore les difficultés franco-allemandes. Je peux, hélas !, indiquer une autre raison pour laquelle il faut rester discret sur les détails de la persécution, raison à laquelle les auteurs de ces divers articles n'ont sans doute point songé, puisque je sais de bonne source que la divulgation de ce qui se passe en Allemagne ne peut que pousser à de nouvelles représailles contre les juifs.

Disons tout de suite que nous n'aimons pas les leçons que les néophytes du rapprochement franco-allemand prétendent infliger aux chevronnés que nous sommes. Hier, ils nous bafouaient, ils n'ont donc rien à nous enseigner. On sait de reste qu'aujourd'hui encore, en dépit de toutes les difficultés amoncelées, nous saluerions avec joie le règlement qui assurerait une paix non point toujours fragile, mais sûre de meilleurs lendemains.

Aussi, quoique ceux qui ont fait peser sur tous les juifs le châtiment du meurtre commis par un seul, rendent la tâche singulièrement difficile à ceux qui refusent d'imputer au peuple allemand dans son ensemble la responsabilité de ce qui s'est passé, nous maintiendrons cette position. J'ai vu pleurer un jeune catholique réfugié en France depuis cinq ans. Il me disait : « Je suis navré, j'ai honte pour mon pays ». Je le comprenais profondément, mais la douleur qui l'étreignait n'est pas particulière à ses seuls compatriotes. Si un Allemand se sent à quelque degré solidaire de tous les autres Allemands, même quand ceux-ci l'ont exilé de la communauté nationale, selon une mesure plus haute encore, un homme est solidaire de tous les autres hommes. Notre tristesse provient non seulement de notre sympathie pour les victimes, mais de ce sens de la communauté humaine qui nous lie également aux bourreaux. Jean Soulairol l'a dit dans un récent billet, avec une admirable élévation de pensée : « À la suprême profondeur du sentiment fraternel, faut-il dire que si nous sommes si indignés, c'est parce que nous la voyons encore toute maltraitée, en eux-mêmes, cette humanité si chère à Dieu, parce que nous rougissons pour eux de la voir en eux si complètement avilie qu'elle en paraît anéantie... » Ces précisions données, je dois ajouter qu'en commençant notre campagne contre l'antisémitisme, nous avons songé non seulement à l'Allemagne, mais encore à la France.

Quelqu'un devant qui j'exprimais nos craintes m'a regardée d'un air où je distinguais une surprise un peu scandalisée :

— À quoi pensez-vous ? Chez nous ? En France ?

Cet état d'esprit est fort répandu. Au temps des pogroms de Russie, les Allemands d'un autre régime considéraient ces persécutions étrangères avec toute la réprobation qu'elles méritent, et quand ils accueillaient en masse les juifs polonais, ils eussent pris pour un fou ou un calomniateur celui qui leur eût assuré que, peu d'années plus tard, les mêmes drames se dérouleraient sur le territoire de leur propre pays jugé alors, et à bon droit, plus civilisé que la Russie des tsars.

J'y songeais avec mélancolie devant l'étonnement de mon interlocutrice. Il en va de l'antisémitisme comme de la plupart des autres fléaux : du fait d'être Français, nous ne sommes pas nécessairement exempts, comme beaucoup le croient avec optimisme, des malheurs publics qui menacent les autres pays, pas plus que nous n'en avons été exempts dans le passé. Nous avons eu, nous aussi, nos heures de fièvre. Que de fois, après avoir lu les récits de la Terreur et de la Commune, j'ai regardé les foules de Paris et je me suis dit : « Ceux qui ont commis de tels actes étaient pourtant des gens de chez nous, tout pareils à ceux-là. Est-il possible de croire que si, demain, de pareils mouvements se produisaient, quelques-uns parmi ceux que je vois là seraient capables des mêmes gestes que leurs aînés ? » Si nous n'y prenons pas garde, il n'est pas absolument exclu que nous tombions dans les mêmes excès que nos différents voisins, bien que cette pensée nous fasse horreur aujourd'hui.

Méfions-nous donc. L'antisémitisme a commencé en Allemagne comme il commence en France par des formes assez anodines. Ce n'était point, n'est-ce pas, manifester une véritable animosité contre les juifs que de constater qu'ils sont bien envahissants, ni de faire lire à un ami, simplement « pour le documenter » quelque livre ou quelque pamphlet contre eux ? Ce n'était point non plus vouloir les persécuter que de demander contre eux le numerus clausus. Je m'inquiète de revoir en France ces premiers symptômes. Propagande payée par l'étranger ? Contagion ? Quelles que soient les causes, multiples d'ailleurs, les signes sont là : il suffit d'être au courant de ce qui se passe en Alsace ou d'avoir assisté à la conférence de Jacques Maritain pour ne plus pouvoir l'ignorer.

Attention, chez nous aussi ! Depuis des années, le P. Bonsirven, le P. Dieux et tout le mouvement né autour des prêtres et religieuses de Notre-Dame de Sion luttent sur le plan catholique. Jacques Maritain combat sur le terrain philosophique et dans la vaillante revue, *La Juste Parole*, O. de Férenzy ne cesse de mettre en garde le public français. Mais nous ne serons jamais trop nombreux à alerter l'opinion avant que le mal soit trop grave.

Pour terminer ce premier article, on me permettra d'évoquer un de mes souvenirs les plus lointains. J'étais une toute petite fille au moment de l'affaire Dreyfus. Il arriva une nuit que des énergumènes se promenèrent dans la rue en criant : « À bas les juifs ! » Ils me firent terriblement peur et m'empêchèrent de dormir. Peut-être est-ce à cette impression que je dois d'avoir toujours considéré ce cri comme un des plus odieux qu'on puisse entendre, tout chargé d'injustice et de menaces de guerre civile. En souvenir de mon père aussi, qui uniquement par amour de la justice, eut le courage d'être le seul « dreyfusard » dans un milieu hostile, je me réjouis de pouvoir me prononcer ici sur une cause qui nous tient tous à cœur

Jeanne Ancelet-Hustache

N° 1922 — 22 NOVEMBRE 1938

La voix d'un pasteur (texte publié le 22 novembre)

Persévérez dans la protestation. Aidez la chrétienté à crever ce bastion vide : un « racisme » prétendu scientifique ! Les grands mathématiciens israélites, hier et aujourd'hui, auront manifesté plus d'essentielle humanité, c'est-à-dire de spiritualité, que tel ou tel Polyphème hurleur, « Aryen cent pour cent »... Et les apôtres, donc, dans le « Nouveau Testament » !

Pour arrêter la régression de l'Europe vers un paganisme barbare, ne cessons point de proposer l'assidue contemplation de deux images qui rayonnent d'universalisme, malgré toutes les frontières politiques et raciales : d'une part un nourrisson dans les bras maternels, d'autre part — (et plus haut encore) le Crucifié étendant les bras vers la nature humaine, intégrale : « Venez à moi, tous, et vous obtiendrez les repos ».

Votre chrétiennement dévoué en Lui, le divin Rassembleur.

Wilfred Monod
Pasteur

N° 1922 — 22 NOVEMBRE 1938

Thérapeutique de nos divisions

Les unions politiques, il y a peu de temps encore, s'appelaient cartels ou blocs. Ces mots sont parlants : l'un évoque l'intérêt, l'autre la lourdeur massive. Ceux qui se refusaient naguère aux duperies de « l'union nationale » triomphent aisément aujourd'hui : toutes les formules d'agglomération ont été tentées, toutes ont échoué. Il est surabondamment prouvé qu'entre des formations massives et durcies comme les vieux partis, aucune unité organique n'est possible, mais seulement de grossières associations cimentées par des intérêts provisoires et par des mensonges démoralisants.

Est-ce à dire que nous devions nous désintéresser du problème de l'unité française ? Grand Dieu ! Non. Une fois de plus, ceux qui paraissent s'opposer à une formule dont ils ne dénoncent que les insuffisances ou les ambiguïtés se révèlent les meilleurs serviteurs de sa vérité profonde.

Une maladie commençante comporte souvent un diagnostic imprécis, et, par suite, une thérapeutique hésitante. En s'aggravant, la division des Français a du moins gagné de nous instruire et sur ses causes profondes, et sur les moyens de la résoudre. Nous avons été les uns et les autres tout spécialement à même de faire le point sur elle, par les multiples prises de contact, entre individus et entre groupements qui ont foisonné après les journées de septembre. L'impression que pour ma part j'en retire est à la fois encourageante et nuancée de scepticisme pour l'immédiat.

Encourageante, elle se résume ainsi : la France se décompose dans toute sa zone d'expression politique, la plus visible du dehors, et dans les cadres dirigeants, elle est pleine d'hommes, je veux dire de caractères, surtout d'hommes jeunes, dans tous les cadres subalternes ou apolitiques, et jusqu'à la base. Il ne manque à ces forces saines et nombreuses que d'être orchestrées, de trouver une direction, des gestes coordonnés.

Sceptique quant à l'immédiat, car ce qui paralyse en effet ces forces vives et désœuvrées, c'est une certaine faiblesse de volonté plus qu'une absence de lucidité ou d'abnégation. On voit le mal en parfaite clarté, on a des principes de conduite vigoureux et intacts, de la bonne volonté à revendre ; ce qui manque, c'est cette prise de volonté sur une technique d'action, cette assurance dans le choix entre les composibles, ce sentiment unificateur d'un destin embrassé et suivi à la vie ou à la mort, qui ébranlent la vie des nations. La France saine est riche, mais encore hésitante, scrupuleuse. C'est une belle aventure qui se réveille, il faut qu'elle trouve sa lumière et reconnaisse sa route.

L'unité française n'est donc pas mûre. Il serait vain d'espérer dans les semaines qui viennent quelque miraculeux précipité qui nous l'offrit sans douleur. C'est au plan moléculaire que nous devons y travailler. Et comme on s'y met de divers côtés, un espoir plus modeste, mais plus sûr, renaît.

Il est conditionné par quelques vérités premières.

Premier axiome : l'unité française ne se fera pas entre les partis. Pour la simple raison que les partis ne représentent plus la France. Refuser de le voir, c'est faire plus sûrement le jeu du fascisme que le reconnaître. Ce que les partis ont représenté de tentative pour organiser la liberté ne doit pas être renié, mais une France neuve devra se donner d'autres formes d'expression politique, assurant plus incontestablement cette représentation et cette liberté. En fondant ses « équipes », l'aube l'a compris.

Deuxième axiome : l'unité française ne tombera pas du ciel, elle est semée déjà dans tout acte individuel ou collectif dirigé contre les particularismes ou contre les forces de haine. Au moment où la NEF tenait ses assises, un petit congrès réunissait dans la banlieue parisienne des groupes épars, hors des partis. Sur l'initiative de quelques jeunes hommes de province appartenant aux divers mouvements personnalistes, un mouvement modeste, mais utile, s'est formé pour provoquer des contacts directs non pas tant entre groupements constitués qu'entre personnes appartenant à des groupements et désirant ces rencontres. On a parlé d'engagements. Je me suis permis de proposer le petit texte suivant :

« Les groupes auxquels appartiennent les personnes soussignées ne sont pas seulement différents par leurs usages, leur inspiration dernière, leurs directions de recherche et leurs prises de parti sont parfois opposés. Reconnaissant néanmoins qu'ils ont en commun un souci primordial : celui de protéger le développement de la personne contre les tyrannies politiques ou techniques, les signataires s'engagent :

« 1 : À préparer entre eux l'unité compromise de la cité française en combattant dans leur sentiment de corps et dans leurs actes toute forme de particularisme, et non seulement cette incompréhension qui vient de la mauvaise foi, mais celle qui naît de la mauvaise volonté ou de l'ignorance ;

2 : À se constituer en toute circonstance politique grave, soit en privé, soit sur l'initiative du responsable des « Fédérateurs français » à envoyer un responsable à toute convocation des « Fédérateurs », à les provoquer au besoin. Elles font confiance aux « Fédérateurs français » pour assurer cette liaison dans l'indépendance, et précisent que celle-ci n'aliène ni leur autonomie, ni leur droit de critique mutuelle.

« La liste de ces signatures est ouverte. »

Que des responsables de mouvements les plus divers aient pu signer ce texte, alors que le caractère moral de cet engagement était spécifié à tous, et voilà posé un de ces actes élémentaires dont la multiplication doit peu à peu reconstituer le tissu relâché de ce pays.

Troisième et dernier axiome : une volonté commune ne se dégagera que du renouvellement et de la revigoration de chacune de nos volontés particulières.

Cet axiome me semble imposer une tactique : au lieu de vouloir coudre des morceaux d'étoffe dont chacun « s'en va », comme dit si bien le langage populaire, d'abord redresser et transfigurer chacun de nos milieux : vous les démocrates chrétiens, nous les intellectuels, d'autres les diverses élites ouvrières et politiques. C'est encore ce qu'a compris la NEF. On peut penser que son action est limitée ; ce n'est pas un adhérent qui vous le dit : mieux vaut une action limitée et saine qu'une mystification d'envergure.

Emmanuel Mounier

N° 1938 — 11-12 DÉCEMBRE 1938

Francis Jammes et Léonard Constant
Dans ce journal même, on a rendu à Francis Jammes l'hommage de tendre et nostalgique admiration qui lui était dû. Le maître d'Hasparren a su éveiller dans tant d'âmes un écho qui se prolonge ! Pour toute une génération, pour ceux qui lisaient avec émotion dans l'*Ermitage*, dans le *Mercure de France*, les *Élégies* ou *Jean de Noarrieu*, il a fait circuler un courant d'air vif à travers une poésie qui se figeait dans le verbalisme ou l'hermétisme.

Lui partait en chasse sur les coteaux, au bord du Gave, la boîte de Dillénius au côté ou le fusil à l'épaule. Il connaissait les noms des fleurs qui charment les yeux, des plantes qui guérissent, les ruses de la commère la Perdrix et de Lièvre le Patte-Usée. Il nous a fait aimer la nature sans plaques indicatrices, des fillettes naïves et de vieux curés dans les jardins embaumés de fenouil et de chèvrefeuille. Quelle place la génération qui monte à la vie, quelle place la postérité assigneront-elles à ce Jean-Jacques Rousseau sans défaillance ? Je ne sais trop. Mais dans le Panthéon préparé par les professeurs de rhétorique, je suis persuadé qu'on lui ménagera une chapelle de côté où viendront toujours prier les âmes simples et sensibles que déroute la complexité que meurtrit la férocité de la vie.

Mais nos amis ont une raison particulière de l'aimer, le « vieux poète » chrétien. Certes, il ne s'est jamais rattaché à leurs groupements. Il n'a jamais adhéré à leurs doctrines. Parmi les traditions dont il maintenait le culte figurait, je crois, la tradition monarchique et rien n'autorise à croire qu'il ait cherché à la concilier avec la tradition démocratique. Mais il se rapprochait de nous par une amitié très chère.

Lorsque Léonard Constant, à peine remis d'une longue maladie, quitta le lycée de Niort pour le lycée de Pau, à côté du petit groupe sillonniste de Paul, où il pouvait manifester son activité militante, près de Jacques Rodel, de Viguerie ; de Damelincourt, il avait fait la connaissance du poète du *Rosaire au soleil*. Une amitié étroite à laquelle devait bientôt s'adjoindre l'abbé Bremond, réfugié au pays béarnais pour travailler en paix à son *Histoire littéraire du sentiment religieux*, devait unir ces deux hommes, si bien faits pour se comprendre. Deux âmes lumineuses, l'une plus sensible à la beauté des formes ; l'autre au rayonnement des idées ; mais toujours tendues vers Dieu, nourries de la même foi, également hostiles à tous les témoignages de bassesse.

En 1912, Léonard Constant, qui aurait voulu voir élargir les bases de la rédaction de la Démocratie quotidienne, fondée en 1910 par Marc Sangnier, sollicita un instant la collaboration de Jammes en même temps que celle d'Émile Baumann. Puis ce fut la guerre. Retenu à Pau malgré lui par les conseils de réforme, Constant frémissait d'impatience patriotique. L'amitié de Jammes dans la dispersion de ses amis emportés par la tempête, lui fut un précieux réconfort. Le poète n'était pas encore le patriarche d'Hasparren, mais déjà sa barbe blanchissait autour de son sourire. Il quittait souvent son logis d'Orthez, au pied de la tour de Moncade, pour monter dans l'appartement de la rue d'Étigny, où les petites têtes blondes se multipliaient autour du jeune philosophe qui poursuivait sa rayonnante activité. Il lui lisait sa dernière œuvre, la *Brebis égarée* ou *Les Feuilles dans le vent*, et Constant écoutait, ému, admiratif, et parfois inquiété par d'imprudentes gamineries. Quels propos échangeaient-ils ? Il sera peut-être intéressant pour le biographe futur de Francis Jammes de rechercher ce que le poète a pu acquérir au contact de la clairvoyante pondération de son ami.

Léonard n'était pas seulement le confident et le conseiller, mais aussi le familier du foyer. En 1918, c'est lui qui fut choisi comme parrain d'une petite Françoise, septième d'une riche floraison. Quand il prit le chemin de Mayence, délégué pour une mission de pacification morale auprès des Allemands de Rhénanie, leur intimité continua. Au lendemain de la mort héroïque, frappé un jour d'émeute par une balle aveugle, tandis qu'il secourait un blessé allemand, Jammes prit la plume. Il écrivit dans l'*Écho de Paris* un article émouvant, le plus beau peut-être qui lui ait été consacré, où il évoquait la fine et lumineuse silhouette de notre ami, ses yeux d'un bleu transparent et son large feutre, sur la route bordée de platanes.

Il y a quinze ans de cela ! Et puis les autres ont suivi. Léonard Constant, Henri Bremond, Francis Jammes. Trois voix généreuses, trois voix sincères et désormais muettes. La mort a pris son temps, mais elle n'a oublié personne. Le hasard des rencontres avait noué ce petit groupe d'un Limousin, d'un Provençal et d'un Béarnais, et c'est du même que partaient trois messages si différents et si semblables. Retrouver Dieu dans la société, dans la poésie, dans la nature.

Le rendre perceptible aux hommes. C'est à cette tâche qu'ils se sont employés, au prix de leur peine, et, pour l'un, au prix du sang.

Nul souvenir n'est plus tonique, plus chargé d'exhortation. En ce mois de décembre, proche, l'anniversaire de ce jour où Léonard Constant tomba le crâne fracassé par une balle, il était bon de rappeler que les survivants, ses amis, ses camarades, ne l'ont pas oublié.

Jacques Nanteuil

N° 1963 — 29 DÉCEMBRE 1938

Ceux de la « Solidaridad »
Parmi toutes les brochures publiées par les Basques réfugiés à l'étranger, celle de Francisco de Mardones nous semble une des plus intéressantes. Le dévoué secrétaire général des syndicats chrétiens basques nous entretient des « ouvriers chrétiens sous le gouvernement de Franco » en une plaquette courte, mais précieuse.

En parcourant ce récit des origines et de l'histoire du mouvement ouvrier chrétien basque, le lecteur pourra se livrer à d'utiles méditations. En tout cas, la défense des libertés basques politiques et syndicales peut être proposée en exemple à tous ces prétendus « sociaux », résignés par avance à subir toutes les dictatures. Et pour ceux qui ont assisté avec désespoir à l'écroulement brutal des syndicats d'Allemagne et d'Autriche, ce témoignage d'un ouvrier chrétien basque doit être un magnifique réconfort.

Les journaux franquistes aiment à représenter le catholicisme français comme profondément dégénéré et pourri par le libéralisme ; en réponse à ces attaques, nous ne tenterons pas de faire le procès du catholicisme espagnol, héroïque dans le passé, trop souvent ignorant des nouvelles réalités sociales.

Le faubourg madrilène et même le petit village perdu dans la montagne aragonaise n'avaient pas attendu la chute de la monarchie pour se soustraire à l'influence du clergé. Les classes ouvrières et paysannes n'ont jamais beaucoup intéressé les riches *segnoritos* de la Puerta del Sol même si ces *segnoritos* fréquentaient les églises de la capitale.

Le prêtre ami de l'ouvrier a toujours été inquiété et dénoncé par les « intégristes » qui, du haut de toutes les chaires, tonnaient contre le libéralisme français. Les « Semaines sociales » elles-mêmes, en dépit des encouragements accordés par plusieurs évêques, étaient suspectées, et Gil Roblès n'osait pas les favoriser. Mardones nous raconte la pénible histoire de cette « Confédération nationale des ouvriers catholiques » qui malgré son syndicalisme douteux, n'a pas trouvé grâce devant la Phalange. Le ministre chrétien-social Fernandez se vit jadis désapprouver à cause de ses projets agraires, depuis il a été fusillé.

Telle est la véritable histoire de « L'Espagna negra » ; « L'Espagna negra », entendez par là l'Espagne des privilégiés, vivait sur un passé qui n'a pas été grand, mais elle ignorait hélas l'autre Espagne, celle au visage émouvant et farouche qui surgit brusquement dans Cervantes ou Goya.

En Pays basque, au contraire, clergé et peuple ont confondu leur cause à l'époque du carlisme comme aux beaux temps du parti nationaliste basque. Tout Basque est un « hidalgo » par le fait même de sa race.

Ce noble petit peuple bien qu'industrialisé en quelques-unes de ses provinces n'a pas été totalement envahi par un prolétariat sans racines et ses bourgeois ont su parce que profondément patriotes et chrétiens, partiellement garder le sens de la vraie solidarité nationale.

Dans ce milieu privilégié, l'organisation de la « Solidaridad de los Trabajadores Vasvos » (S.T.V.) est née en 1911, afin de défendre les principes de la paix sociale et les droits régionaux basques. De suite, elle a groupé l'élite du prolétariat du pays. En 1936 : 70 000 travailleurs adhèrent à la Solidarité contre 38 000 seulement à l'U.G.T. socialiste et 4 000 à la C.N.T. ; encore faut-il préciser que la plupart des ouvriers marxistes ou anarchistes se recrutaient parmi les Castillans ou Galiciens immigrés en Euzkadi. Dans le cadre des Confédérations régionales de Biscaye et de Guipúzcoa existaient trois grandes fédérations que le caractère particulier de leur profession faisait jouir d'un régime spécial : les fédérations d'agriculteurs (*Nekazaus*), de pêcheurs (*arantzales*) et celle des transports maritimes qui groupait 80 pour cent des inscrits maritimes de Bilbao. Des coopératives de production et d'autres de consommation, une mutualité, enfin une presse syndicale témoignaient de l'activité basque sur le plan social. La Solidarité faisait honneur à l'Internationale syndicale chrétienne tant par ses principes que par ses activités. Pendant longtemps, elle dut lutter farouchement pour faire respecter la liberté syndicale attaquée à la fois par le gros patronat et les éléments socialistes.

La « Solidarité » en était à cet instant de son histoire lorsque le mouvement franquiste jeta une partie des Navarrais sur les Basques au cri de : « À mort Euzkadi ! » Les maisons de la Solidarité étaient attaquées, les travailleurs basques allaient-ils se laisser bâillonner sous prétexte que Franco combattait le communisme ; ils prirent le parti de résister. Les « solidarios » devinrent « gudaris » (miliciens basques) et formèrent même un bataillon spécial dit de « Saint-André ».

Cette activité militaire n'était d'ailleurs pas la seule, la Solidarité mena pendant la guerre une campagne auprès du gouvernement autonome basque par :

1/ L'établissement du salaire familial et d'un régime large et suffisant d'assurances sociales qui s'avérait indispensable ;

2/ La collaboration rationnelle et toujours réglementée du travail et du capital dans la gestion des entreprises ;

3/ La démocratisation de la propriété par l'établissement d'un système de prêts qui permettre au fermier d'accéder à la propriété rurale et l'organisation des Caisses d'Épargne destinées à stimuler le patrimoine ouvrier, principalement en ce qui concerne la propriété bâtie.

Les militants et dirigeants de la Solidarité fusillés à Bilbao après la chute du Pays basque ne sont pas morts en vain. Grâce à eux, Euzkadi pourra revivre dans l'avenir.

Après avoir lu ces pages toutes remplies de simplicité et d'héroïsme, les syndicalistes français accorderont « à la détresse des travailleurs catholiques, groupés dans la Solidarité le préjugé d'une compassion fraternelle », ainsi que le leur demande Gaston Tessier, dans la préface de cet opuscule.

Les démocrates comprendront aussi tout le mérite de ce petit peuple fier qui a su dire « non ! » aux adversaires des libertés ; un « non » qui l'a engagé jusqu'au sang. Depuis longtemps, nous ne connaissions pas de chrétiens de cette sorte, alors que nous avions connu tant et tant de politiciens.

René Nouat

ANNÉE 1939

N° 1979 — 19 JANVIER 1939
L'enrôlement des femmes

Il nous est difficile d'y voir clair, car il semblerait que tout ce qui nous concerne, nous, femmes, soit tenu sous le boisseau. Nous avons eu la plus grande peine à savoir que le Code était modifié en matière conjugale ; plus de peine encore à comprendre dans quelle mesure il était modifié. Seuls, les heureux mortels qui ont pu acheter, dans les grandes artères de Paris, le *Journal officiel* en ont eu une petite idée. Quant à la porté exacte des modifications, c'est nous qui l'apprenons, bribe par bribe, quand on ne nous permet plus d'avoir un compte en banque, parce que la direction « ne peut pas savoir » si, dans la journée, notre mari consent encore à ce que nous exercions une profession, ou quand l'administration des Postes, grande dame, nous permet « tout de même » d'avoir un compte de chèques…

Savez-vous d'autre part, Françaises, mes sœurs, que depuis le 11 juillet 1938, vous êtes, comme employée ou comme fonctionnaire, mobilisables, réquisitionnables, et en cas de refus punissables de 6 jours à 5 ans d'emprisonnement ? Ceci ne concernant qu'une petite minorité d'entre nous : huit millions, exactement. La loi sur l'Organisation générale de la Nation pour le temps de guerre l'établit ainsi :

Art. 14 par. 6. — Peut être également soumis à réquisition tout individu conservant sa fonction ou son emploi, l'ensemble du personnel faisant partie d'un service ou d'une entreprise considérée comme indispensable pour assurer les besoins du pays.

Par. 7. — Les personnes titulaires d'une pension de retraite sont maintenues à la disposition de l'administration, du service dont elles faisaient partie pendant une période de cinq ans, à compter de la date de leur admission à la retraite.

Art. 31, par. 5. — À la mobilisation, quiconque abandonne le service public, l'établissement ou l'entreprise soumis à réquisition auquel il est personnellement requis, est passible d'une peine de six jours à cinq ans d'emprisonnement.

Et voici le règlement d'administration du 28-29 novembre 1938 qui complète :

Art. 13. — Dès la publication du décret de mobilisation générale et du décret d'ouverture du droit de réquisition, tout Français, toute Française ou tout ressortissant français qui appartient aux administrations ou services publics à quelque titre que ce soit, même à titre temporaire, est tenu, sans ordre spécial, de rester au poste qu'il occupe ou de rejoindre tout autre poste qui pourrait lui être assigné par l'autorité compétente.

Art. 15. — Dans le cas où il y aurait lieu de procéder à la réquisition de l'ensemble du personnel faisant partie d'un service privé ou d'une entreprise privée, considéré comme indispensable pour les besoins du pays, la réquisition s'adresse aux hommes, aux femmes et aux mineurs appartenant à ce service ou à cette entreprise.

Ces choses-là, Il faut les savoir ; les savoir d'avance ; et en tirer les conclusions. Certes, nous sommes bien habituées à ce que le mot citoyen soit au masculin quand il s'agit d'un droit d'option ou de contrôle, et au « mixte » quand il s'agit de charges, comme par exemple du paiement des impôts ; mais nous n'avions pas encore réalisé que nous étions mobilisables ; et beaucoup d'entre nous se précipitaient vers les organisations de services sociaux en cas de guerre, pour étouffer leur soif de dévouement à la patrie.

Les ouvrières, les employées, les institutrices sont mobilisables. Elles n'ont plus à chercher leur devoir : il est tout tracé. C'est aux autres à prévoir le nécessaire pour que les enfants — ou petits-enfants — des premières n'en souffrent pas ; et cela, je suis bien certaine que les Pouvoirs publics n'y ont pas pensé. C'est aux autres aussi à s'enrôler quand elles le peuvent, familialement pour ne pas faire partie des embusquées. Elles doivent savoir qu'on organise, département par département, les groupements des « Françaises au service de la Nation » ; et qu'un règlement qui émane lui aussi de la loi de Juillet, stipule que des engagements à titre civil peuvent être souscrits par les hommes et par les femmes, par les Françaises comme par les Français.

Maintenant, tirons les conclusions de cette promotion de la femme au rôle de citoyen.

Nous entrons — par la petite porte — dans la vie civique. Celle des charges habituelles — entendez les discours de Paul Reynaud sur les contributions fiscales ; — celle des charges nouvelles — voyez réquisitions mentionnées ci-dessus ; — celles des responsabilités morales, car le redressement de la France, de l'avis unanime, ne se fera pas sans nous. Pas plus d'ailleurs que l'unité vis-à-vis de l'agresseur, quel qu'il soit.

Mais osera-t-on donner aux Françaises toutes les responsabilités de la vie civique, sans leur donner, d'abord, le droit et les moyens d'y faire face ? Réalisera-t-on une nouvelle réforme électorale, en les laissant, une fois de plus, à l'écart ?

Il est assez symptomatique qu'après les Accords de Munich, les Allemandes, les Anglaises, les Italiennes, aient entendu leur chef de gouvernement leur rendre hommage et les remercier, alors qu'un seul Premier a gardé le silence : le nôtre. Néanmoins, ce n'est pas le silence de M. Daladier qui est inquiétant, c'est le silence des femmes.

Se laisseront-elles faire, une fois de plus ? Cela importe seul. Il est évident que lorsqu'elles le voudront, elles auront leur mot à dire. Mais pourquoi acceptent-elles de tout faire pour remédier aux maux de la guerre, avant d'avoir tout fait pour l'éviter. Et comment travailleraient-elles à l'éviter en gardant un silence éternel !

Hélène Dufays

N° 1998 — 9 FÉVRIER 1939

Réfugiés

Affreux spectacle que celui des routes de Catalogne. Femmes, enfants, troupeaux se précipitent à la frontière, pêle-mêle avec des soldats en haillons. En trente mois, la guerre d'Espagne ne nous a pas ménagé les horreurs, des massacres de Madrid et de Barcelone au bombardement des populations civiles. Il nous était cependant réservé d'être les témoins d'une horreur nouvelle, dont nous ne sommes même pas sûrs qu'elle soit la dernière : des centaines de milliers d'hommes fuyant sous la terreur l'armée que commande un de leurs compatriotes. Telle est la loi de la guerre et surtout de la guerre moderne, et plus encore de la guerre civile, qu'on se sait jamais où s'arrêtera le sang, où s'arrêtera la haine, où s'arrêtera la peur. La France a recueilli les femmes et les enfants, a désarmé les soldats, a donné à manger à tous. Cela occasionnera des frais considérables, cela entraînera mille difficultés, mais la France ne pouvait pas faire autrement. Ni en fait, ni même en droit. Même ceux qui pensent — avec quelque audace — que cette terreur était sans motif chez les non-combattants et que les soldats auraient dû se rendre ou mourir, ne peuvent nier qu'il eût fallu barrer la route par la force. Était-ce, je ne dis pas humain, mais imaginable ? Était-ce à de telles mesures que devait se résoudre un pays qui s'appelle la France ? La présence de ces malheureux sur le sol français pose toutes sortes de problèmes. On voudrait croire que les organes représentatifs de l'opinion publique ne les examineront jamais qu'avec le souci de ce qui est dû à la vérité, à la tradition française, à l'intérêt national. La vérité, c'est que la guerre civile d'Espagne se termine par une victoire que ceux qui se disent nos ennemis revendiquent pour leur avec de bons arguments. La tradition française est une tradition de fraternité et de respect pour le malheur. L'intérêt national, c'est d'éviter à la fois les imprudences et les illusions, car nous avons en cette pénible affaire péché pendant trente mois des deux façons

La France est un pays qui n'est pas sans expérience des guerres civiles. Nous avons eu nos guerres de religion, dont l'histoire n'a pas ratifié les prétentions à la croisade. Nous avons eu la guerre de Vendée. Ces guerres furent atroces. Elles ont eu leurs massacres, leurs félonies, leurs haines inexpiables. Et pourtant la paix est revenue, après tant de morts et tant de haine, parce qu'il s'est trouvé une poignée d'hommes pour se souvenir que la paix était œuvre de clémence et de réconciliation. La France a survécu après les déchirements du XVIe siècle parce qu'elle a eu Michel de Lhospital et Henri IV. La paix est revenue dans l'Ouest après les terribles luttes de la révolution parce que Lazare Hoche était de la même tradition. De tels hommes ont refait la communauté détruite parce qu'ils ont été des pacificateurs et non des vengeurs.

Y aura-t-il de tels hommes en Espagne ? Question angoissante qui recoupe en plus d'un point le problème des réfugiés.

Georges Bidault

N° 1990 — 11 FÉVRIER 1939

Le Pape de la charité
Nous finissions par ne plus penser au danger qui nous menaçait. Si souvent sa robuste constitution avait triomphé de la maladie. Si miraculeusement la Providence s'était employée à nous le conserver.

Mais voici qu'aux premières lueurs du jour, en ce 10 février, alors que nous nous apprêtions à célébrer le dix-septième anniversaire de son couronnement, la T.S.F. Nous apprend la terrible nouvelle : Pie XI est mort !

On voudrait pleurer en silence, on perd le meilleur des pères. Cependant, nous n'avons pas le droit d'oublier que nous avons à lui rendre le modeste témoignage de notre filiale dévotion. Nous laisserons à d'autres le soin de parler comme il convient du grand rôle qu'il a joué dans la vie troublée de l'après-guerre ; je sais bien qu'on saura célébrer les exceptionnelles qualités qui ont fait de lui l'un des plus grands sinon le plus grand des Pontifes de la chrétienté : son intelligence admirablement servie par une vaste érudition, la fermeté de son caractère, cet exceptionnel discernement des choses et des hommes qui l'a fait découvrir et utiliser tant de collaborateurs de si rare mérite ; pour moi, je ne puis me souvenir en l'instant que des traits de sa rayonnante charité.

Il y a douze ans, à quelques jours près, j'étais admis pour la première fois à l'honneur de son audience. On n'approche pas du Pape sans appréhension. Du reste, on avait eu soin de me répéter ce qu'il convenait de dire et de ne pas dire. Mais le geste, le regard qui accueillent vous invitent aussitôt à parler simplement sans apprêt, avec le plus filial abandon. Bien des fois depuis je suis retourné dans son bureau, mais dans tous mes souvenirs, je revois seulement ce même beau sourire qui illumine les traits du noble vieillard d'un reflet de surnaturelle bonté.

Comment pourrais-je évoquer sans une poignante émotion toutes ses exquises attentions ? Chaque fois, il s'arrête longuement à m'interroger sur chacun des miens. Un jour il revient, pour la placer dans son bréviaire la photographie de mes six enfants, il eut que j'écrive au dos le nom de chacun des miens [...]. Un jour, il m'apprit qu'on avait essayé de le mettre en garde contre nous. Les accusations étaient précises. Les faits étaient radicalement inexacts. Je veux répondre : « Non, non, me dit-il, c'est en connaissance de cause que Nous vous avons donné notre confiance. Mais vous irez, de Notre part, dire ce que vous vouliez Nous dire à celui qui, ne vous connaissant pas, s'est laissé tromper ». Il arriva cependant que certains crurent avoir réussi dans une entreprise semblable. Je n'ai guère connu peines plus cruelles que le jour où j'appris l'intrigue nouée contre nous. Lui-même m'avait dit ce que je devrais faire en telle occurrence. Aussitôt, par avion, je lui adressais une longue lettre personnelle. Quelques jours plus tard, le 13 juin 1936, en première page, l'*Osservatore Romano* publiait un extrait de mon article : « Catholique d'abord », précédé d'un mot où il était facile de retrouver la marque de sa paternelle confiance.

En vérité, pas un de ses gestes, pas une de ses audiences, pas un de ses discours, pas une de ses encycliques où ne se manifeste, sous un nouvel aspect, son universelle charité. Le difficile, c'est de limiter à quelques lignes les preuves que l'on voudrait réunir pour témoigner de l'obsédante pensée qui, jusqu'au bout, aura angoissé son cœur au spectacle de toutes les misères au milieu desquelles se débat la pauvre humanité. Sa charité le dresse, inflexible, contre les doctrines de haine et de violence ; pourtant sa volonté de conciliation lui fait rechercher toutes les occasions de pardon, toutes les possibilités d'entente ou de concordat, même avec les régimes de force.

Combien de fois, et avec quels accents, sa charité s'est-elle adressée aux nations pour les adjurer de s'accorder afin que les horreurs d'un nouveau carnage soient épargnées au monde meurtri. Alors, ce ne sont pas seulement ses fils qui ont reconnu en lui le grand apôtre de la paix. Sa charité s'est penchée sur les peuples de couleur et lui a inspiré des directives missionnaires qui peuvent servir de modèle aux plus généreuses politiques coloniales. Quelle voix s'est élevée avec plus de puissance que la sienne pour condamner les excès d'un capitalisme sans cœur ? *Quadragesimo anno*, consacre et développe les enseignements sociaux de *Rerum Novarum*. La charité du Pape déconcerte les vieilles préventions. Et ceux-là mêmes, qui avaient entretenu dans les masses ouvrières les plus haineuses passions anticléricales, rêvent de se faire un allié du chef de la chrétienté. Sa charité se fait tout à tous. Elle quête pour les enfants menacés par la famine en Russie soviétique. Elle organise des secours pour soulager la détresse allemande. Même après tant crimes commis en Espagne rouge contre ses églises et ses prêtres, Pie XI, jusqu'à ses dernières heures, aura songé à porter secours à toutes les malheureuses victimes de l'affreuse guerre civile.

Demain, Pierre aura un nouveau successeur. Croyants, nous savons que — quel qu'il soit — il maintiendra la doctrine. Nous oserons pourtant demander à Dieu que, dans la grande inquiétude du monde, le choix du Sacré Collège nous donne un nouveau Pontife qui, à l'exemple de Pie XI, entraîne la chrétienté toujours plus loin, dans la voie de la charité divine, seul espoir des rêves de fraternité humaine.

Francisque Gay

N° 1990 — 11 FÉVRIER 1939

Témoignage
En ce jour où pleurent les chrétiens du monde entier, permettez-moi d'associer ma douleur à la vôtre. Je voudrais que vous sachiez combien la mort du Saint-Père a ému profondément les Israélites si énergiquement et si courageusement défendus par Lui dans les pays où s'exercent des persécutions raciales. Le nom de Pie XI restera dans notre époque si dangereusement troublée le symbole de la bonté, de la charité, de l'attachement au droit et à la dignité humaine.

Puisse le souvenir de Celui qui disparaît nous tracer la voie à suivre. Puissent ses paroles, ses actes, son exemple, inciter les catholiques et les non-catholiques attachés aux valeurs spirituelles à rester unis pour défendre en commun les principes éternels qui sont à la base de toute société humaine.

Mme *Brunschvicg*

N° 1996 — 19 FÉVRIER 1939

Témoignages à l'occasion du numéro 2000

Marc Sangnier
Que *l'aube* ait pu vivre, se développer, affirmer son action, accroître son rayonnement, portée par la seule ferveur de ses amis et la vigueur de sa foi, en un temps où la pensée risque d'être partout esclave des puissances d'argent, c'est là une magnifique victoire de l'esprit sur la matière.

C'est aussi un témoignage, une preuve auxquels sont sensibles ceux-là mêmes qui, de l'extérieur, assistent à ce miracle quotidien : une famille spirituelle, libre de toute compromission, de toute servitude, humiliante, parvenant à faire entendre clairement sa voix dans le tumulte des passions et des intérêts déchaînés, s'imposant au respect de tous à force de loyauté et obtenant une audience de plus en plus large et sympathique, même dans les milieux qui ne partagent pas intégralement son idéal.

Nous, les amis de *l'aube*, nous avons le droit d'être fiers de l'œuvre déjà accomplie, particulièrement opportune et nécessaire. Nous avons surtout le devoir de pousser en avant l'effort commencé vers les conquêtes futures.

Georges Duhamel, de l'Académie française
Je lis *l'aube* et me sens presque toujours d'accord avec les rédacteurs de ce journal pour juger les hommes, les œuvres et les événements du monde.

Jacques Maritain
L'aube donne le rare exemple d'un quotidien politique d'inspiration chrétienne. Je souhaite qu'un très grand nombre de lecteurs fêtent son 2000e numéro.

Wilfred Monod, pasteur
Magnifiques sont les bienfaits du christianisme dans le passé puisqu'il a proposé à l'individu un idéal de noblesse intime, donné une signification à la souffrance, dissipé les ténèbres de la mort. Aujourd'hui, l'Église entreprend de moraliser les relations humaines dans le domaine économique et international. Le vrai christianisme est la

vie en Christ, avec toutes les conséquences qui en découlent pour la famille, l'État, le genre humain.

Les animateurs de *l'aube* eurent le courage de lancer un journal du matin, en plein Paris, inspiré par l'Évangile ; ils voulurent frayer les voies au christianisme social et fraternel. Ils savent que tout prétendu redressement de la France par des moyens purement électoraux, administratifs, ou politiques est voué d'avance à la vanité, à un échec stérile et lugubre. Je m'unis à vos fervents lecteurs pour affirmer avec mon ancien maître, le philosophe Émile Boutroux : que la religion se déploie dans le monde comme une activité toute spirituelle, visant à transformer les hommes et les choses du dedans et non du dehors, par la persuasion, par l'exemple, par l'amour, par la prière, par la communion des âmes, non par la contrainte ; et il est clair qu'elle n'a rien à redouter du progrès de la science, de la morale ou des institutions. Rendue à elle-même, elle redevient excellemment vivante et souple, capable de se concilier avec tout ce qui est, partout, chez elle, puisqu'en tout ce qui est, elle discerne une face qui regarde Dieu.

N° 2000 — 23 FÉVRIER 1939

Témoignages à l'occasion du numéro 2000

René Capitant, professeur à la faculté de Droit et des Sciences politiques de Strasbourg

Le christianisme et l'humanisme s'unissent dans une commune affirmation de la liberté et de la dignité de l'homme. *L'aube* puise dans cette double inspiration l'unité des principes qui donnent à son action tant de noblesse, de générosité et de force de rayonnement.

Pierre-Henri Teitgen, professeur à la faculté de Droit de Nancy

Péguy disait : « Ce qui a pu donner le change, c'est que toutes les forces politiques catholiques ont toujours été contre la mystique. Notamment contre la mystique chrétienne ».

Aujourd'hui, *l'aube* au moins fait exception ; c'est une force politique au service de la mystique chrétienne.

N° 2001 — 24 FÉVRIER 1939

Refaire des citoyens

La tâche que se proposent les Nouvelles Équipes françaises tient en une formule : refaire les institutions en refaisant d'abord les hommes. La démocratie n'est pas une solution toute faite du problème politique, qui dispenserait la volonté de veiller et l'imagination d'inventer. Elle doit être recréée à chaque génération, car elle a contre elle de redoutables instincts : la nostalgie du groupe garde toute sa puissance sur le cœur de l'homme. Il est plus facile pour une société d'être une fourmilière qu'une cité de liberté ; s'en remettre à un chef qui décidera du destin de tous, recevoir de lui consignes et enthousiasmes, quelle simplification de la vie, à la fois commode et passionnée. Là au contraire où chaque homme est mis en mesure de collaborer librement à une histoire dont il est désormais l'agent et non plus le patient, il y a démocratie. La démocratie telle que nous l'aimons se définit moins par des institutions, relatives et variables avec le génie de chaque peuple, que par l'apparition d'un type d'homme nouveau prêt aux disciplines et aux responsabilités : le citoyen. Là où il y a des citoyens, il y a démocratie ; là où les citoyens manquent, la démocratie devient pharisaïque et décorative et appelle infailliblement la dictature. Il faut donc refaire des citoyens pour récréer la démocratie, et voilà pourquoi nous avons fondé Les Nouvelles Équipes françaises.

Le citoyen n'a pas la passion de la politique, mais l'amour du bien public. Le fanatisme s'allie fort bien avec le goût d'une discussion âprement destructive pour corrompre les Français d'aujourd'hui. On recrute de toute part pour l'antifascisme ou l'anticommunisme. Un vrai citoyen se refuse à la décevante magie de ces formules négatives, faux drapeaux propres à masquer le néant des programmes et l'impuissance des volontés, car il est plus facile de désigner des adversaires que de dire son idéal et de témoigner pour sa foi. Nous avons choisi le plus difficile.

Le citoyen n'est pas ce détestable individualiste qui voit dans l'autorité du gouvernement l'ennemie de la liberté, dans toute obligation une contrainte intolérable. Il fut un temps de tristesse et d'équivoque où être démocrate c'était se montrer complaisant au divorce, interdire les vœux religieux, traiter en suspect le droit royal de la volonté à s'engager pour toujours. Le citoyen de nos nouvelles équipes, le démocrate de notre nouvelle journée sait que démanteler les disciplines et les fidélités, c'est blesser à mort les institutions de liberté. Les vertus civiques sont des vertus difficiles et elles restent sans efficacité et sans mordant si elles ne sont pas fortifiées et animées par des vertus plus secrètes qui ouvrent l'homme au divin.

Le citoyen des Nouvelles Équipes françaises a réconcilié dans sa vie indivisible la foi démocratique et l'inspiration chrétienne. Et il a compris que cette sage audace ne fait de lui ni un improvisateur ni un aventurier, qu'il a derrière lui une grande et belle tradition. Depuis Érasme qui disait « Je suis Guelfe pour les Gibelins et Gibelin pour les Guelfes », depuis saint Thomas More, premier martyr catholique romain du premier régime totalitaire, jusqu'à Lamartine, chantre de Dieu et ministre de 1848 ; depuis Lacordaire, le conservateur de Notre-Dame, fidèle à la liberté sous l'Empire, jusqu'à un Albert de Mun ou un Léonard Constant, quelle pure lignée de gestes et d'idées : fidélité aux principes éternels que ne changent pas les caprices des tyrans, refus des conservatismes qui donnent l'apparence du naturel aux vieilles injustices, sens des valeurs populaires, primat du travail qui est esprit sur l'argent et la matière.

Les citoyens que nous referons, que nous refaisons, entendent par-delà nos frontières l'élan aveugle des générosités égarées se ruer vers l'erreur et l'oppression. Ces clameurs nous dictent notre devoir : pour que triomphent la vérité et la liberté, nous faisons des équipes, non des clubs d'opinions, mais une fraternité vécue qui commence, une belle aventure de concorde civique, une amitié qui exige de chacun l'engagement du cœur et l'adhésion de l'esprit, d'un mot, une chevalerie républicaine. Si nous le voulons tous ensemble, les défilés étroits dans lesquels nous entrons conduiront, comme l'écrivait Rimbaud, « à la naissance du travail nouveau, à la fuite des tyrans et des démons, à la fin de la superstition ».

Étienne Borne

N° 2004 — 28 FÉVRIER 1939

Janvier 1939. La France et l'Angleterre reconnaissent le général Franco
Les gouvernements de Paris et de Londres reconnaissent de jure le gouvernement du général Franco. M. Azana se retire dans un village

des Alpes. Que faire d'autre, en effet, que d'accepter ce qu'on n'a pas pu, pas voulu, ou pas su empêcher ? Pour l'instant, les assurances optimistes au sujet de l'Espagne se multiplient autour de nous. Il est fâcheux que ces assurances se trouvent abondamment dans la presse française et très peu dans la presse espagnole. Reste à savoir qui est le mieux informé des intentions du général Franco, de ceux qui plaidaient sa cause à Paris ou de ceux qui appliquent ses instructions à Burgos. Il est très possible, il est même probable que l'Allemagne et l'Italie auront des mécomptes avec les Espagnols. Mais si nous n'en avions pas bien davantage, c'est que l'action de quelque ressort puissant, jusqu'à présent inconnu, aura heureusement contrarié la logique des prévisions raisonnables. C'est une pitoyable politique que celle qui proclame comme des certitudes des désirs fort éloignés de leur accomplissement. Telle est pourtant la façon dont on traite l'opinion publique un peu de tous les côtés. On fait choix d'un parti, au dedans ou au dehors, et on le donne aussitôt pour infaillible et pour irréprochable.

Cela dure jusqu'au jour où il faut endurer un camouflet un peu top rude. Mais on commence le lendemain avec un autre. Il faut dire la vérité. Agréable ou désagréable. Aussi nous trouvons-nous contraints d'entendre beaucoup de mensonges dorés et de promesses en l'air. Si quelqu'un, à l'heure qu'il est, se porte garant de ce que va être la politique du général Franco à notre égard, c'est qu'il se moque de nous, qu'il se moque de ce qu'il écrit, et qu'il compte à l'excès, en cas de déception, sur la faculté d'oubli pour rétablir son crédit.

Nous nous sommes efforcés ici de démêler quelles étaient dans l'interminable drame espagnol les requêtes d'une paix de réconciliation et celles de l'intérêt français. Nous n'avons jamais admis qu'un parti-pris, fût-ce le plus défendable, pût amener celui qui s'y était résolu à dissimuler une situation préoccupante pour notre peuple. Nous n'avons jamais admis qu'un parti-pris, fût-ce le plus mûrement débattu, dispensât de placer au-dessus de tout le service du vrai et l'obéissance à la loi morale. Il n'y a pas d'affirmation que nous ayons plus souvent répétée que celle-ci : il n'y a pas de bons massacres. À la différence de la plupart, nous n'avons pas regardé d'où venait le meurtrier ni d'où venait la victime : nous avons, jour après jour, élevé notre voix et porté notre témoignage contre tous ceux qui avaient souillé leurs mains d'un sang innocent. Dans le moment où la victoire du général Franco nous trouve peu rassurés par le passé et inquiets de l'avenir, il ne nous en paraît que comme plus nécessaire de stigmatiser le massacre accompli aux approches de la frontière française et dont furent victimes sans jugement une cinquantaine de prisonniers. Parmi ces prisonniers, l'évêque de Teruel à qui l'on n'a pu que reprocher son sacerdoce. Pas de jugement. Crimes inconnus. C'est un assassinat collectif. La déroute en 1939, comme la rébellion de 1936, rend le problème des responsabilités plus complexe qu'il ne le fut en d'autres cas. Mais quelle que soit, demain, la politique du général Franco à l'égard de la France, quels que soient même les excès de la répression nationaliste, nous resterons fidèles à la tradition dont nous sommes les serviteurs en proclamant une fois de plus sur le corps de ces fusillés sans jugement que la haine et l'injuste violence sont toujours sataniques.

Georges Bidault

N° 2005 — 1ᴱᴿ MARS 1939

En lisant Racine aujourd'hui

L'année en cours va voir justement commémorer le troisième centenaire de la naissance du « tendre » Racine, comme on a improprement accoutumé de dire. On va, un peu partout, redonner ses tragédies, les profanes comme les sacrées. Quoique Voltaire n'ait vu dans les personnages du poète que des « courtisans français », on va, en les entendant sur le théâtre, évoquer les scènes dramatiques les plus sanglantes et les plus brutales. On sait assez que Racine fut en son temps un hardi réaliste, déconcertant pour beaucoup

On va entendre de nouveau Andromaque, la fille des princes de Troie, désormais captive en Épire, évoquer en une vision encore terrifiée le sac de sa capitale prise d'assaut dans la nuit :

Songe, songe, Céphise, à cette nuit cruelle,
Qui fut pour tout un peuple une nuit éternelle ;
Figure-toi Pyrrhus, les yeux étincelants,
Entrant à la lueur de nos palais bruyants.
Peins-toi, dans ces horreurs, Andromaque éperdue.

De nouveau, on va voir l'impitoyable et orgueilleux Aman, dictateur de si monarque chambré, préparer dans un pogrom général l'extermination des malheureux juifs :

Quel carnage de toutes parts !
On égorge à la fois les enfants, les vieillards
Et la sœur et le frère,
Et la fille et la mère.
Le fils dans les bras de son père !

De nouveau, le grand-prêtre Joad, effrayé lui-même de ses propres visions, va faire défiler devant les spectateurs, comme en de mouvants cauchemars, les longues et lamentables théories des Israélites chassés de leur patrie dévastée.

Où menez-vous ces enfants et ces femmes ?

Et voici que toutes ces scènes de carnage, d'incendie et de désolation, ces éruptions de flammes et ces fleuves de sang que l'on pouvait ne croire ressuscités que par l'imagination, d'un poète nourri d'antiques légendes, vont s'actualiser et se projeter agrandies encore démesurément aux regards des spectateurs modernes, en tableaux menaçants et même déjà réalisés.

Racine décrivait ces horreurs en vers harmonieux, sous le berceau de chèvrefeuille du jardin de M. Despréaux, au paisible village d'Auteuil, s'efforçant de reproduire des scènes d'une antiquité païenne et barbare à jamais révolue, pour éveiller quelque émotion intellectuelle ou artistique chez les spectateurs, et cet agréable frisson dont parle le poète Lucrèce de contempler de loin les malheurs dont on se sait exempt.

Or, voici que ces vers, dont l'harmonie faisait oublier la réaliste horreur, sonnent aujourd'hui terriblement tragique aux oreilles. Aujourd'hui, ce sont des milliers d'Andromaques exilée et des milliers de Troies en flammes et qui ne trouveraient plus de patrie s'il n'y avait la France toujours hospitalière et qui ne demande point d'où lui viennent de tous les côtés, de Germanie ou d'Espagne, « ces enfants qu'en son sein elle n'a point portés » et qui, plus malheureux encore que les Israélites d'autrefois, ne trouvent plus même quelques saules où suspendre leurs harpes d'or.

Ô Racine, toi qui, tout de même, dans ton réalisme même, et peut-être grâce à ce réalisme, as su conserver des trésors de tendresse, toi qui avais le don divin des larmes et qu'un visage attristé de vierge qu'elle fût de Mycènes ou de Sion attendrissait à défaillir.

« Que dirais-tu toi-même à ce spectacle horrible ? », à ces réalités épouvantables de tueries et de persécutions, au spectacle de ces monstres non plus naissants, mais démesurément accomplis, auprès desquels Néron lui-même n'est qu'un apprenti, en cabotinage comme en cruauté, et qui vont sur la terre d'une Europe qui se prétend civilisée perpétrant à la face de l'univers étonné des forfaits inouïs chez les sauvages mêmes.

Et des crimes peut-être inconnus aux enfers !

Si tout ton art subtil et puissant, transmis à quelque poète d'aujourd'hui serait impuissant à peindre, même en les atténuant, de telles abominations, Ô Racine, pour nous au moins, prête à tous les Français ton cœur sensible et pieux pour les maudire, pour les déplorer et pour les réparer !

Edward Montier

N° 2007 — 3 MARS 1939

« Un grand apôtre, un grand Pape, une grande conscience », nous dit M. Yvon Delbos

Il n'y a pas deux ans que, pour la seconde fois, S. Em. Le Cardinal Pacelli venait en France comme légat du Souverain Pontife. Il y était venu à l'occasion du triduum de messes, qui, à Lourdes, marquait la fin de l'année jubilaire. Il y revenait pour le congrès eucharistique national qui se déroulait à Lisieux.

On a gardé le souvenir des splendeurs de ces fêtes et du magnifique accueil, qui, à Paris, fut fait à l'envoyé du Saint-Père par notre gouvernement et par le peuple.

Hier soir, quand fut en connue en quelques instants, à travers tout le pays, la nouvelle que nous avons un pape et que, élu dès le premier tour du Conclave, le cardinal Pacelli voulant sans doute marquer par là comment il entend continuer l'œuvre du pontificat de Pie XI, prenait le nom de Pie XII, qui donc aurait pu mieux que M. Yvon Delbos qui, comme ministre des Affaires étrangères, l'avait reçu à Paris, traduire les sentiments du pays au moment de cette élection ?

Nous avons pu le joindre dans les couloirs de la Chambre et, prévenu de notre venue, il nous déclare tout de suite, avant même que nous ayons pu lui poser la moindre question :

« L'élection du cardinal Pacelli a une importance capitale ; les plus hautes autorités spirituelles du monde, les représentants les plus qualifiés de la conscience universelle viennent de manifester leurs sentiments. La signification de cette élection et l'action du Saint-Siège qui s'ensuivra contribueront à faire reculer les forces du mal et à sauver le monde qui serait entraîné à la ruine si les méthodes de force et de violence l'emportaient.

— Plus que quiconque, vous avez été à même, monsieur le Ministre, d'approcher le nouveau Pape lorsqu'il vint à Paris.

— Non seulement, en effet, je l'ai accueilli à la gare et je l'ai accompagné au moment de son départ, mais je l'ai vu au cours de plusieurs réceptions, notamment au Quai d'Orsay, et surtout au cours de l'entretien qu'il me réserva.

— Et le cardinal Pacelli ne cacha pas combien il avait été touché du magnifique accueil que le gouvernement lui fit.

— Oui, mais c'est toute la France qui le reçut et il fut extrêmement frappé et ému de l'accueil du peuple de Paris. J'ai gardé en particulier le souvenir de la visite qu'il fit à l'Exposition. Nous nous trouvions au milieu de la foule, nos passions tout près des ouvriers, et c'était partout le même enthousiasme, la même spontanéité : la foule vibrait véritablement sur le passage du cardinal.

— Vous m'avez parlé, monsieur le Ministre, de la signification de cette élection.

— Oui, elle sera, dans le monde entier, pour toutes les consciences qui veulent travailler à la fraternité entre les hommes, une raison de satisfaction, de soulagement et de confiance.

— Puis-je vous demander, monsieur le Ministre, quelle impression vous fit le nouveau Pape au cours des entretiens que vous eûtes avec lui ?

— J'ai admiré la noblesse de sa conscience, la clairvoyance de ses idées ; il connaît admirablement tous les problèmes. Il les juge d'un point de vue chrétien et ce point de vue coïncide avec l'idéal de la France et l'intérêt de la paix. Mais ce que j'admire le plus en lui, je tiens à ce que vous y insistiez, c'est son courage : il est de la lignée des grands apôtres, des grands papes. Quand il s'est fixé la voie qu'il doit suivre, rien ne peut l'en faire dévier : il est une grande conscience. »

Je remercie M. Delbos de l'hommage qu'il vient ici de rendre à Pie XII et qui va droit au cœur de tous les croyants. Il vient de faire revivre en nos mémoires les grandes heures, où, sous les voûtes de Notre-Dame, le cardinal Pacelli avait si magnifiquement chanté la vocation de la France.

Maurice Carité

N° 2019 — 17 MARS 1939

Le devoir de la France

Point n'est besoin d'être prophète pour imaginer les prochaines étapes de l'invasion hitlérienne en Europe. Nous assisterons (quel autre terme employer ?), sans doute prochainement, au démantèlement de la Roumanie au moyen du révisionnisme hongrois, attisé et appuyé par le IIIe Reich. Le tour de la Yougoslavie (autonomisme croate) viendra et ainsi de suite. L'antisémitisme, l'anticommunisme, l'autonomisme, autant de cordes à l'arc du Führer, de points d'appui auxquels il démoralise, divise, affaiblit, et finalement conquiert sans coup férir, la proie convoitée. Le premier devoir de notre pays est de refuser de telles attitudes et de réaliser une synthèse nationale qui soit le signe de la supériorité du génie français.

Il est indispensable ensuite que la France choisisse une politique extérieure, accepte de courir les risques inhérents à toute politique et poursuive la politique choisie avec un minimum de cohérence, de persévérance et d'énergie. Pour M. Georges Bonnet, la paix doit être assurée par le rapprochement franco-allemand. Mais à l'heure présente (nous ne sommes plus au temps de Weimar), c'est une notion vide de sens. On ne se « rapproche » pas d'un flot en irruption ; on ne s'y mêle pas sinon pour s'y perdre. On l'endigue ou on l'arrête ;

c'est la seule attitude possible. Laisser faire l'Allemagne pour éviter un conflit, affirmer des alliances auxquelles les partenaires ne peuvent plus croire, abandonner ceux qui pourraient faire obstacle, c'est accumuler tous les risques de diverses politiques sans bénéficier de leurs avantages. Il est donc nécessaire de construire un barrage, de donner à un moment choisi aux États totalitaires en expansion le sentiment d'une résistance, d'un obstacle qui ne pourront être supprimés sans la guerre qu'ils redoutent autant que les autres. Il faut, en un mot, que nous ayons un jour le courage d'affronter, non pas la guerre, mais ce qui est sans doute plus difficile, le risque de guerre.

Ce moment approche. Les revendications italiennes seront à cet égard après mars 1936 et septembre 1938 la nouvelle épreuve sur laquelle nous jugerons, peut-être définitivement, les nations menacées par le flot hitlérien, y compris les États-Unis. Le devoir de la France est ici de maintenir contre vents et marées, un « non » résolu ; il y va, une fois de plus, de l'avenir de notre « Empire », mais de la paix de l'Europe. Il est facile, hélas ! de prévoir les tactiques et les arguments des « antibellicistes » (comme s'il ne s'agissait pas, à cette occasion comme en toutes les autres, de chercher la meilleure méthode pour écarter l'horrible fléau). On nous dira : « Pour détacher l'Italie de l'Allemagne, faisons quelques concessions. » L'expérience des dernières années n'est-elle donc pas suffisamment instructive à cet égard ? De quelle manière la France a-t-elle été récompensée d'avoir, en 1935, saboté les sanctions, accordé des avantages de toute nature en Afrique, envoyé un ambassadeur à Rome, et surtout, l'Italie ne sait-elle pas que si elle possède quelques chances de nous arracher des concessions, c'est uniquement à l'appui allemand qu'elle le doit ? Pourquoi abandonnerait-elle le complice sans lequel elle ne pourrait gagner ce qui ne peut être précisément obtenu ou conquis que par la force ? Ce complice ne lui sera-t-il pas perpétuellement indispensable sur la pente de l'expansion illimitée où elle s'est engagée ? À la vérité, soulignons-le encore, un « rapprochement » avec les régimes totalitaires est une impossibilité, non pas pour des raisons de sectarisme idéologique, mais pour des motifs de pur fait. On ne « collabore » pas avec eux ; au pas, on est rivé à un axe, intégré dans un Front, enrôlé dans une nouvelle croisade.

Reste le second argument, le plus grave, celui qu'il faut avoir le courage de réfuter : « Djibouti, le chemin de fer d'Addis-Abeba, le statut des Italiens de Tunisie ne valent pas une guerre. »

Rappelons d'abord qu'il ne s'agit pas de guerre, mais de risque de guerre. Sur ce plan terre à terre, ni l'Allemagne ni l'Italie ne sont, d'ailleurs, pas plus que nous, disposées à jouer leur existence pour des enjeux aussi secondaires. C'est qu'en effet l'option proposée est fausse et tend à nous enfermer dans un dilemme inacceptable. Aucun bien temporel ne « vaut », par lui-même et pour lui-même, une guerre ; pas plus les places de Toul et Verdun en 1914 que Djibouti aujourd'hui. Ce qui confère aux choses leur dignité et leur prix, ce sont les valeurs spirituelles auxquelles elles servent de véhicule et de témoignage.

Parmi ces valeurs, il est un idéal de vie — le nôtre — qui mérite qu'on accepte de mourir pour lui. C'est lui qui, tous les jours, à propos de Djibouti comme du reste, est en cause. Le nier ou, chose plus grave encore, se refuser lorsqu'il est en cause au risque suprême, c'est subordonner le spirituel au temporel, évacuer le spirituel lui-même.

Claude Leblond [Charles Blondel]

N° 2036 — 6 AVRIL 1939

Ghazi Ier, roi d'Irak

Mon Dieu, je crois bien qu'au milieu du tohu-bohu de Versailles, et pendant que toutes les radios du monde hurlent toutes à la fois, aucune voix pieuse ne saluera le trépas de ce jeune homme de vingt-sept ans qui se rendant au Palais des fleurs à Bagdad, heurta de sa tête un poteau électrique et mourut peu après d'une fracture du crâne.

Sic transit... Quel sujet de méditation pour les jours saints.

Le royaume de ce jeune roi, l'Irak, est situé entre le Tigre et l'Euphrate. Vous entendez bien ? À l'endroit même où une légende situe le Paradis terrestre. Il naquit lui-même à La Mecque, la ville sainte de l'Islam. Son père, l'émir Fayçal, vécut pendant la guerre auprès du fameux Lawrence, cette étrange épopée du désert dont la légende s'est emparée aussi. Ses raids contre les Turcs, contre les troupes allemandes, lui valurent d'être institué par le gouvernement britannique, chef du nouvel État d'Irak, dans le Proche-Orient.

Il me souvient d'avoir passé une longue soirée d'hiver, à Ankara, en compagnie d'un ministre de l'Irak, qui nous disait les anciens fastes et les jeunes espoirs de son pays. Quand nous sortîmes, la nuit merveilleuse et glacée d'Anatolie resplendissait de toutes ses étoiles, éclairant les pistes du désert où nous croyions voir cheminer les trois Mages.

Le jeune roi est mort, à vingt-sept ans, en se rendant au Palais des Fleurs. Son héritier est un enfant de quatre ans. Il tient entre ses frêles mains l'une des clefs du royaume des Indes !

Marguerite d'Escola

N° 2039 — 9-11 AVRIL 1939

Le massacre de Pâques

Les troupes italiennes sont en train d'occuper l'Albanie ou du moins les quelques plaines qu'il est facile d'occuper quand on peut débarquer des chars d'assaut. Pendant ce temps, M. Neville Chamberlain, ayant rangé ses lignes, abandonne les cours d'eau écossais et se prépare à rentrer à Londres. Quant au ministre français des Affaires étrangères, l'opinion publique regrette qu'il ne soit pas à la pêche.

On annonce que M. Mussolini prononcera aujourd'hui un discours à Tirana. Une fois de plus l'insolence des puissances totalitaires aura devancé la protestation des pays libres. Car il est impossible d'imaginer que l'odieux attentat dont le régime fasciste est responsable ne rencontre pas de protestation catégorique des nations qu'il menace. C'est le moins qu'on puisse opposer à la boucherie du Vendredi-Saint.

Ce que défendent les Albanais qui meurent pendant ces fêtes de Pâques, pour barrer à l'envahisseur les routes de la montagne, ce n'est pas seulement l'indépendance de leur pays, c'est la liberté de tous les peuples. Car tous les peuples sont menacés par l'agression italienne en Albanie et l'agression allemande en Bohême.

Tout se tient. Ceux qui ne le comprenaient pas commencent à s'en apercevoir. Les plaisanteries sur la paix indivisible, qui furent naguère l'aliment favori d'une certaine presse, ont passé de mode devant l'évidence. On a fini par comprendre que toute menace contre la paix était une menace contre la paix de tous. Malheureusement, on l'a compris trop tard, au moment où il faudra un miracle de volonté et de clairvoyance pour écarter la guerre.

On ne peut pas se débarrasser l'esprit d'une préoccupation angoissante, celle des hommes, des femmes et des enfants qui meurent parce que M. Mussolini a jugé bon de poursuivre des buts qui postulaient la mort. Pendant le jour de Pâques, comme pendant les deux jours précédents, des envahisseurs qui disposaient de tous les moyens de la technique militaire moderne continueront de fêter le grand jour de l'espérance et de la fraternité chrétiennes par des rafales de mitrailleuses. Ce scandale, M. Mussolini tâchera de lui trouver des justifications à l'heure où les cloches de Pâques sonneront dans toute la chrétienté pour l'Alléluia de la Résurrection.

Quant aux hommes libres, quant à ceux pour qui la paix n'est ni un mot vide de sens ni un calcul machiavélique, les cadavres d'Albanie leur gâcheront la joie des grandes fêtes chrétiennes.

Daladier disait naguère que la paix que voulait la France était la paix des hommes libres. Ce n'est pas cette paix, c'est la paix des prisons et des cimetières que l'agression italienne est en train d'étendre sur un peuple jusqu'ici, sous tous les régimes, farouchement attaché à ses franchises et à sa dignité.

Le pays de Scandenberg ne disparaîtra pas de la carte, quelle que soit l'infériorité de ses forces, parce que le duce aura jugé bon de massacrer ceux qui lui résistent. On ne tue pas les peuples comme ça.

C'est comme ça qu'on les réveille. C'est comme ça qu'on rend intenable au Quai d'Orsay la position de M. Georges Bonnet. Car nous en avons assez. Le péril est évident pour tout le monde. Il exige au moins un changement : il n'y a pas un Français sur cent qui ne sache lequel.

Georges Bidault

N° 2045 — 18 AVRIL 1939

Mme Avril de Sainte-Croix

Souvenirs et méditations sur une tombe
Mme Avril de Sainte-Croix, présidente d'honneur du Conseil national des Femmes vient de mourir à Menton à l'âge de 84 ans. Cette longue

vie d'œuvres et d'activités pour le bien de tous est par elle-même une partie essentielle de l'histoire du mouvement féminin, depuis un demi-siècle.

Voici, d'après un article de la Comtesse Jean de Pange — publié par *La Française* — un aperçu de ce que furent les idées et les réalisations de cette femme remarquable !

« Jusqu'en 1896, sous le nom de Savioz, Mme Avril de Sainte-Croix avait publié des articles littéraires dans *l'Éclair, le Siècle, le Figaro…* un article publié dans *l'Éclair* rend tout à coup un son nouveau. Mme Avril y dénonce la situation morale affreuse des pensionnaires de la prison Saint-Lazare.

La grande féministe anglaise Joséphine Butler remarque cet article et écrit à Savioz. Ce fut le début d'une étroite collaboration et amitié.

Dès cette époque, Mme Avril de Sainte-Croix voue sa vie à deux tâches qu'elle a toujours menées de front : la lutte pour l'amélioration générale du sort des femmes et le relèvement de celles dévoyées par le vice et la prostitution.

En 1898, elle entre au Conseil international des Femmes ; en 1900, elle fonde le Conseil national des Femmes françaises ; en 1901, « L'Œuvre libératrice ».

Son action dans la vie internationale fut importante. Chargée de missions officielles à l'Étranger, avec une admirable simplicité, une intelligence rayonnante, elle faisait aimer et comprendre la France.

Au lendemain de la guerre, M. Briand l'envoya à Genève où elle fut depuis lors déléguée technique à la section sociale de la Société des Nations.

Pour ses 80 ans, M. Joseph Avenol, secrétaire général de la S.D.N adresse au Conseil International des Femmes le télégramme suivant : "En mon nom personnel comme au nom de tous ceux qui, au secrétariat, ont collaboré avec Mme avril de Sainte-Croix, je m'associe de tout cœur à la manifestation destinée à célébrer le 80e anniversaire de cet apôtre du progrès social en France et dans le monde. La S.D.N lui est reconnaissante de son travail infatigable".

"Peu de femmes font autant d'honneur à la France, conclut Mme de Pange, peu de femmes ont autant de droits qu'elle à la reconnaissance des femmes du monde entier". »

Ajouterai-je quelques souvenirs personnels dont la signification pratique n'échappera pas aux amis de *l'aube* et de la NEF ?

Bien que d'origine et de formation catholique : « Une élève du Sacré-Cœur qui a mal tourné », disait-elle d'elle en souriant, Mme Avril de Sainte-Croix, fondait, dirigeait, animait des œuvres « neutres ». Quelles que puissent être ses raisons intimes, les timidités confessionnelles de l'époque, vis-à-vis des grandes idées qui la préoccupaient, justifiaient son attitude. Cependant une heure vint où la collaboration entre toutes les bonnes volontés lui parut indispensable pour le salut de la France et du monde. Elle aussi, bien avant tant d'autres, elle préconisa la politique d'union. Dans cet esprit elle organisa en 1929 un Congrès qu'elle appela « États-Généraux du féminisme » et pour lequel elle demande la collaboration catholique. Sur les conseils pressants de la marquise de Moustiers — son amie très sûre — et de Mlle Chaptal — un nom que je ne sépare pas du sien dans mon souvenir et ma vénération —, elle alla voir Son Éminence le Cardinal Dubois. Une estime et une compréhension réciproques furent les résultats de cette entrevue. Le cardinal Dubois exprima le désir que les catholiques acceptent la main tendue par Mme Avril de Sainte-Croix. Et c'est ainsi que M. Georges Goyau, M. Zamanski, M. Boissard, Mlle Zanta, M. l'abbé Viollet, etc.... entrèrent dans le Comité d'honneur.

La seule garantie exigée par l'Archevêque de Paris fut que si un débat avait lieu ou un principe de morale était en jeu, la doctrine catholique puisse être brièvement, mais explicitement exprimée. De fait, une réunion importante était prévue sur « l'unité de la morale » où divers orateurs, dont M. Gemalhing, devaient exposer les méfaits d'ordre pratique de la déréglementation.

Je fus chargée de lire la déclaration doctrinale approuvée — et pour cause — par les autorités ecclésiastiques. Donc, je la lus :

« La femme, autant que l'homme, est une personne humaine ; c'est-à-dire un être doué de raison et de liberté qui s'appartient, qui a sa nature propre et indépendante, sa destinée à soi. Une personne, donc un être ayant un certain caractère d'absolu, qui se refuse à servir d'instrument ou de moyen — qui s'y refuse à tel point qu'il lui est impossible d'abdiquer cette souveraine maîtrise de soi, de renoncer à sa personnalité. Son inviolabilité s'impose à elle-même, à autrui, à

Dieu même. La famille, la société, sont les cadres nécessaires où se déploie la personne humaine qui a des devoirs essentiels à leur égard, mais la famille et la société formes provisoires et fugaces d'humanité ne sont pas sans fin, ne marquent pas le terme de son être et de son activité. La primauté de la personne humaine dépasse les intérêts, si nobles soient-ils, de ses cadres sociaux, secteurs momentanés de sa course immortelle »...

... « L'égalité de la personnalité humaine reconnue en droit à la femme comme à l'homme resterait platonique si les conditions matérielles, intellectuelles, sociales faites à la vie de la femme ne s'harmonisaient pas avec cette égalité fondamentale. Celle-ci reste pratiquement violée, si le statut réservé à la femme exerce une pression ou une déformation en opposition avec le respect et l'expansion normale de son caractère de personne humaine. À cet égard, une révision des biens des institutions s'impose ».

Cette délégation fut accueillie avec intérêt. Mme Avril de Sainte-Croix particulièrement ne me cacha pas son admiration pour des formules aussi nettes, aussi totalement satisfaisantes, qu'elle se fit un plaisir de communiquer à ses amies étrangères.

Ce résultat n'étonnera pas tous ceux qui depuis quelques années, ont porté la question catholique dans les milieux les plus divers ; mais je tenais à rappeler ce qui fut probablement un précédent que nous dûmes à l'intelligence chrétienne et humaine du cardinal Dubois et de Mme Avril de Sainte-Croix.

1929-1939 ! Que de chemin parcouru dans le sens de toutes les déceptions. Les idées de libération humaine et de paix universelle étaient-elles prématurées ? Certains le penseront devant l'échec de l'heure. Pour moi, je croirais plutôt que ceux qui les représentaient et les défendaient furent trop indécis et trop timides.

Pour ne parler que de nous-mêmes — de ceux de notre esprit — avons-nous suffisamment considéré tous les cas — sans exception — où la doctrine de la personnalité « reconnue en droit reste pratiquement violée » ? Avons-nous recherché « les conditions matérielles, intellectuelles et sociales indispensables au respect et à l'expansion de la personne humaine » —, et ceci sans distinction de classes, de races, de sexes ? Pour réaliser ces « conditions », avons-nous suffisamment accepté, préparé, accéléré les « révisions » des systèmes et des institutions ?

Aujourd'hui, la doctrine personnaliste est rejetée en bloc par l'hitlérisme et le fascisme. Chez nous, ses adversaires les plus déterminés sont trop habiles pour la nier ouvertement : il n'est pas un seul de ses aspects qu'ils ne paraissent accepter, en principe ; mais par ailleurs ils la vident de tout intérêt pratique ; ils la mettent hors de l'actualité, hors de la vie.

Ainsi, ils facilitent les injures et les railleries des fanatiques adverses sur la caducité de nos idées et de nos personnes. Pour déjouer leurs manœuvres, c'est-à-dire pour maintenir et affirmer notre dynamisme, le rappel des principes ne saurait donc suffire. Il nous est nécessaire, il nous est indispensable de poursuivre inlassablement les réalisations pratiques, malgré les difficultés actuelles, ou plutôt à cause de ces difficultés.

Quand, il y a près de cinquante ans, Mme Avril de Sainte-Croix, femme du monde, fine et lettrée, brava toutes les convenances en saisissant l'étendard des revendications féminines, quand elle paracheva le scandale en prenant pour point d'appui de son élan la prison Saint-Lazare et ses misérables pensionnaires, sa position était périlleuse selon l'esprit du monde… mais elle était magnifique selon l'esprit de la conquête.

Amis de *l'aube*, de la NEF, pour le salut de la France, pour le salut de tous les hommes, nous pouvons prendre aujourd'hui une position comparable, selon l'esprit du monde et selon l'esprit de la conquête. Ne nous y refusons pas.

Cécile de Corlieu

N° 2051 — 25 AVRIL 1939

Les Nouvelles Équipes françaises ont fêté M. Van Zeeland « homme de notre esprit, grand démocrate et grand Européen »
Une vaste salle, délicatement décorée des couleurs françaises et belges, et tout entière dominée par un monumental portrait de Van Zeeland ; un si grand nombre de tables que je renonce à les compter ; beaucoup de lumière que le jeu des glaces multiplie à l'infini, tel est, en effet, le cadre. Il est à peine 19 h 30 que déjà paraissent les

premiers invités. De belles et fraîches toilettes côtoient les vestons noirs ; je compte plusieurs soutanes. Puis, en quelques instants, c'est la foule — la même foule que nous connaissons bien pour l'avoir déjà vue au Congrès de l'aube : ardente et sympathique, cordiale, simple, franche ; la foule de nos amis, c'est assez dire. Voici les personnalités qui arrivent. C'est d'abord M. Pol Le Tellier, ambassadeur de Belgique, salué par tous, puis M. Paul-Boncour, sénateur, ancien président du Conseil ; M. Georges Pernot, sénateur, ancien ministre ; M. Bonnevay, député, ancien ministre ; M. Rio, sénateur, ancien ministre ; M. Yvon Delbos, député, ancien ministre, M. Paul Bastid, député, ancien ministre, M. Léo Lagrange, député, ancien ministre ; M. Pierre Cot, député, ancien ministre ; Mme Brunschvicg, ancien ministre ; le président Aguire et M. Leizola ; MM. Fr. de Clermont-Tonnerre, Raymond Laurent, Pezet, Blanchoin, Martel, députés ; Mme Malaterre-Sellier, déléguée de la France à la S.D.N. ; M. H. Carton de Wiart ; MM. Georges Hoog, R. Delavignette, Zamanski, Tessier, Maunoury, le R. P. Boisselot ; Ernest Mercier, Ph. de Las-Cases, Flory, Philippe, Bouteville, Fumet, Thérive, Ageorges, Joxe, Schumann, Pagès, Poimbeuf ; Francisque Gay, Georges Bidault, Mme Ancelet-Hustache ; MM. Charles Flory, H. Boissard, Madaule, Veuillot, Mlle Butillard, MM. Guy Menant, Touchard.

Voici enfin M. Van Zeeland. Grand, bien pris dans son veston noir, les yeux étonnamment jeunes, souriant affablement à tous, il déchaîne les acclamations enthousiastes des convives. Dans un gai brouhaha, chacun s'assoit et le dîner commence dans une cordialité que connaissent bien tous les amis de l'aube. Succulent dîner, mets choisis, vins généreux… L'euphorie est complète lorsque retentit le signal du premier discours.

Francisque Gay
Il revenait à Francisque Gay de définir le sens de cette magnifique manifestation d'amitié… Après avoir délicatement remercié M. Paul Van Zeeland d'avoir accepté l'invitation des Nouvelles Équipes Françaises, M. Francisque Gay poursuit :

« Il y a peu des jours encore, vous disiez à Charles d'Aragon : je viendrai en ami rendre visite à des amis ; nos yeux, cela même donne un prix singulier à votre présence parmi nous.

Oui, tous ceux qui vous entourent, en cet instant, éprouvent une grande fierté de ce que vous voulez bien les considérer comme vos amis. D'autres, bien plus nombreux, ne sont pas là, mais à travers toute la France, ils se disposent, en ce moment même, à prendre l'écoute pour se trouver intimement associés à notre hommage d'affectueuse admiration. C'est que, pour eux, Monsieur le Premier Ministre, votre œuvre est un exemple, votre réussite un encouragement, votre nom un signe de ralliement. Il est en passe de devenir à lui seul un slogan. Chez nous, les hommes qui sont de notre famille spirituelle ont, hélas, plus souvent connu l'échec que le succès. D'un passé chargé de vieilles rancœurs, ils ont reçu tout un héritage de difficultés qui paraissent presque insurmontables. Certes, ils ont déjà vu se dissiper bien des préventions ; autour d'eux s'amorcent de fructueuses collaborations. Pourtant, ils étaient encore guettés par toutes les tentations de découragement.

Lorsqu'un jour ils ont appris que le pouvoir vous avait été confié par le jeune et clairvoyant monarque de la nation sœur, par S.M. le roi Léopold III de Belgique dont je suis heureux de saluer ici l'ambassadeur S. Exc. M. Le Tellier.

Dès le premier moment, la presse française s'était accordée pour célébrer vos brillantes qualités de technicien. Certains se disant mieux informés, pour vous situer devant l'opinion française, vous présentaient sous les étiquettes approximatives dont on nous affuble : à gauche, on disait Van Zeeland, le démocrate chrétien ; à droite, certains imprimaient : « le rouge chrétien Van Zeeland. » Nous n'en étions pas médiocrement flattés ! Nous avons donc suivi avec un intérêt passionné, les progrès de votre œuvre.

L'expérience Van Zeeland
« Nulle part au monde plus qu'en France, plus que parmi les hommes de notre esprit, on n'aura autant applaudi avec autant de cœur aux succès qui, à chaque étape, marquaient le déroulement de votre expérience

C'est que vous, du moins, vous réussissiez dans votre œuvre de redressement, alors que, en France, toujours empêtrés dans nos particularismes, nous n'arrivions pas à provoquer le nécessaire regroupement des hommes et des partis, condition préalable à tout rassemblement autour de larges programmes constructifs.

Vous réussissiez, alors qu'au-delà d'autres frontières, notre cher Sturzo, en Italie, et Brüning en Allemagne, aient été finalement toujours trouvés impuissants à maintenir la coalition des forces démocratiques en face de la ruée des totalitarismes. Mgr Seipel était mort, laissant dans une Autriche divisée une œuvre inachevée et ses efforts de rapprochement déjà compromis. Les vieilles équipes en désarroi pressentaient que le temps des luttes partisanes était révolu et qu'il fallait trouver de nouveaux points de ralliement. Certains se trouvaient ainsi tout préparés à comprendre l'appel que vous lanciez dans un congrès de la J.O.C belge et que vous avez dû répéter plus d'une fois dans le Conseil de vos ministres : « Notre effort matériel ne sera rien s'il n'est soutenu par un effort spirituel. » Je suis sur que certains concours s'offriraient à vous, justement parce que, pour vous, la politiquer n'était pas une mécanique. Avec vous, on était amené à reconnaître que les sociétés humaines ne sont pas des machines aux rouages compliqués. Ce sont des communautés de personnes, de personnes ayant chacune des droits et des devoirs, des intérêts et des passions. Et, en définitive, est-ce que la politique ne consiste pas, tout simplement, à assurer le bien commun en imposant des disciplines aux égoïsmes et aux appétits.

Le rôle salutaire du christianisme authentique
« On en vient donc à découvrir le rôle salutaire que peut jouer le christianisme authentique, c'est-à-dire le vôtre. On ne conteste plus que l'Évangile et l'Église ont mis au fondement de notre civilisation le ferment des sentiments les plus généreux, la passion de la liberté, l'aspiration à la fraternité et à la paix dans la justice.

Catholique, vous avez été encore, et à cause de cela même un incomparable rassembleur. Du premier coup, vous avez réussi à constituer une extraordinaire formation gouvernementale. C'était déjà chose singulière. Vous avez fait mieux : vous avez su faire collaborer ensemble, pour le bien de la cité, non seulement des catholiques de toutes nuances — ici, nous n'en sommes pas là —, mais encore des libéraux, des démocrates, des socialistes de toutes obédiences. Dans votre équipe ministérielle, vous avez su maintenir l'esprit de collaboration, vous avez fait qu'elle dure, qu'elle survive à une courte crise, qu'elle résiste pendant plus de deux ans à tous les assauts, qu'elle jette les bases d'une grande œuvre de rénovation et de régénération. Certains pays, avant la Belgique, avaient fait l'essai de diverses formules d'union nationale. Mais le plus souvent, ces coalitions éphémères s'étaient constituées simplement pour traverser une phase difficile, elles s'imposaient donc de laisser en suspens tous les problèmes essentiels [...]. Sans doute, vous avez eu, vous aussi à parer au plus pressé. Votre monnaie s'effondrait. Il fallait employer des moyens empiriques pour faire face aux nécessités immédiates de l'économie d'un pays rudement secoué par la contagion des dérèglements voisins. Mais jamais, pour autant, vous n'avez oublié la tâche essentielle : s'attaquer à l'élaboration d'un ordre nouveau plus fraternel et plus humain. La voie vous était indiquée par *Rerum Novarum*, mais surtout par *Quadragesimo Anno*, véritable charte économique dressée par le génial Pie XI, dont nous ressentons encore si douloureusement la perte.

Ainsi donc, vous avez été tout à la fois un catholique, un rassembleur. Vous êtes encore, et en quelque manière, j'oserai dire, un technicien. »

Georges Bidault
Les uns et les autres, dit-il, « je vous conjure de vous regarder. Une assemblée comme celle-ci, en a-t-on déjà vu ? De tels rapprochements, une telle collaboration, ce sont là nos récompenses les plus hautes. La joie de ce soir, nous la devons à celui qui est l'homme de son pays et de l'Europe, à Van Zeeland. Que chacun le sache, il n'y a ici ni vainqueur, ni vaincu, ni otages. Nous sommes ici pour constater qu'il faut à notre France une certaine droite qui accepte une certaine gauche. Il faut de tout pour faire un monde ! »

Georges Bidaut salue en M. Paul-Boncour celui qui sut rendre hommage aux pionniers qui, vers 1830, surent lutter pour le christianisme et la liberté. Celui qui défendit la cause de la sécurité collective. À M. Yvon Delbos, Bidault dit la gratitude des lecteurs de *l'aube* qui se sont toujours sentis d'accord avec l'action de l'ancien ministre des Affaires étrangères.

Pernot, le défenseur de la famille, recueille de longs et affectueux applaudissements et Bidault fait acclamer l'œuvre sociale de cet authentique « modéré » et de ce grand chrétien. M. Paul Bastid, cet annonciateur de la paix religieuse, ce politique averti, cet historien recueille son tribut d'applaudissements. M. Pierre Cot, lui aussi très applaudi, est remercié par Bidault en termes nuancés et délicats.

Mme Brunschvicg — que nous finirons peut-être par compromettre ! — est saluée et remerciée pour son œuvre en faveur de la moralité publique.

À M. Léo Lagrange — qui représente le grand effort d'organisation des loisirs — vont également les bravos de l'assemblée.

Les parlementaires présents, les amis des anciens jours — le président Aguirre, ancien chef de l'État basque en particulier — sont longtemps acclamés. [...]

Louis Terrenoire
Louis Terrenoire évoque d'abord en termes saisissants l'aventure du caporal Van Zeeland s'évadant des camps de prisonniers de guerre. « Tentatives d'évasion que M. Van Zeeland a renouvelées pour la paix cette fois, et pour son pays et pour l'humanité. L'expérience de Van Zeeland a fait lever sur le monde une espérance de vie. Fasse le ciel qu'elle aboutisse avant que l'humanité ne soit contrainte de payer ses erreurs dans la catastrophe. »

Louis Terrenoire retrace alors la carrière brillante de Van Zeeland, le professeur, le ministre, l'homme d'action, le réalisateur — l'ami des jeunes —, le démocrate, le vainqueur de Degrelle.

« Grâce à Van Zeeland, dit Terrenoire, le fascisme est vaincu et le régime démocratique triomphe par l'union de toutes les bonnes volontés. »

Et Terrenoire, avec ardeur, avec foi, dit sa confiance en la démocratie nouvelle basée sur une mystique humaine et chrétienne, en la démocratie incarnée en Van Zeeland « un des rares champions victorieux des causes qui leur sont chères ».

M. Yvon Delbos
L'ancien ministre des Affaires étrangères, très applaudi, salue *l'aube* et les Nouvelles Équipes françaises dont il suit depuis longtemps le « fécond apostolat ». M. Yvon Delbos rappelle ensuite l'œuvre de Van Zeeland qui, en quelques mois, réussit à transformer la Belgique en une oasis de paix au milieu d'une Europe en proie aux souffrances et à l'inquiétude.

Il fait l'éloge de la technicité de l'ancien Premier belge et plus encore de son sens humain et son amour des hommes. L'orateur célèbre la sympathie qui se dégage de Van Zeeland et surtout son intuition — cette intuition qui lui a permis de comprendre les besoins des hommes et d'y porter remède.

Delbos rappelle comment toutes ces qualités s'imposèrent à M. Eden et à lui-même pour demander à M. Van Zeeland de se transformer en pèlerin de la paix. La grande expérience n'a peut-être pas eu les résultats qu'on escomptait. Mais du moins les responsables de l'échec sont dévoilés. Le témoignage de Van Zeeland n'a pas été perdu. L'histoire l'enregistrera. L'expérience n'est d'ailleurs pas terminée. Le droit, dont vous vous êtes fait le champion, dit M. Delbos à M. Van Zeeland, le droit doit triompher. Il triomphera grâce aux apôtres de la sécurité collective, à la tête desquels vous êtes. M. Delbos, dans une magnifique péroraison, salue en Van Zeeland l'illustre représentant des forces spirituelles qui, grâce aux Nouvelles Équipes françaises, grâce à *l'aube*, triompheront, à la fin, de tous les obstacles.

« Grâce à vous, le monde connaît un grand espoir de résurrection. Grâce aux Nouvelles Équipes françaises, l'esprit vaincra la matière, la foi en l'homme triomphera. Et la fraternité des peuples se réalisera enfin, grâce à cette vérité que vous faites luire. »

Paul Boncour
Paul-Boncour évoque en termes très élevés les travaux qu'il entreprit avec M. Van Zeeland. Travaux qui tendaient à édifier cette sécurité collective à laquelle il faut bien revenir aujourd'hui.

Ce qui a frappé M. Paul-Boncour, c'est le côté humain de M. Van Zeeland — le « technicien de la conciliation », l'homme de l'union, cette union tant désirée par la France.

Une autre raison de la joie de M. Paul-Boncour, c'est la vision de ce banquet, c'est le nom même de l'aube, annonciateur des promesses du jour.

« Ce que nous fêtons ce soir, en la personne d'un homme, c'est une communauté spirituelle dont jamais nous n'avons autant senti la nécessité et la force.

À l'heure où les totalitaires veulent asservir le monde, il est arrivé — et la réunion de ce soir le prouve — qu'on sente enfin les racines lointaines et profondes de nos aspirations communes. »

Ce soir, des solidarités se sont nouées — et ces solidarités, ce besoin d'union s'incarnent particulièrement en Van Zeeland, grâce à qui les moissons magnifiques de l'avenir ne tarderont pas à lever.

Un magnifique discours de M. Van Zeeland
C'est au milieu d'une ovation formidable que M. Van Zeeland prend la parole. Souriant et calme, et d'un charme prenant, l'ancien Premier ministre belge dit sa joie d'être au milieu de ses amis des Nouvelles Équipes Françaises. D'une modestie parfaite et non feinte, M. Van Zeeland dit que devant les éloges qui lui ont été décernés, il a eu la tentation de tomber pour la première fois dans l'erreur de la « déflation » ! Puis le Premier ministre belge évoque alors les inquiétudes du temps présent — qui se trouve dans un état de guerre, non sanglante.

Van Zeeland veut servir, ce soir, la paix avant tout.

Les vrais problèmes, ceux que l'humanité devrait aborder si elle était raisonnable, sont rejetés dans la pénombre. Retrouver une base pour la paix, pour les relations internationales, adapter nos institutions politiques, nos relations sociales à la technique de la production de biens — telles seraient les vraies questions, oubliées aujourd'hui.

On ne cherche plus à produire pour améliorer le sort des masses, mais pour se préparer au pire. Des mesures doivent être prises, parce que d'autres en prennent, qui sont funestes au sort de l'humanité. C'est l'impasse. Mais il faut espérer, toujours espérer et agir comme si l'espoir devait se réaliser. Les doctrines de guerre se sont développées parce que nous n'avons pas su développer nos doctrines de paix. C'est un fait. Les conflits de doctrine, dont certains peut-être sourient au nom d'un pseudo-réalisme, nous servent du moins à préparer l'avenir. Notre doctrine, à nous, comporte une large part réservée à l'économique. Notre civilisation est essentiellement dynamique et il faut tenir compte de cette donnée. Le manque de courage dans l'ordre économique est la cause du désordre du monde. Si nous avions eu une attitude ferme dans l'ordre politique et compréhensive dans l'ordre économique, nous ne serions pas acculés à l'impasse où nous sommes. Au contraire, nous avons été « mous » en politique et inflexibles dans l'ordre économique. Fatale erreur.

Nous aurions dû comprendre que l'expansion est une loi des hommes et des peuples et, le comprenant, nous aurions rassemblé au-dessus des frontières tous les hommes « de notre esprit ».

« Expansion, organisation, dynamisme, telles doivent être les têtes de chapitre de notre doctrine d'avenir. L'expansion est une loi contre laquelle on ne peut rien, et même l'expansion nationale-socialiste est un fait qui a donné des résultats qu'on ne peut négliger. Il faut en revenir à cette vieille loi qui fait du travail une richesse.

Je n'aime pas demander des sacrifices — mais des efforts — afin d'associer tous les citoyens à une grande œuvre constructive.

Organisation, c'est la règle introduite dans la production. Intervention de l'État ? Oui, à condition qu'elle soit bonne, c'est-à-dire qu'elle ait pour principe le bien commun de la cité.

Dynamisme. Les jeunes comprennent ce mot, car il est générateur d'enthousiasme, constructif, et fécond. Les jeunes ont besoin d'espoir et d'idéal ! Il faut leur en donner. Cette doctrine, ou nous l'animerons, ou nous périrons.

Ces bases se trouvent dans les grandes encycliques pontificales et c'est la joie des catholiques de pouvoir s'appuyer sur ce roc.

Leurs responsabilités sont de ce fait immenses. Les catholiques doivent réaliser les idées soutenues dans le message de l'Église. Ils ont une responsabilité terrible dont ils répondront un jour.

Je trouve, ce soir, dans cette réunion, un encouragement incomparable pour poursuivre mon œuvre de paix. Les Nouvelles Équipes françaises sont le bataillon d'élite qui lutte pour le bonheur de l'humanité. Je souhaite que les Nouvelles Équipes françaises multiplient leurs manifestations de force, de lumière et de foi. Elles éclaireront la route.

Je souhaite qu'elles réussissent afin que l'humanité trouve enfin la certitude d'un peu plus de joie, d'un peu plus de bonheur et de paix. »

L'éloquence de Van Zeeland a tenu la salle sous un charme profond. À peine a-t-il terminé son admirable discours que les applaudissements et les acclamations éclatent. Une formidable ovation monte vers cet homme dont les paroles de lumière seront, pour notre action, un encouragement inestimable. Et c'est avec regret qu'après avoir battu un triple ban on se sépare, plus prêts, plus résolus il est vrai à affronter les tâches de demain.

Pierre Corval

N° 2072 — 20 MAI 1939
Sur les propos d'un notable en difficulté
En des temps moins infestés de maux démocratiques, je veux dire sans profession parlementaire ni tyrannie du nombre, les grands de la politique qui avaient cessé de plaire au souverain se retiraient dans leurs terres et perdaient leur droit d'avoir une opinion sur la conduite des affaires publiques. M. André Tardieu vient de nous faire regretter les époques trop lointaines où les disgrâces des grands restaient silencieuses ; avec cette manière sans nuance et sans souplesse dans laquelle les salons de province voient le signe d'un tempérament de chef. Il vient de nous faire connaître son sentiment sur Versailles, l'Europe, la prochaine guerre et la paix d'après la prochaine guerre.

Par le truchement de Grégoire, M. André Tardieu a écrit au chancelier Hitler. Les grands, même dépossédés savent parler aux grands dans le style des grands. Le chancelier Hitler, dans son dernier discours au Reichstag, avait attaqué le Traité de Versailles. M. André Tardieu défend le Traité de Versailles dont il a été l'un des négociateurs. Il se révèle nationaliste décidé et farouchement antimunichois, et c'est une logique qui a son prix à une heure où la mémoire est devenue une forme de conscience. Mais cette lettre témoigne, en outre, d'un esprit d'aveuglement international et de dureté chauvine dont nous avons combattu les ravages au lendemain de Versailles et qui, aujourd'hui, ne peut que compromettre notre idéal d'unanimité nationale et servir, au surplus, les desseins de l'adversaire.

Écoutons ce réquisitoire mené au pas de charge : *Mein Kampf* n'est qu'une nouvelle manifestation de l'Allemagne éternelle. Versailles a été trop faible. Les États-Unis et l'Angleterre ont sauvé l'Allemagne, et d'ailleurs le triste jeu démocratique nous empêchait de supprimer par des procédés sommaires nos propres pacifistes. Si la guerre éclatait, on saurait, après l'avoir gagnée, vous imposer des conditions plus dures que les dernières.

Nous ne craignons pas ici de rouvrir les vieux débats à la tragique lumière de l'Europe d'aujourd'hui. Nos raisons d'alors s'y redessinerait dans une évidence fulgurante. Mais il faut faire face à des tâches plus urgentes, dire pourquoi nous sommes épouvantés par la résonance du langage que tient M. André Tardieu dans l'état actuel du monde.

Premièrement, il se joue entre les dictateurs et leurs peuples un drame que nous sentons plus que nous ne le connaissons et qui est en train de peser d'un poids peut-être décisif dans la balance de la paix et de la guerre : au-delà du Rhin, comme au-delà des Alpes, les masses se demandent si les régimes nazi et fasciste ne sont pas voués à une fatalité de prestige et de guerre. Et le divorce entre le pays réel et le pays légal risque là-bas de paralyser heureusement les volontés belliqueuses. Je dis que les propos de M. André Tardieu ont été jetés avec une légèreté et une inconscience coupables, parce qu'ils ne peuvent que servir la propagande des régimes ennemis : la preuve est faite, diront les fonctionnaires de M. Goebbels en Allemagne et en Italie, que la France en veut au peuple allemand, qu'elle désire lui faire subir une loi plus lourde encore que celle de Versailles. Ces paroles d'un notable en disponibilité risquent d'aider à cimenter l'union difficile d'un peuple hésitant et de son dictateur. Aussi tragiquement imprudentes que celles des défaitistes qui ne veulent pas mourir pour la Pologne, elles défigurent le visage de la France et elles aident à démanteler un espoir de paix.

Deuxièmement, les propos décidés de M. André Tardieu troublent dangereusement les consciences d'un certain nombre de Français. Et ceci est plus grave encore que cela. Il nous faut regarder en face la possibilité d'une guerre dans laquelle l'affreux devoir serait de combattre et de mourir. Or, s'il s'agit de se résoudre à tuer et d'accepter d'être tué pour faire la paix que nous propose André Tardieu, c'est-à-dire pour imposer à Hitler une paix hitlérienne, alors c'est la nuit dans la conscience des meilleurs de nos soldats. Et certes la mort d'un homme est plus terrible que ne l'imaginent ceux qui, ensuite, au lieu de construire la paix, exaltent le sacrifice des héros. Mais le désespoir d'un mourant est plus terrible que sa mort.

Nous espérons de toutes nos forces éviter l'horreur des batailles, mais si l'événement nous prenait à la gorge, nous nous battrions pour notre liberté, mais aussi pour la liberté allemande, pour notre patrie et aussi pour la collaboration de toutes les patries. À cette condition seulement les Français seront unanimes.

Faire renaître, parmi notre résolution, le mythe hideux de l'ennemi héréditaire, promettre à des vaincus futurs un écrasement sans pitié, c'est nous diviser, c'est avouer publiquement que vous n'avez guère compris la France et les Français, sauf peut-être en ce jour de mépris, où vous êtes rentré en vos terres et tombé en Grégoire, parce que le Souverain, c'est-à-dire notre peuple, avait cessé de plaire à votre hauteur.

Étienne Borne

N° 2076 — 25 MAI 1939

Le 150ᵉ anniversaire de la Révolution
Le Conseil national des Femmes de l'Union française pour le Suffrage des Femmes a fort opportunément saisi l'occasion du 150ᵉ anniversaire de la Révolution pour réclamer une application moins partiale de la Déclaration des droits de l'Homme.

« Deux graves injustices, dit la lettre, furent commises envers les femmes…
« L'une le fut par Napoléon qui, dans notre code civil, assimile la femme mariée aux mineurs et aux incapables. Depuis l'an dernier, le Parlement a réparé partiellement cette erreur, en reconnaissant la capacité civile de la femme mariée et en modifiant de nombreux articles de notre Code.
« La seconde injustice fut commise par les législateurs qui, en dépit des textes formels de la Déclaration des droits de l'Homme, écartèrent les Françaises du suffrage universel. »

La lettre schématise. Par rapport aux droits civils, il n'y a pas que les femmes qui ont été lésées.

« Tous les citoyens, dit l'article 6, sont également admissibles à toute dignité, place et emploi publics, selon leur capacité et sans autre distinction que celle de leurs vertus et de leurs talents. »

Combien a-t-il fallu de décades pour que les femmes puissent « préparer » leurs talents, en bénéficiant de l'enseignement secondaire et de l'enseignement supérieur ? Pour qu'elles puissent exercer une profession libérale ? Comment en faudra-t-il encore pour qu'elles puissent être jurés, magistrat, notaire ou même simplement commis-greffier ?

« La loi ne doit établir que des peines strictement et évidemment nécessaires, et nul ne peut être puni qu'en vertu d'une loi établie et promulguée antérieurement au délit et légalement appliquée. »

C'est évidemment à l'égard de la vie politique que l'ensemble des Françaises peut se sentir le plus directement lésé. D'ailleurs, les injustices de la vie civile n'auraient pas fait long feu, si elles avaient reçu, dès l'abord, cette part de souveraineté qui « réside essentiellement dans la Nation ».

« La loi est l'expression de la volonté générale. Tous les citoyens ont le droit de concourir personnellement ou par leurs représentants à sa formation… »

Cependant, depuis 150 ans, les Françaises obéissent à des lois qu'elles n'ont pas votées, et, comble de générosité, paient des impôts dont elles ne peuvent « suivre l'emploi, ni déterminer la quotité, l'assiette, le recouvrement et la durée ».

La lettre à M. Daladier continue : « Après les services rendus par les femmes pendant la dernière guerre, la Chambre des députés manifesta à cinq reprises — la dernière en juillet 1939 — sa volonté de voir enfin reconnaître aux Françaises leur titre et leur droit de citoyenne. »

Mais le Sénat ne le voulut pas ! Et malgré le dernier vote si exceptionnel de la Chambre — à l'unanimité absolue — il usa d'une tactique qui lui avait déjà parfaitement réussi : il laissa dormir le projet de soi sans prendre la responsabilité du : non !

Pour faire « quelque chose » tout de même, il prit l'initiative d'une première réforme du Code — préparée depuis 25 ans — et n'en vota sagement que la moitié.

Les groupements féminins et féministes sont-ils impressionnés par tant de prudence ? Toujours est-il que pleins de modestie, ils suggèrent eux-mêmes un premier palier.

« Qu'il s'agisse d'accorder aux femmes l'intégrité des droits politiques ou de leur donner à titre de première étape, l'électorat et l'éligibilité en matière municipale et cantonale, nous avons la certitude qu'un tel geste du gouvernement aurait un écho profond dans le cœur des Françaises. »

Suit alors l'évocation des menaces qui pèsent sur notre pays, et le regret que tant de femmes qui se sont mises si résolument « au service de la Nation » n'aient même pas le titre de citoyennes.

Le 14 juillet « date culminante de la commémoration républicaine » renversera-t-il la Bastille des préjugés et de méfiance des parlementaires seniors ? Nous le saurons bientôt. Une seule note manque à cette lettre d'une sobriété parfaitement élégante.

Déjà, à la fin de la guerre, c'est au nom des services exceptionnels qu'on a plaidé à la Chambre la promotion de la Française, au titre de citoyenne. C'est plutôt à cause de ses activités et responsabilités « éternelles » que nous espérons bien qu'on lui fera justice un jour.

Que ne rappelle-t-on à M. Daladier qu'en conviant les femmes de chez nous à donner à la Communauté française ce dont elle a le plus besoin : des enfants, il serait opportun de leur ouvrir toutes grandes les portes de cette même Communauté française. Après tout, s'il devait y avoir des privilégiés dans la Nation, « les distinctions sociales étant fondées sur l'utilité », comme dit encore la Déclaration des droits de l'Homme, les mères de famille devraient venir en bonne place.

Ce qui n'implique pas d'ailleurs que les autres femmes continuent à être exclues du droit commun, car c'est un pur scandale.

Hélène Dufays

N° 2078 — 27 MAI 1939

Pour trouver des chefs à la mesure de la France

Léon Bailby se lamente parce que la France n'a pas de chefs. Nous ne lui donnons pas tort. M. Léon Bailby qui ne découvre pas des chefs en France en cherche à l'étranger pour nous les proposer en modèles. Nous demandons à voir.

Serait-ce Roosevelt, le démocrate, le « dynamique » ? Serait-ce lord Halifax, l'aristocrate, le méditatif ?

Certes, le choix est limité, presque autant que chez nous, mais M. Léon Bailby ne tente même pas une rapide investigation de ce côté. C'est qu'il a trouvé ailleurs le type de chef à nous proposer en exemple. Il en a même trouvé deux qu'il nous présente en ces termes : « Où qu'on se tourne en Europe, on ne trouve pas d'équivalence à ces deux types d'hommes, d'une exceptionnelle qualité. »

Vite, les noms ?

Ne cherchez pas, ce sont Franco, le « caudillo » d'Espagne, et Salazar, le dictateur du Portugal.

Voilà les hommes dont le directeur d'un grand journal français regrette qu'ils ne soient pas nés sur la terre de France. Un général de guerre civile et un professeur maurassien, voilà les chefs qu'il nous propose en exemple. Comme si notre pays avait besoin du premier et pourrait supporter le second ! Ce qui me semble grave dans le cas de M. Léon Bailby, c'est sa méconnaissance totale de la France dont son double choix nous apporte la preuve. Franco et Salazar ont bien mieux que leur équivalent en Europe, puisqu'il y a Hitler et Mussolini qui sont tout de même d'une autre taille. Mais ce qui n'a pas, à l'heure présente, d'équivalence, c'est cet esprit de liberté, d'humanisme et de chrétienté dont les meilleures âmes de France et le cœur de son peuple demeurent profondément imprégnés.

Pour incarner cet esprit et pour défendre les traditions françaises qui lui sont attachées, il nous faut d'autres types d'hommes que ceux auxquels M. Léon Bailby a voué son admiration. Même si on admettait que l'Espagne et le Portugal devaient faire nécessairement l'expérience d'une dictature, le destin de la France n'en appelle pas de semblable et ni Franco, ni Salazar ne répondent à notre idéal de pensée et de vie.

Mais certains nationalistes sont ainsi faits que leur premier souci est d'aller chercher à l'étranger de quoi assurer le bonheur et la grandeur de leur pays. La grandeur de la France et le bonheur humain des Français sont fondés sur des valeurs qui répugnent à se vendre au premier sauveur venu.

S'il y a pénurie de chefs chez nous, c'est peut-être d'abord parce que l'on se fait une fausse idée des véritables qualités d'un chef. Cependant, nous reconnaissons volontiers que, quels que soient l'étoffe, la forme ou le gabarit, les milieux politiques français paraissent de plus en plus démunis. Si notre démocratie veut trouver des conducteurs dignes de sa mission dans le monde, il faudra peut-être qu'elle aille les chercher dans d'autres milieux. Ou bien les mouvements et les rassemblements demeurés en-dehors des luttes électorales ou même civiques, et qui sont riches de personnalités jeunes et nouvelles, devraient-ils ne plus garder longtemps en réserve ou à l'écart des grands débats ceux qui se sont admirablement formés dans leur sein.

Le jour où les forces qui sont nombreuses dans notre pays accepteront de déboucher sur le plan politique, nous aurons des chefs, qui seront plus pleinement chefs que les despotes étrangers et dans lesquels la France pourra vraiment se reconnaître.

Louis Terrenoire

N° 2081 — 1ᴇʀ JUIN 1939

Les deux premiers évêques noirs viennent d'être nommés par le Pape
À peine nous étaient arrivés les derniers échos du sacre de Mgr Boivin, vicaire apostolique de la Côte d'Ivoire, que nous apprenions le geste de Pie XII nommant les deux premiers évêques noirs.

Est-il besoin de rappeler la merveilleuse impulsion donnée à l'effort missionnaire de l'Église par Pie XI ? On en a fait le bilan au moment de la disparition du grand pontife. C'est le 28 octobre 1926 que Pie XI sacra à Saint-Pierre de Rome les six premiers évêques chinois. Il y a quelques mois, on trouvait confiés aux membres du clergé indigène un archidiocèse et six diocèses en Inde ; trois vicariats apostoliques en Indochine ; un archidiocèse, un diocèse et deux préfectures apostoliques au Japon onze vicariats, neuf préfectures en Chine et trois autres territoires de missions. Pie XI avait tenu à consacrer lui-même neuf évêques chinois, un évêque japonais, un indien et un annamite.

Aujourd'hui, Pie XII fait faire à l'œuvre commencée un nouveau progrès, marquant ainsi au moment où les doctrines racistes gagnent de plus en plus le vieux continent, que le message de l'Église s'adresse à tous les hommes, de quelque race qu'ils soient.

C'est un Malgache, Mgr Ignace Ramarosandratana, originaire du vicariat apostolique de Tananarive qui, à l'âge de 46 ans, se trouve placé à la tête du vicariat apostolique de Miarinarivo, récemment institué à Madagascar, et c'est un Bantou, Mgr Joseph Kiwanuka, âgé de 40 ans, né à Nakirobe, en Ouganda, qui sera le premier vicaire apostolique du vicariat de Masaka, qui est institué en Ouganda.

Ainsi, les deux évêques noirs choisis par Pie XII seront appelés à être les deux organisateurs de deux vicariats apostoliques noirs.

Maurice Carité

N° 2087 — 8 JUIN 1939

Les persécutions contre l'Église d'Autriche

La lutte acharnée que les autorités nazies ont déclenchée contre l'Église catholique en Autriche depuis jour même de l'Anschluss est entrée dans une nouvelle étape cette fois décisive.

À l'annexion politique accomplie le 11 mars 1938 qui a privé l'Église de ses droits millénaires vient de s'ajouter l'annexion spirituelle qui menace de supprimer brutalement même les restes précaires de la liberté de conscience concédés jusqu'à cette heure aux croyants. Ce ne sont plus des couvents saccagés, des prêtres insultés ou enfermés, des livres religieux brûlés, c'est pire, c'est la tentative d'anéantissement intégral du christianisme catholique en Autriche.

Tous les biens de l'Église d'Autriche sont séquestrés depuis le 1er janvier. Ces biens, très considérables, ne furent pas, il est vrai, confisqués : ils furent mis tout simplement à la disposition du ministère des Cultes à Berlin, ce qui équivaut pratiquement à leur confiscation intégrale. Les subventions accordées depuis 500 ans à l'Église par l'État ayant été supprimées depuis l'Anschluss, les diocèses dénués de toutes les ressources ont fait appel aux croyants pour qu'ils versent une contribution volontaire à l'Église. Or, le jour même où un appel fut lancé, les murs des immeubles dans les rues principales de Vienne furent couverts d'affiches odieuses menaçant tous ceux « qui seraient tentés d'assouvir la rapacité du clergé ».

Il n'est donc pas surprenant que l'archevêque de Salzbourg, Mgr Waitz, le même qui lors de la fameuse déclaration des évêques autrichiens, avait cru devoir faire confiance aux promesses de Hitler, ait écrit à son clergé : « On nous a misérablement trompés. L'Allemagne venait à nous comme une mère à ses enfants : nous savons maintenant ce que cela signifie. La haine des nazis égale à celle des communistes s'est déchaînée dans notre pays contre l'Église. On veut faire de l'Autriche un champ d'expérience pour voir jusqu'où peut aller l'anéantissement du Christianisme. »

Les derniers événements montrent fort clairement jusqu'à quel point veut aller la guerre hitlérienne contre l'Église en Autriche : jusqu'au paganisme intégral ! Une propagande aussi effrénée que rusée utilise tous les moyens dont dispose un État tout puissant pour favoriser l'apostasie. Aucun membre du parti ne saurait obtenir un emploi d'état ou municipal en Autriche avant d'avoir déclaré solennellement son désintéressement absolu à l'égard de l'Église catholique romaine ; la même déclaration est obligatoire pour tous les commerçants, industriels et manœuvres désireux d'obtenir une correction dépendant des autorités d'État ou municipales. Peut-on s'imaginer une possession plus cynique, un chantage plus abject à la liberté de conscience ? Deux professeurs de la « Volkshochschule » (Université populaire) sont chargés de cours dont les titres suffisent à montrer le sens : « Les crimes de l'Église contre le peuple allemand » et « Histoire de l'Alliance catholique-judéo-marxiste » ! En même temps, la Faculté catholique d'Innsbruck est supprimée, la reconnaissance de droit public retirée à tous les collèges catholiques en Autriche.

Cette guerre impitoyable que la haine nazie fait à l'Église n'épargne même pas la personne du Saint-Père. Vienne a pu voir d'énormes affiches avec d'odieuses caricatures du chef suprême de l'Église. Des mains invisibles ont cependant collé sur ces affiches rouges gigantesques de petites fiches blanches avec ces trois mots : « *Quo vadis Austria.* »

Denis Peter

N° 2088 — 9 JUIN 1939

Pour les quatre-vingts ans d'Henri Bergson

Henri Bergson vient d'avoir ses 80 ans. Maurice Blondel, si je ne me trompe, l'année prochaine. Pour M. Brunschvicg aussi, l'échéance approche... Trois grands penseurs, les plus grands, je crois, que la France d'hier ait donnés au monde, tous trois également dignes de respect sinon maîtres toujours également sûrs... Trois grands vieillards, jusqu'au bout travaillant et créant, qui nous prouvent tous trois que la durée existe, que dans l'ordre spirituel rien ne s'improvise, et qu'il n'y faut point craindre les grands desseins.

Pour le moment, il s'agit seulement de celui que l'on fêtait hier, avec une discrétion expliquée à la fois par sa modestie et son état de santé.

Quand on parle de Bergson, certains milieux pauvrement plutôt que bien pensants, veulent bien condescendre à quelque éloge de ce genre : « Oui, il nous a rendu service, il nous a aidés à nous dégager du scientisme, du mécanisme. » Je n'accepte pas, il ne faut pas accepter cette louange réticente. Henri Bergson n'a pas seulement desserré en l'homme l'étreinte de la matière, il a ouvert à son esprit des voies et des modalités d'action nouvelles. Celles-là mêmes dont notre temps allait avoir le plus besoin. Un jour ou l'autre, le mécanisme scientiste serait mort de sa belle mort ; sans Bergson, l'œuvre positive ne se serait jamais faite.

Vous vous rappelez ?

Au prix d'amalgames dont la virtuosité n'a jamais été dépassée, l'*Essai sur les données immédiates de la conscience* établissait que l'esprit est irréductiblement qualité, essentiellement liberté. En renouvelant généralement le problème de la mémoire, *Matière et mémoire* expliquant comment le jeu des forces mentales peut se combiner avec celui des mécanismes physiques sans y perdre son originalité.

L'évolution créatrice nous montrait en action, tout au long de l'histoire du monde, un « élan vital » qui est une force véritable une force d'invention et de création.

Dans *les Deux sources de la morale et de la religion*, au moment où certains parlaient encore de je ne sais quel panthéisme, l'élan vital se prolonge en élan moral, et nous débouchons finalement avec lui dans l'ordre de la grâce et de l'amour. Qualité, liberté, création, amour : y a-t-il, aujourd'hui, des idées qui habitent plus douloureusement parfois la pensée des meilleurs hommes ? Et sans doute le philosophe n'a pas attendu Bergson et l'an de grâce 1900 pour découvrir ces exigences inscrites en toute vie spirituelle. Elle n'a pas, à ce point, été inférieure à sa tâche et à sa mission.

Mais il est arrivé qu'elle s'y montrât souvent bien timide. Un exemple seulement. Il est arrivé que l'homme, même chrétien, se considérait comme installé dan un monde « clos » et « tout fait », telle une maison qu'il n'aurait en rien contribué à construire, dont il devrait jusqu'au bout supporter les servitudes comme il en admirait les splendeurs, sans pouvoir en modifier essentiellement les dispositions à la fois sévères et tutélaires. La grandeur de l'homme moderne, à travers ses égarements, est d'avoir discerné que le monde était « ouvert », pour une grande part, à « faire » que l'homme y était venu, y avait été appelé, selon le mot souvent répété et rarement compris en toute son ampleur de saint Thomas d'Aquin, comme un collaborateur de l'action créatrice, que l'univers, grâce à nous, vivait, échangeait, enfantait, que notre liberté n'y était point apparente, mais réellement efficace et que toute cette prodigieuse histoire finirait en somme comme nous voudrions...

La grandeur de Bergson, c'est d'avoir apporté à cette vue exaltante de l'esprit le plus merveilleux ensemble d'illustrations qui ait encore été réuni. On sait quelle reconnaissance en avaient à l'auteur de l'*Évolution créatrice*, Péguy et son ami Lotte. Nous n'avons pas à retirer leurs louanges, mais à les pousser plus loin encore. Nous savons qu'une force créatrice passe à travers toutes choses et à travers nous-mêmes, qui va plus loin que nous, mais qui veut notre concours, qui a voulu avoir besoin de nous... Nous le savons, bien sûr, grâce à tant d'événements prodigieux dont nous avons été témoins, mais aussi grâce à un enseignement comme celui de Henri Bergson.

Oui, le vrai maître du « dynamisme » moderne, le voici. Doublement maître, parce que, en lui insufflant foi en lui-même, il le mettait d'avance en garde contre ses déviations et ses excès. Jamais homme n'a moins donné lieu de confondre avec les violences de l'instinct brutal, l'appétit spirituel de libération et de création.

Paul Archambault

N° 2099 — 22 JUIN 1939

Autour d'une parade militaire

Nous laisserons de côté aujourd'hui le statut de la femme mariée, au sujet duquel le Sénat vient de consacrer deux séances et que la Chambre des députés modifiera de nouveau, espérons-le.

Nous prêterons oreille aux échos qui nous viennent des pays voisins, de ces pays où, depuis plusieurs années, le rappel des « fonctions naturelles » de la femme s'est fait avec force véhémence et sentences. Voici que, sous le beau ciel de l'Italie, l'hymne au foyer et à la maternité se modifie un tantinet, juste assez pour permettre le défilé au pas cadencé, un fusil sur l'épaule. En Allemagne, les camps de travail féminin connaissent un regain d'actualité. Toute jeune fille, jusqu'à 25 ans, sera tenue à une année de travail obligatoire, la main-d'œuvre féminine devant apporter son renfort à l'équipement national. Quand on est de ceux et de celles qui refusent, d'une part, pour la personne humaine, toute limitation fonctionnelle ; quand on repousse d'autre part, comme autant de blasphèmes, les dissertations des dictateurs sur la famille en général et la maternité en particulier, on n'est pas autrement étonnés de l'évolution actuelle.

Mettre au monde des enfants dans l'exaltation d'un égoïsme et d'un orgueil de race et de nation, c'est de toute évidence et en toute logique, être prête soi-même — si besoin est — le coup de feu.

Mlle Céline Lhotte s'en afflige, et, dans une charmante aubade, nous propose une consolation. Elle ouvre un album de peinture italienne et contemple « les vierges de Lorenzetti, de Luini, de Lippi, de l'Angelico, si délicieusement femmes, penchées sur le bambino divin... vierges aux yeux de paix, aux lèvres douces... sont-ce bien là vos sœurs, leur dit-elle, ces garçonnes intrépides ?... Ces garçonnes intrépides, mademoiselle, peuvent être de jolies femmes ; penchées sur un bambino — le leur —, elles retrouvent certainement des yeux de paix, des lèvres douces ; et pour être de nouveau « délicieusement femmes », comme vous dites, il leur suffit probablement d'attacher leur regard sur un petit oiseau — le leur —, ou sur une fleur délicate — la leur. Car il ne leur manque à ces Italiennes, nos contemporaines, que d'avoir accueilli dans sa totale vérité, la « bonne nouvelle » dont les artistes de leurs pays nous ont lassé de si délicieux symboles ; il ne leur manque que d'avoir découvert par leur maternité propre — en méditation et en imitation de la maternité divine — le sens de l'universel.

Et les autres femmes de par le vaste monde sont-elles en meilleure attitude ? M. Paul Boulet dans *La Jeune République* paraît se poser la question : « C'est ainsi que tout commence, dit-il, par un essai. Comme elle va devenir grande la tentation d'organiser des sections féminines, comme cela s'est vu, hélas ! au cours des guerres civiles. C'était déjà bien triste. Cette fois-ci, c'est catastrophique, car si un pays commence, les voisins se croiront obligés d'emboîter le pas, fût-ce le pas de l'oie. Et ce sera la formation de divisions de femmes, la course à l'armement des bataillons féminins... Mais ce serait atroce, direz-vous, ce n'est pas possible ! Si, c'est possible, c'est comme si c'était fait, le crime est commis en pensée. Et ce qui est encore plus atroce, c'est qu'on ne réagisse pas, c'est que dans le monde entier, des milliers, des millions, le milliard de femmes existant ne protestent pas, ne se révoltent pas. »

L'étonnement de M. Paul Boulet est particulièrement communicatif quand on a sous les yeux le Bulletin consacré par le Conseil international des Femmes, à la mémoire de sa présidente, Lady Aberdeen, morte presque en même temps que sa compagne de lutte, Mme Avril de Sainte-Croix. La foi dans la paix et dans le travail pour la paix a soulevé ces femmes d'élite et toutes leurs collaboratrices. La pensée de régénérer l'humanité ou plutôt de tendre vers la perfection humaine par un égal effort, une égale ascension des hommes et des femmes les avait conduites normalement à un souci de collaboration qui ne connaissait pas de frontières.

N'est-ce point ce qui reste de leur œuvre dans les esprits et dans les cœurs que Mrs Roosevelt s'adresse quand elle envoie son message — communiqué par la presse — « Femmes d'Europe, la paix dépend de vous. » « Depuis 19 siècles, dit-elle, vous n'avez jamais voulu — ou osé — croire à votre importance. Prenez-en conscience. Réalisez que si vous le vouliez réellement, aucune haine, aucune guerre ne seraient plus... Vous êtes des mères... c'est à vous que de beaux jeunes gens de 20 ans doivent le plus de reconnaissance, et, de fait, ils vous la témoignent. C'est donc à vous d'inculquer à ces soldats possibles l'idée de la fraternité. »

Je ne sais si, dans l'état actuel des choses, la paix peut être sauvée par les femmes... Ne sommes-nous pas saisis, hélas ! hommes et femmes, par le vertige de la catastrophe ?...

Et cependant, le miracle humain continue... Le premier « train » aérien transatlantique est arrivé à Paris venant de New York... Après avoir établi un parallèle entre ces deux faits sensationnels, M. Paul Boulet conclut : « La génération de l'an 2000 saura lequel des deux est à retenir. Connaîtra-t-elle l'armée totale où les hommes et les femmes auront les mêmes obligations ; ou bien vivra-t-elle sous le signe des ailes de paix traçant l'arc-en-ciel des réconciliations ? »

Pour témoigner de l'esprit de confiance — en soi et dans les autres — que préconise M. Roosevelt, je m'adresse aux dirigeants des grands mouvements féminins et leur pose cette question. Ne serait-ce pas le moment de violenter le destin ? Ne serait-ce pas le moment — devançant cette conférence des hommes — pour laquelle le régent Horthy a fait appel au Saint-Père — de convoquer la conférence des femmes, en invitant d'abord, et dans un suprême appel, les Italiennes et les Allemandes ? Ne serait-ce pas la riposte qui convient, élégante et indispensable, au défilé « en fusil » ?

Cécile de Corlieu

N° 2100 — 23 JUIN 1939
Fermeté contre la guerre

En un domaine où l'on constate le plus grand désarroi, où les positions classiques de la droite et de la gauche ont été entièrement bouleversées, je voudrais être le plus simple, le plus clair possible, de façon que nos nouveaux amis comprennent bien ce que nous pensons et ce que nous voulons.

Il s'agit des problèmes internationaux à l'égard desquels *l'aube* a pris une position nettement tranchée. Pour définir d'un mot, bien qu'il simplifie à l'excès, nous sommes « antimunichois ». Nous avons condamné la politique qui nous a conduits à Munich, nous n'avons pas caché notre scepticisme devant les espoirs qu'avaient suscités les accords de septembre et les événements nous ont donné trop raison pour que nous insistions beaucoup là-dessus. Mais ce qu'il est sans doute nécessaire d'expliquer, c'est comment notre action pour la paix dérive d'une pensée continue et logique dont seuls des événements extérieurs ont pu modifier la forme d'expression.

Procédons par ordre. Que pensions-nous, que disions-nous, que faisions-nous avant Hitler ? Avant Hitler, quand existait une Allemagne démocratique, sinon toujours sincèrement pacifique, du moins à peu près désarmée et dirigée en tout cas par des hommes qui ne nourrissaient pas les ambitions de Hitler et qui étaient contrôlés par le peuple, nous n'avons cessé de préconiser une politique de réconciliation.

Eh ! oui, nous sommes fiers de le dire face aux néo-pacifistes de la droite qui ont déjà tant cédé et qui sont prêts à céder encore à Hitler :

nous étions pour la réconciliation avec l'Allemagne du catholique Brüning. Et si nous avions consenti à cette Allemagne-là le quart des abandons que Hitler nous a arrachés par la menace, il est infiniment probable que la République de Weimar n'aurait pas dû céder la place au national-socialisme triomphant. Une inepte calomnie nous a désigné un jour comme des objecteurs de conscience. N'est-ce pas drôle quand on sait que la calomnie venait des milieux dont la néfaste politique nous ayant menés où nous sommes aujourd'hui par le sabotage de la paix émettent maintenait la prétention de choisir la guerre qu'ils voudront bien faire et profèrent des menaces de mort contre ceux qui se font les champions de la résistance française devant les agressions.

En grande partie par leur faute, la paix de 1919 a été ruinée, le désarmement promis n'a pu être réalisé, et la Société des Nations a été réduite à l'impuissance. Et ce sont ceux-là qui osent parfois nous accuser de « bellicisme », parce que nous ouvrons les yeux devant l'immense danger que l'hitlérisme et le fascisme agresseurs constituent pour l'Europe.

Depuis l'avènement de Hitler, il est impossible en effet, à moins d'être fou ou complice, de croire que la paix peut être maintenue en Europe par les seuls moyens de la conciliation ou par le système munichois des concessions gratuites. Et c'est pourquoi nous voulons une politique ferme ; parce qu'elle est la seule susceptible d'arrêter la marche du germanisme conquérant.

En septembre, nous avons sacrifié la Tchécoslovaquie. On nous disait : les Sudètes ne peuvent plus vivre avec les Tchèques. Hitler a signé, une fois de plus, à Munich, des engagements solennels. Comme après la Rhénanie, comme après l'Autriche, il déclarait clore l'ère des aventures. Mais moins de six mois plus tard, il violait de nouveau sa signature et contraignait les Tchèques à reprendre la vie commune avec les Sudètes, mais cette fois sous la botte allemande.

Cependant, nous avons été accusés de « bellicisme » parce que nous avons cru et persistons de croire qu'une attitude de fermeté aurait sauvé la Tchécoslovaquie et la paix. Tandis que nous sommes de nouveau menacés de guerre, après qu'on nous a enlevé l'un des meilleurs parmi nos alliés.

Les annexions de la Bohême et de l'Albanie ont heureusement ouvert les yeux à beaucoup de nos compatriotes. Cependant, certains persistent dans leurs erreurs et proclament qu'ils ne veulent pas « mourir pour Dantzig ».

Bien sûr, s'il ne s'agissait que de Dantzig ! Mais s'agit-il seulement de cela ? Admettons cependant que M. Marcel Déat — et ceux qui pensent comme lui à droite et à gauche — ait raison. Hitler, dont les dernières conquêtes ont failli mettre à sa merci toute l'Europe centrale, prendra Dantzig. Nous assisterons impassibles à la lutte désespérée des Polonais, car ils se battront. Seuls contre l'Allemagne, ils seront vaincus. Hitler sera alors le maître des deux tiers de l'Europe, car ce ne sera plus qu'un jeu pour lui de mettre à la raison la Roumanie, la Yougoslavie et les dernières petites nations libres.

S'imagine-t-on que, détenteur d'une aussi formidable puissance, Hitler s'arrêtera en chemin ? Non, ce sera vite la grande ruée des puissances totalitaires contre la France, l'Angleterre et leurs empires. Alors nous nous battrons, car les Français ne céderont pas sans se battre l'Alsace et l'Afrique du Nord. Nous nous battrons, mais dans les pires conditions, avec toutes les forces italo-allemandes bloquées sur un seul front et largement alimentées par les ressources de l'Europe centrale — pétrole et blé ; ce sera pour nous la guerre du désespoir avec comme collusion une défaite quasi certaine.

Est-ce cela qu'on veut quand on se refuse à « Mourir pour Dantzig » ? Ne vaut-il pas mieux dresser un barrage devant l'agresseur avant qu'il ait doublé sa puissance ? N'est-ce pas le dernier moyen dont nous disposons pour l'arrêter ?

De nouvelles conditions sans contrepartie, c'est la guerre à coup sûr, et la plus effroyable de toutes.

La résistance, c'est la seule chance que nous ayons d'empêcher la guerre parce qu'Hitler sait à quoi il s'exposerait, lui, son régime et son pays.

Oui, nous sommes pour la fermeté, mais la fermeté contre la guerre !

Louis Terrenoire

N° 2103 — 27 JUIN 1939

Le Japon contre l'Angleterre

Le cynisme avec lequel les militaires nippons propagent le mot d'ordre « Chassons les blancs d'Asie » semble frapper de stupeur une bonne partie du monde occidental. Faut-il rappeler pourtant que dès novembre 1937, l'amiral Suetsugu, alors ministre de l'Intérieur, déclarait à la revue *Kaizo* que « le joug des blancs sur les races jaunes devait disparaître, même au prix d'une conflagration générale » ?

Faut-il rappeler surtout que les paroles de l'amiral, comme le mot d'ordre, se rattachent à une doctrine constante et ancienne dont l'expression seule a varié ?

Relisez par exemple le « plan de réorganisation nationale du Japon », rédigé en 1919 par un certain Tiki Kata, et qu'on a surnommé la bible des jeunes officiers : « L'État aura le droit de déclarer ou de faire la guerre pour la défense du pays ou la libération des peuples opprimés. Par exemple, pour délivrer l'Inde du joug anglais et la Chine de l'oppression étrangère... L'État aura aussi le droit de faire la guerre aux nations qui possèdent des territoires exagérément étendus ou gérés de façon inhumaine. Exemple, le général Araki : arracher l'Australie à la Grande-Bretagne et la Sibérie extrême-orientale à la Russie. »

Mieux encore, le général Araki, ministre de la Guerre en exercice, s'adresse à ses officiers dans les termes suivants, en août 1932, par l'intermédiaire de la revue militaire *Kaohosha*. « Nous sommes la première puissance asiatique et c'est nous qui devons nous mettre à la tête de l'Asie, agir, dépenser jusqu'à la dernière parcelle de nos forces nationales. Il faut nous préparer à une lutte désespérée. Les blancs ont fait des nations d'Asie de purs et simples objets d'oppression. Le Japon impérial ne peut et ne doit laisser plus longtemps leur impudence sans châtiment. Le principe de notre Empire est l'incarnation de la justice et du droit. Tous les Japonais doivent être prêts, spirituellement, à favoriser l'établissement de cet Empire, même s'il leur faut avoir recours aux armes... Notre pays est déterminé à propager son idéal national à travers les sept mers, à l'étendre et à le répandre par les cinq continents de la terre, même s'il lui faut employer la force. Nous sommes les descendants des dieux. Nous devons régner sur le monde. »

Ces quelques extraits suffisent à établir que, si l'authenticité du fameux plan Tanaka, dans lequel le président du Conseil en exercice aurait précisé, le 25 juillet 1927, les principes directeurs de la politique impériale, n'a jamais pu être clairement établie, le texte en lui-même n'a rien d'invraisemblable. On en rappellera pour mémoire les phrases essentielles : « Au nom de sa sécurité et de la sécurité d'autrui, le Japon ne pourra éliminer les difficultés qui l'assaillent en Asie orientale sans mener une politique de fer et de sang. Pour conquérir le monde, nous devons d'abord nous emparer de la Chine. Lorsque nous disposerons de toutes les ressources de la Chine, nous entreprendrons la conquête des Indes, de l'Asie centrale et même de l'Europe. »

Mais le grand fait nouveau, c'est que les impérialistes japonais aient choisi l'Angleterre comme première cible de leur croisade contre les blancs. En 1933, un officier de marine en retraite, Klosuke Fukunaga, publiait un roman d'anticipation sur la future guerre nippo-américaine, qui lui paraissait non seulement inévitable, mais indispensable au salut de son pays. Hostilités sans déclaration de guerre ; patriotes nippons sacrifiant leur vie pour faire sauter les écluses du canal de Panama et empêcher la flotte de l'Atlantique de renforcer celle du Pacifique ; vastes combats aériens, et bien entendu, victoire finale ; rien ne manque à ce manuel du parfait agresseur. Rien, pas même une préface de l'amiral Suetsugu lui-même, que traverse ce cri d'impatience : « Il doit être très agréable de vaincre de cette manière. »

Au contraire, deux ans plus tard, le commandant Tota Ishimara lance cette formule-étendard : « Le Japon doit combattre la Grande-Bretagne ». Son livre, qui, traduit en anglais sous le titre *Japan must fight Britain*, fit grand bruit à Londres et fut officiellement désavoué à Tokyo, n'est pas un pamphlet, mais au contraire une analyse claire, logique et sereine du panasiatisme. Après avoir annoncé la guerre infaillible, Tota Ishamaru dresse un tableau comparé des forces militaires navales et aériennes des deux pays, au bas duquel s'inscrit la défaite, inéluctable, du lion britannique. La conclusion est un véritable ultimatum : « L'Empire britannique est sur le déclin, ou peut-être à la croisée des chemins, dont l'un mène au salut et l'autre à la ruine. Affronter le Japon, c'est courir à sa perte. L'Angleterre ferait beaucoup mieux de ravaler son orgueil et de laisser la voie libre. C'est assurément le parti le plus sage. N'a-t-elle pas des possessions territoriales en abondance ? Après la Grande Guerre, les vainqueurs ont espéré rétablir toutes choses dans l'état antérieur ; cet espoir était vain. Dans le conflit entre les pays jeunes, qui veulent tout changer et les vieux qui ne veulent rien changer se trouve le principe d'une seconde guerre mondiale. Éveille-toi, peuple de Grande-Bretagne ! Les temps sont révolus. »

Ainsi, la doctrine de « l'espace vital » et des « peuples prolétaires » opposés aux « peuples nantis » apparaît pour la première fois aussi clairement exprimée dans un livre japonais de propagande anglophobe.

L'Occident a toujours eu coutume de considérer comme l'ennemi virtuel du Japon soit la Russie, soit les États-Unis. C'est probablement pour dissiper cette double erreur que dans les derniers jours de l'année 1937, un publiciste connu et dont l'influence est grande sur les jeunes officiers, M. Muto Teichi, expliquait dans une brochure, comment la diplomatie japonaise devait isoler la Grande-Bretagne au prix d'un double rapprochement avec Washington et Moscou. Non seulement l'auteur souligne que « le plus grand danger pour le Japon serait une guerre nippo-soviétique qui profiterait uniquement à l'Angleterre », mais encore il glisse à l'oreille de Staline des conseils comme celui-ci : « En portant vos efforts vers les Indes et vers le Tibet, il vous suffirait de 100 000 hommes pour dominer des pays fabuleusement riches. » Et, plus loin : « Une fois l'amitié américaine acquise par des promesses et des commandes faites au bon moment, le Japon pourra carrément affronter l'Angleterre. »

Comment la Grande-Bretagne en est-elle arrivée à servir de point de mire ? Le moins que l'on puisse dire est que sa politique extrême-orientale manqua, depuis la fin de la guerre, de vigilance et surtout de cohérence. De 1902 à 1921, la sécurité de l'Empire britannique en Asie avait reposé sur l'Alliance japonaise. Cette alliance fut abandonnée en deux temps :

1/ Le 8 juillet 1920, les gouvernements anglais et japonais adressèrent à la S.D.N. sur l'initiative de l'Angleterre, un télégramme ainsi conçu : « Si les stimulations de notre traité d'alliance sont en contradiction avec celles du pacte de la S.D.N, c'est le pacte qui devra prévaloir. »

2/ Renouvelé pour une période de dix ans en juillet 1911, le traité anglo-japonais de 1902 vint à expiration en juillet 1921, au moment où se réunissait la conférence de Washington pour la limitation des armements navals et l'élaboration du statut du Pacifique. Or, l'Angleterre refusa de prolonger la validité du traité. Pourquoi ? La réponse est fournie par un article publié dans la *Review of Reviews* par M. Wickham Steed qui, comme directeur du *Times*, avait usé de toute son influence pour amener la rupture de l'alliance japonaise. « Le Japon, écrivait M. Steed, vient à Washington, mais il s'y présente comme une puissance militariste. Avec sa forte marine, il est prêt à faire la guerre. S'il entre dans cette voie, il est en son pouvoir de s'emparer des Philippines et de l'île de Guam, de s'adjuger une suprématie politique et financière en Chine, d'établir en Extrême-Orient son hégémonie. Tout cela est directement contraire aux intérêts britanniques. Sans doute l'Angleterre peut-elle demeurer à l'écart d'une guerre nippo-américaine. Mais un danger subsiste : ses dominions du Pacifique peuvent y être entraînés. Le plus sage pour l'Angleterre est de se montrer étroitement solidaire des États-Unis. »

En d'autres termes, l'Angleterre, en rompant son lien d'amitié avec le Japon pour ne pas compromettre l'unité du Commonwealth impérial, comptait sur deux substituts de l'alliance japonaise : d'une part la Société des nations, d'autre part la coopération anglo-américaine.

Or, par une étrange contradiction, lorsque se déchaîna dix ans plus tard l'agression japonaise en Mandchourie, la politique anglaise eut pour double effet d'affaiblir la S.D.N et de décourager les velléités américaines. On connaît à cet égard le réquisitoire présenté par M. Henri Stimson, ancien secrétaire d'État du président Hoover, dans ses *Commentaires sur la Mandchourie*. Au Conseil de la S.D.N, qui se tint à Paris en novembre 1931, les représentants japonais avaient promis à Sir John Simon de respecter les intérêts britanniques et le principe de la « porte ouverte » en Chine. Il n'en fallut pas davantage pour mettre définitivement le Japon à l'abri des sanctions genevoises et pour dissuader Londres de s'associer à la fameuse « déclaration Stimson » sur la non-reconnaissance de l'état de fait créé par la force des armes en violation du droit ? Ainsi l'Angleterre de 1932 oubliait l'Angleterre de 1922. Après avoir condamné la S.D.N. à l'impuissance, et rejeté les États-Unis dans l'isolement, elle demeurait, en flèche, exposée seule au ressentiment du Japon.

Mais, pour payer le prix de cette contradiction, l'Angleterre de manque ni d'habileté, ni d'énergie, ni d'argent.

D'une part, elle a su, dans le triangle de Singapour-Hong-Kong-Port-Darwin, aménager un réduit défensif presque inexpugnable.

D'autre part, elle regroupe les forces qu'elle avait laissées s'égailler : il y a deux mois se tenait à Wellington (Nouvelle-Zélande) une conférence militaire de défense impériale, aujourd'hui suivie de la conférence franco-britannique de Singapour ; l'Entente cordiale fonctionne sous toutes les latitudes.

C'est pourquoi, malgré la situation générale qui interdit à l'Angleterre comme à la France d'affaiblir ses moyens de résistance en Europe et en Méditerranée, le Japon semble devoir hésiter avant de se lancer dans la grande aventure ? Et, bien que le commandant Ishimaru leur conseille depuis cinq ans « de livrer le combat à la Grande-Bretagne », les Nippons sont assez fins pour se souvenir que leur ancienne alliée commet toutes les fautes, sauf l'irréparable, et perd toutes les batailles, sauf la dernière.

André Sidobre [Maurice Schumann]

N° 2116 — 30 JUIN 1939

Salut au Catholic Worker

Orientations (Revue des Dominicains belges) nous retrace la belle histoire de Peter Maurin qui prêche la « Révolution verte ».

Paysan français, débarqué au Canada puis passé aux États-Unis, il réfléchit depuis des années à la situation sociale, telle qu'il la constate : en plein chaos. Et cherche des solutions. Il sait la détresse morale des chômeurs, des ouvriers ; leur ignorance totale de l'Église et de ses doctrines sociales ; il voit le cruel abandon dans lequel ils sont. Ceux qui tentent le communisme, comme ils pourraient être tentés par l'Église, s'ils la connaissaient.

Mais comment la leur faire connaître, au moins dans le cercle où il vit ?

L'ardeur de la bonne volonté appelle l'aide de la Providence : Maurin rencontre Dorothy Day, animée du même idéal apostolique que lui. Cette dernière était bien préparée à faire de l'apologétique vivante, ayant elle-même abandonné le communisme pour le catholicisme : journaliste par surcroît.

Imaginons-les tous les deux, mettant leur expérience et leur connaissance des problèmes à résoudre en commun, se vouant résolument au service des ouvriers, pour leur apporter ce qui leur manque, leur proposer cette croyance et cette philosophie du travail qui leur restitueront le sens de la vie et de leur dignité.

Pratiquer vis-à-vis de tous, des œuvres de charité spirituelle et corporelle, en se confiant totalement à la Providence : créer des maisons d'accueil des communautés paysannes, tel est leur magnifique programme.

Oui, mais comment travailler à cette « révolution verte » : celle du christianisme, celle qui veut amener toutes les brebis égarées aux « Verts pâturages » et qui a pour charte les encycliques pontificales et les enseignements des catholiques sociaux ?

Il faut un lien, un journal peut-être ? Bien sûr ! Mais où prendre l'argent : Peter Maurin et Dorothy Day ont dix dollars en poche. C'est peu au pays des milliardaires !

Qu'importe ! Ils ont la foi ; ils suivront l'émouvante tradition, si riche en exemples, de toutes ces fondations, entreprises, missions, revues, journaux dont le but est le vrai bien d'autrui et qui n'ont jamais attendu d'avoir un gros capital pour se mettre à l'œuvre.

Et le miracle se renouvelle pour nos deux apôtres, puisque le numéro du *Catholic Worker* est paru le 1er mai. Vendue un cent, plus souvent donnée, cette vaillante feuille tire à cent mille exemplaires, grâce au soutien des amis et bienfaiteurs qui sont venus, et elle paraît régulièrement.

Une histoire réconfortante, n'est-ce pas, aubistes ?

Marguerite George

N° 2118 — 14-17 JUILLET 1939

Quatorze Juillet
14 juillet 1789 : « Le peuple de Paris vint en aide à l'Assemblée nationale. Il se porta en armes contre la Bastille et la vieille prison d'État tomba sous les coups… »

Vingt-cinq ans ont passé depuis les temps heureux où, élève de septième, je récitais mes leçons sur ce ton — un peu chantant et monocorde — des très jeunes écolières. Je n'ai oublié ni la phrase apprise par cœur, ni la gravure de couleur : je revois la Bastille, le « peuple de Paris » armé de pics, les bonnets phrygiens qui vont çà et là...

... Mais le 14 juillet ne commémore pas seulement cet anniversaire. Quand les troupes défilent sous l'Arc de triomphe, lorsque la Marseillaise éclate, lorsque les fronts se découvrent et s'inclinent, les drapeaux qui frissonnent dans le ciel d'été racontent une longue histoire. Si les emblèmes diffèrent, leur symbole reste le même et le Soldat inconnu de la Grande Guerre rejoint le chef gaulois mort, voici des siècles, pour que la Gaule vive.

Voyez-vous, à travers les épaisses forêts s'avancer le guerrier franc ? À coups de hache, il se fraye un chemin et défendra jusqu'au dernier souffle la bannière bleue de saint Martin... Le Caroligien garde précieusement le labarum de Charlemagne offert à l'empereur par Léon III, au Noël de l'an 800.

... 1096. Godefroy de Bouillon porte la bannière blanche où brille la Croix d'or. Six cent mille croisés : hommes, femmes, enfants entrent à Constantinople ; ils luttent contre les rigueurs du climat et le fanatisme des musulmans et se rendent à Jérusalem qui devient capitale d'un petit pays féodal ; Godefroy de Bouillon en est élu roi, mais par humilité chrétienne, « il ne voulut pas porter la couronne royale où le Christ avait porté la couronne d'épines » et il prit le titre de baron du Saint-Sépulcre.

Le guerrier capétien donnera sa vie pour l'oriflamme de saint Denis, levé pour la première fois par Louis VI le Gros... Les lys d'or de Philippe-Auguste fleurirent à Bouvines, sur le champ de bataille... Grâce aux imagiers, nous connaissons de longue date la bannière de saint Louis ; mais le musée de l'artillerie conserve celle de son frère Alphonse, comte de Poitiers, où nous trouverons réunies les armes de France et celles de Castille.

Le Dauphin bleu de Charles V releva le courage des hommes et assura, en 1356, la victoire de Poitiers. Le soleil éclatant, sur la pourpre du tissu, rappelle la lointaine expédition de Charles VI en Tunisie.

... 1429 : Charles VII et le duc de Bourbon escortent Jeanne d'Arc dans Reims pavoisée. Sur le fond bleu de l'étendard qui deviendra noir à la mort de la sainte, on lit ces mots : « Espérance en Dieu. »

La bannière d'accompagnement de Louis XI porte un rebus que déchiffrerait un enfant : allusion fort indiscrète à sa maîtresse Gérarde

Cassignelle !... Trois lions hissants sur l'étoffe noire ; trois fleurs de lys d'or sur un carré bleu cerné de blanc et de rouge : telle fut la bannière des ducs de Bourgogne dont Jeanne Hachette s'empara au siège de Beauvais en 1472.

Louis XII, François Ier et Henry IV : écussons des roys ou des reines, reliques émouvantes enfermées dans les vitrines des musées ou des bibliothèques, je vous vois par la pensée en ce 14 juillet. Voici ceux de la guerre de Trente Ans et ceux des « Volontaires de Bussy » qui furent battre plus d'un cœur féminin : troupe auréolée de gloire de la Compagnie des Indes !...

Le « Corps royal des Gardes », créé en 1760, portait jadis sur les mers l'emblème des galères du Roy des Indes !...

On ne peut les décrire tous... Admirons, en 1786, « l'ancêtre de l'artillerie coloniale » et redisons pour mémoire ces vocables poétiques où les soldats retrouvaient leur province : régiments du Perche, de Lorraine, de Saint-Malo... La loi du 1er janvier 1791 abolit tous ces noms ! Un numéro les remplace. On les désignera désormais par le langage cryptographique, suivant leur rang d'ancienneté. Le drapeau du régiment de « Carignan-Salières », levé en 1644 par Philibert de Savoie, forme aujourd'hui le 47e R.I. N'est-ce pas moins pittoresque ? Enfin, le décret du 28 novembre supprime les fleurs de lys, que l'on recouvre avec des losanges tricolores.

... Bien d'autres « trains de décrets-lois » ont passé. Des bataillons meurent, d'autres naissent avec leurs drapeaux souvent dessinés par de grands peintres. On doit à Chaillot de Prusse celui de la 9e demi-brigade légère ; inestimable récompense remise par le Premier Consul le 4 juin 1802 en souvenir de Marengo.

... En 1811, le premier bataillon de chaque régiment abritait l'Oiseau impérial. « Deux anciens grognards, non lettrés, armés de pistolets, devaient veiller froidement à brûler la cervelle de celui qui avancerait la main pour saisir l'Aigle. »

... 14 juillet ! 11 novembre ! Ces deux dates aujourd'hui se confondent. Les hommes de toute conviction, politique ou religieuse, jour après jour — depuis vingt ans — ont ranimé la Flamme ; ils sont unis autour d'un cercueil et malgré les périls qui nous menacent ils pourraient encore fredonner la chanson de Déroulède :

Ma cocarde a les trois couleurs,
Les couleurs de ma patrie,
Le sang l'a un peu rougie,
La poudre bien un peu noircie,
Mais elle est encore bien jolie
Ma cocarde des jours meilleurs.

Geneviève Dardel

N° 2135 — 5 AOÛT 1939

Un catholique italien refuse de haïr la France

Un collaborateur de *Libro e Moschetto*, organe du G.U.F (Groupe universitaire fasciste), écrivait récemment : « Pour affermir l'empire d'Italie, il est nécessaire qu'à notre code de fascistes : "Croire, obéir, combattre" nous ajoutions : "Haïr la France". » On sait que la formule « Croire, obéir, combattre » est la devise officielle des fascistes et l'on sait aussi que le G.U.F est l'organe non moins officiel des universitaires italiens, d'allure très batailleuse.

Aussi est-ce avec un réel plaisir que nous avons lu la courageuse protestation contre cette tendance que publie en éditorial le numéro de juin 1939 du *Carrocio*, journal mensuel pour la jeunesse, publié par la Compagnie Saint-Paul de Milan.

Les catholiques parisiens n'ont sans doute pas oublié cette Compagnie Saint-Paul, aux initiatives si hardiment originales, dont le travail en France fut trop éphémère, qui subit aussi dans sa brève histoire de rudes difficultés, mais dont nous suivons pourtant avec le plus grand intérêt les méritoires tentatives d'apostolat moderne dans tous les domaines, en particulier de la presse. Certes, les membres italiens de la Compagnie Saint-Paul ne peuvent d'ordinaire être suspects de sympathie excessive pour la France : ils se montrent de très loyaux sujets italiens et souvent même d'ardents partisans du fascisme, la plupart ayant par exemple pris avec enthousiasme le parti de Mussolini dans toutes ses entreprises, comme notamment la conquête de l'Éthiopie. Dans l'éditorial même que nous signalons, l'auteur de l'article, M. Pietro Babina, fait lui-même de très nettes réserves vis-à-vis de a France. Il se dit par exemple, d'accord avec le *Libro e*

Moschetto d'après lequel « il existe entre l'Italie fasciste et la France démo-social-bolchéviste une profonde rupture ». Il est d'autant plus suggestif de constater le courage avec lequel l'auteur refuse d'obéir au mot d'ordre de haïr la France :

« Haïr la France est une chose absolument inacceptable pour les catholiques, aussi bien pour les catholiques fascistes que pour les fascistes qui se disent catholiques. Nous n'avons pas l'intention d'ouvrir une polémique. Ce que nous écrivons est le fruit de notre profonde conviction et l'expression de notre foi chrétienne. Et c'est parce que notre foi est vive et efficace que nous devons dénoncer les aberrations qui offensent l'esprit et les confusions qui portent aux pires maux. Aucune confusion, en effet, ne peut être pire, aucune aberration plus grave que celle-ci : se dire catholique et prêcher la haine. Catholicisme veut dire amour… amour de Dieu, amour de nous-mêmes, amour du prochain… Il ne peut y avoir d'équivoque : qui rejette la charité et prêche la haine n'est pas chrétien, même s'il est baptisé, même s'il se dit catholique. »

Et M. Babina termine son très bel article par ces paroles profondément chrétiennes :
« Croire, obéir, combattre, oui. Avoir des ennemis est une chose inévitable, humaine pourrait-on dire. Mais haïr l'ennemi n'est pas humain : dans toutes les guerres, au milieu de la lutte, plus haut que toutes les dissensions, l'on doit toujours chercher à sauver la chevaleresque noblesse de l'esprit humain qui sait rendre les honneurs, même à l'ennemi, qui sait combattre sans haïr et qui, devant la mort, sait aussi pardonner. »
« Qui aime vraiment sa patrie ne hait pas celle des autres.
« La haine n'est pas l'arme du bon soldat, du véritable héros.
« Ceux-ci combattent et meurent par amour et le Christ les embrassera sur le front parce qu'ils combattent et meurent pour lui. »

Paul Catrice

N° 2142 — 2 SEPTEMBRE 1939

Puissance de Claudel

La Littérature n'est rien si elle ne traduit pas l'accord de l'écrivain et de l'univers avec des réalités infinies. Trop souvent, on n'achète l'originalité qu'aux dépens de cet accord, comme parfois on ne le maintient que par des redites banales. Les puissances de Claudel ont toujours été de rétablir cet accord par des sortes de coups d'État ou d'explosions poétiques qui tendent à détruire les obstacles habituellement interposés entre notre vision matérielle des choses et leur réalité vraie. Chez Claudel, comme Léon Bloy, il n'y a pas deux mondes, celui-ci et l'au-delà ; mais un seul.

Dans toute son œuvre, Claudel est un explorateur, un découvreur ; il n'est pas comme Chateaubriand le descripteur et le récitateur des choses divines ; il les vit, et c'est pourquoi le lecteur qui se contente de lire par curiosité Claudel est vraiment vaincu ; pour suivre l'auteur de *Tête d'Or*, il faut quitter l'attitude passive et vivre activement avec lui.

Cela est d'autant moins aisé que Claudel n'a rien fait pour cela. Son œuvre est le mouvement de son âme, point du tout une prédication. Il semble que ce soit plus sensible encore dans ses livres récents : *Un poète regarde la croix* et dans celui qui vient de paraître : *L'Épée et le miroir* (Éd. Gallimard).

Claudel reprend ici la tradition que l'on croyait oubliée des commentateurs de l'Écriture. *Un poète regarde la croix* est le commentaire des sept paroles du Christ ; *L'Épée et le miroir*, c'est un journal ou un almanach, dirait-on presque, de méditations pieuses. Le poète ne se met pas en scène ; il témoigne ici et là, où il faut, que c'est une œuvre vécue. Le livre s'ouvre par cette belle description de septembre. « Septembre est le mois assoupi. Il ne fait chaud ni froid. Épicure du milieu des ronces détache une grosse fraise noire. Le labeur de l'année est fini. La terre s'est acquittée de son devoir comme elle a pu. C'est la pause. Il n'y a plus rien à lui demander que ces fruits de tous côtés qui pendent et la grappe bientôt comme un verre de sang. Notre-Dame est montée au ciel et trois semaines après elle est née de nouveau pour la consolation de l'année 1936. Les roses spirituelles du Rosaire vont bientôt se mêler aux dahlias et aux chrysanthèmes. » La composition du lieu s'achèvera par l'indication du château qui peu à peu se vide, et par l'évocation dans le paysage de la lune : « Comme elle est haute dans l'espace pur et vide, dans cette fraîche aurore, et comme elle est contente de me voir aller à la messe ! » La lune qui est justement honorée dans ce livre comme une création divine.

Si Claudel malade est obligé d'interrompre son travail, il le marque bonnement d'une seule ligne : « (Ici coupure occasionnée par la maladie de l'auteur) ». Ce n'est pas une invasion du moi, mais présence. À la fin du livre, l'auteur se retrouvera par quelques notations personnelles : « Le meilleur moyen de gagner la confiance des choses permanentes, de tout ce qui est situé entre le lent et l'éternel, n'est-il pas de remuer le moins possible, alors qu'au surplus, ma surdité va pouvoir m'approvisionner en silence ? Il me reste à explorer les domaines de l'immobilité et à contoucher avec ma conscience le progrès du temps. Il fait bon, il fait bleu ! Il y a le coucou qui chante... »

Pourquoi le poète est-il tellement lui-même et dans sa vie ? C'est pour être tout l'homme qui va s'approfondir dans la méditation des choses divines, afin d'en constater les retentissements qu'elles produiront à cet instant précis et jusqu'au fond de son existence propre, les réalités éternelles.

Cherche-t-il une explication et une vérification de la foi, un approfondissement des mystères ? Pas tant que la vue plus sensible et plus vive, par ce que lui permet de vivre son être d'aujourd'hui, des réalités divines.

Claudel ne s'arrête pas à l'instant qui passe ; il ne l'exclut pas de l'éternité : et son être propre, présent, conscient, aimant, il ne le gonfle pas, mais il ne l'efface pas. Il faudrait maintenant expliquer comment la méditation de Claudel se précipite à chaque instant dans ce que nous appellerions ailleurs la création poétique pour lier ensemble des aspects profonds et inattendus de la réalité divine. Ce n'est point exégèse ni analyse ; ce ne peut être contemplation que si on ajoute découverte et découverte, non point par un apport de nouveauté, mais pas un dégagement d'éternel. La poésie de Claudel crée, comme nous le disions plus haut, la sensation plus vive et plus profonde de la soumission du monde à la vérité chrétienne. Cent comparaisons, cent rapprochements fondent les apparences de notre réalité quotidienne dans l'unité divine. D'étonnantes pages sur le cœur considéré comme le centre de l'homme, par exemple, arrivent à nous donner une nouvelle conscience du jeu de nos sensations.

Littérature, diront des gens sévères. Peut-être. Cherchons quel grand écrivain, depuis des siècles, a couronné une œuvre abondante et solide d'aussi fortes méditations ? De telles œuvres, quand elles naissent, sont trop denses pour être tout de suite pratiquées dans toutes leurs profondeurs.

Elles demeureront la singularité puissante d'une époque qui se glorifiera du grand Claudel.

Jean Morienval

N° 2143 — 3-4 SEPTEMBRE 1939

Dans la nuit

Le canon tonne, les avions bombardent, les hommes meurent. De cet exploit, un seul Allemand porte la responsabilité, qui ne lui sera pas légère. Adolphe Hitler, sans se laisser arrêter par la malédiction des peuples, a donné l'ordre à ses troupes de franchir une frontière que, l'année dernière, encore, il avait solennellement garantie. Telle est la conception de l'honneur qui a cours, comme nous le savons tous désormais, au sein du Troisième Reich.

Les Polonais qui sont morts depuis que l'agression s'est produite sont tombés sur leur sol pour défendre l'indépendance nationale. Les Allemands que leurs chefs ont jetés à l'assaut ont succombé, sans peut-être le savoir, au service du crime. Dans l'incertitude où nous nous débattons, alors que les nouvelles se raréfient ou s'obscurcissent, cette affirmation, du moins, s'impose à tout esprit honnête. Nous entrons dans le grand silence, nous approchons du grand mensonge. Rien ne sera plus difficile demain que de savoir la vérité. C'est cependant avec la volonté de faire prévaloir le vrai, inséparable à leurs yeux du juste, que des centaines de milliers de Français ont quitté la ferme héréditaire et les bestiaux familiers, ou bien le bureau, l'établi, le four et la forge.

Il y a quelque chose de poignant dans cette rupture acceptée en silence de l'homme qui s'en va, sa musette en travers de l'épaule, et du travail qui était la substance de sa vie. Pourtant, cette rupture a été acceptée dans la plus reculée des campagnes parce que toute inquiétude a disparu en toute contrée des consciences.

Le peuple qui se dresse aujourd'hui, pour sa défense et pour la défense des valeurs spirituelles dont c'est sa grandeur de n'avoir jamais voulu séparer sa propre cause, est un peuple sans haine et sans crainte. Ce qu'il faudra faire, on le fera. Tout de suite, ce qui est assez facile ; bientôt, ce qui sera moins commode ; ensuite, ce qui sera très dur. En fin de compte, ce ne sont pas ceux qui ont crié les premiers et qui crient le plus fort qui l'emporteront, si ceux qui se taisent par force sont contraints de se mesurer avec eux.

Le pire n'est pas encore survenu. La guerre n'est pas déclarée. L'espace qui nous sépare de l'abîme se rétrécit, mais à l'approche de la chute persiste le vœu honorable de tout sauver. Telles sont nos espérances, affaiblies, mais vivaces.

Georges Bidault

N° 2145 — 6 SEPTEMBRE 1939
Face à l'agression hitlérienne

L'ennemi de tous

Hitler, sans doute possible, a pensé qu'il écraserait la Pologne avant que la France et l'Angleterre se soient résolues à réagir contre une agression pourtant délibérée. Certaines neutralités complices étaient convenues d'avance : elles se sont déclarées. À côté des neutres qui, dans le moment opportun, ont su marquer leur réprobation des buts et des méthodes du Troisième Reich, tels autres neutres que je ne nommerai pas, par crainte de la censure, calculent les bénéfices de l'embuscade. Tandis que certains réclament une localisation du conflit qui ne peut servir qu'à l'agresseur, d'autres, comme l'Amérique, s'épargnent l'hypocrisie de tenir la balance égale entre ceux qui violent le droit public et ceux qui se sacrifient pour le défendre.

Pour la victoire des causes dont dépendent la liberté et la dignité humaines, la localisation du conflit et le goût de la neutralité ne peuvent être interprétés que comme des défaillances et peut-être des défections. La civilisation chrétienne, haïe et bombardée par le despote germanique, ne l'emportera pas si elle doit compter seulement sur le pâle courage de ceux qui ont édifié leur carrière à l'écart du risque. Or, il faut qu'elle l'emporte. Mais plus la cause est grande, plus on observe de trouble parmi ceux qui se sont proclamés ses défenseurs. Devant le témoignage à rendre, la plupart connaissent mal leurs principes, s'ils se connaissent bien eux-mêmes.

Nous n'avons pas vécu dans le sacrifice, serviteurs convaincus d'un idéal, pour que l'ébranlement du monde nous épouvante dès la première secousse. Ce que nous avons voulu sauver est en ruines, mais ce que nous voulons bâtir s'impose plus beau, plus juste et plus nécessaire que jamais.

Le Droit est désormais livré au hasard des batailles. C'est parce que nous n'avons pas su affronter en temps utile les risques qui nous auraient épargné de consentir à l'effusion de sang que nous avons aujourd'hui à nous dresser pour la sauvegarde de notre indépendance et de notre honneur.

L'armée polonaise défend, contre un agresseur dont la puissance fondée sur l'oppression ne peut que décliner au long des jours d'épreuve, un patrimoine dont ceux-là mêmes qui renoncent à déchirer les noms slaves ont compris le caractère sacré. Paris et Londres ont supporté les alertes aériennes qui mouvaient dans la discipline des millions d'êtres.

À l'ouest comme à l'est une résolution égale, une égale volonté d'en finir avec l'infâme, font accepter à tous ce qui est démontré nécessaire pour que l'Ennemi du genre humain soit au plus tôt châtié.

Georges Bidault

N° 2156 — 19 SEPTEMBRE 1939

L'Armée rouge avance en Pologne à la rencontre de la Reichswehr
Au moment où les troupes polonaises paraissaient en voie de stabiliser les colonnes allemandes, l'armée soviétique les attaque lâchement, par-derrière. Les explications de M. Molotov, qui sont d'ailleurs en contradiction ouverte avec la doctrine solennellement affirmée par son pays depuis plusieurs années, ne tromperont personne sur la nature de l'opération en voie de s'accomplir. Ce que vient de faire le gouvernement soviétique s'appelle achever les blessés sur le champ de bataille. De la part d'un régime qui assourdissait l'univers de proclamations antifascistes et qui se faisait fort d'incarner la résistance à l'agression, le geste ignominieux qui vient d'être commis ajoute à

l'infamie d'une violence sans péril ce caractère de parjure par lequel le crime atteint la perfection de son essence.

Cette épreuve nouvelle infligée par la trahison à un peuple héroïque ne condamne pas, elle justifie au contraire les efforts qui furent faits naguère par l'Angleterre et la France pour en écarter la menace. Je plains ceux qui, dans le malheur qui frappe un allié, trouvent seulement des motifs de poursuivre une mauvaise querelle. Si nous avions réussi à gagner ou seulement à neutraliser la Russie, le sort de la Pologne aurait été moins douloureux. Nous jugeons inutile de rien ajouter là-dessus. Que d'autres gardent la responsabilité de continuer, s'il leur plaît, dans le péril de la patrie et de la civilisation, leurs polémiques de mauvaise foi.

En présence d'un événement dont les répercussions sont encore imprévisibles, les capitales du monde s'interrogent sur l'exacte étendue de la complicité soviétique. Les uns l'estiment complète, tandis que d'autres continuent de penser que l'URSS poursuivra un jeu à part. Dans l'état actuel des choses, aucun élément décisif ne permet de trancher l'alternative. Le mieux, je le répète, est de s'attendre au pire. Pour des nations comme l'Angleterre et la France, c'est la meilleure façon d'encaisser les coups durs et de les réparer.

S'attendre au pire, ce n'est pas seulement éviter de minimiser l'apport soviétique au potentiel guerrier de l'Allemagne, c'est prévoir les contrecoups de l'acte qui vient d'être commis. Il est à craindre que la frayeur de certains neutres ne s'en trouve accrue, que l'amitié de certains États récemment ralliés à notre cause ne s'en trouve ébranlée. La bonne hygiène morale en temps de l'épreuve demande qu'on fasse tout pour limiter les pertes, mais qu'on soit d'avance préparé à la situation qui résulterait de celles qu'on n'a pas pu empêcher.

L'agression russe n'aura pas de conséquences uniquement sur le plan extérieur. Le retentissement en a été profond sur la classe ouvrière dont une partie avait ajouté foi aux déclarations venues abondamment jusqu'ici du Kremlin contre le fascisme et la guerre. La CGT vient de rompre avec ceux qui n'ont pas désavoué la politique russe maintenant démasquée. On attend toujours que ceux qui ont cautionné cette politique auprès des Français en fassent autant. Les minutes passent et il ne faudra plus qu'il s'en écoule beaucoup avant que la communauté nationale chasse de son sein ceux qui n'auraient pas su mériter d'y rester. Mais, avec l'ensemble de la nation française, les travailleurs, nous en sommes certains, ne tireront de la trahison qui les frappe en frappant toute liberté humaine qu'une raison de plus de faire face au péril et de serrer les dents.

Georges Bidault

N° 2158 — 21 SEPTEMBRE 1939

La robe sans couture

« Ils ont déchiré la robe sans couture du Christ ! » Ces mots symboliques me revenaient en mémoire, tandis qu'un Polonais m'arrachait hier des mains le journal qui relatait l'entrée des Russes dans son pays historiquement voué à tous les crucifiements. Cet homme — tuberculeux depuis dix ans — rentrait désespéré du bureau d'enrôlement où on l'avait (et pour cause, hélas), refuser de l'incorporer. De telles douleurs font pitié. Le martyre de la Pologne déchirée — déchirée comme la tunique du Christ, par des mains sacrilèges — appelle la vengeance divine. Et je me rappelais aussi le mot, d'une ironie si cruelle, du grand Frédéric après le partage :

« L'impératrice de Russie et moi, nous sommes des bandits, mais l'impératrice d'Autriche (Marie-Thérèse) comment va-t-elle s'arranger avec son confesseur ? » S'il y a, parmi les agresseurs et les assassins de la Pologne, une seule conscience lucide, comment se justifiera-t-elle à son propre tribunal ? « Le principe moral, dit Emerson, est de la nature même de l'esprit. Dans l'enceinte bornée de cette terre, nations après nations, ont expiré tour à tour et transféré en des régions invisibles les esprits qui vécurent ici pour un temps... Il est un point sur lequel tous les membres de cette armée furent unanimes, c'est la reconnaissance de ce tribunal intérieur de la pensée et de l'action. Nul d'entre eux. Heureux ou malheureux... Aujourd'hui ou demain... Aucun cynisme, aucun mensonge, aucune injustice n'échappent jamais à ce tribunal. Qu'ils aient obéi ou désobéi à la loi, qu'ils aient souffert ou qu'ils aient été heureux, nul d'entre eux ne peut se soustraire au joug que le créateur de l'Esprit a imposé à l'Esprit. »

Marguerite d'Escola

N° 2160 — 23 SEPTEMBRE 1939

À temps nouveaux méthodes nouvelles

Depuis le 10 septembre, un décret-loi, un décret simple et trois arrêtés ont introduit en France le contrôle des Changes. Cette décision énergique et nécessaire est la conséquence logique de l'état de guerre. Disons tout de suite que nous y applaudissons et, qu'en principe, l'idée du contrôle des changes n'a rien, en soi, qui puisse nous choquer.

N'avons-nous pas, plus d'une fois, dénoncé cette funeste confusion — fort répandue — entre la liberté économique et la liberté politique ? Or, la liberté économique n'est pas autre chose, à mes yeux, que la loi de la jungle. Nous l'avons toujours condamnée et nous avons approuvé toutes les mesures propres à limiter le pouvoir de l'argent. Quant à la liberté politique, reposant sur la dignité de la personne humaine, chacun sait que nous y sommes attachés par conviction et par goût et que nous la considérons comme essentielle.

Ceci dit, demandons comment M. Paul Reynaud a été amené à passer d'une « économie orientée dans le cadre de la liberté » — ainsi qu'il a défini lui-même son expérience — à un régime qu'il lui était arrivé de combattre avec les arguments les plus péremptoires. C'est bien simple : le contrôle des changes a été instauré parce que c'était pour la France une question de vie ou de mort — ou encore, ce qui revient au même, parce que s'il y a « un front militaire dont l'importance est vitale, il y a derrière lui un front économique, financier et monétaire dont l'importance est vitale aussi ». (Discours radiodiffusé du 10 septembre 1939). Aujourd'hui, comme autrefois, l'argent est le nerf de la guerre et le sort de nos armes dépend en quelque manière de la puissance de notre trésor de guerre. Ce trésor, il est de première importance de le protéger et de l'accroître sans cesse. Le régime de liberté « orientée », dont M. Paul Reynaud sut habilement tirer parti, avant la guerre, pour enrichir l'économie française et la communauté nationale aurait très bien pu servir de paravent aux manœuvres des profiteurs, des agitateurs, des ennemis habilement travestis en bons apôtres. Et pourquoi la discipline et la contrainte régneraient-elles sur le front des armées, tandis que sur le front économique toutes les licences seraient permises ? Non. Discipline sur tous les fronts, c'est le seul moyen de vaincre.

Au vrai, on aurait tort de faire du contrôle des changes un épouvantail. Il n'est pas prouvé qu'il doive entraîner des mesures de coercitions intolérables pour les personnes, nuisibles à a marche des affaires. De quoi s'agit-il en effet ? Il s'agit de ne pas « laisser n'importe qui acheter, en n'importe quelle circonstance, avec des francs, n'importe quelle quantité d'or ou de monnaie étrangère. Le contrôle des changes revient à exiger de chacun la justification de ses demandes d'or ou de devises ». Cela implique, évidemment, le contrôle du commerce extérieur. Mais pourvu que ce contrôle ne se transforme pas en aveugle bureaucratie étatiste — je ne vois pas qu'il y ait à de quoi crier à la tyrannie. En quoi la liberté du commerçant honnête serait-elle lésée ? Elle le serait si le contrôle du commerce extérieur ne jouait que dans un sens restrictif. Rien ne dit qu'il en sera ainsi et tout permet de croire, au contraire, qu'il évitera à nos commerçants de vendre — de bonne foi, quelquefois — des objets qui pourraient servir à nos ennemis ou nous devenir rapidement indispensables. Les mesures prises en ce qui concerne la réglementation des avoirs à l'étranger procèdent du même esprit et de la même tactique de renforcement de notre front économique. Il faut pourchasser les déserteurs de franc comme les autres et les condamner comme les autres. Qui ne le comprend ?

Les nécessités de la guerre ont contraint M. Paul Reynaud à briser les idoles libérales auxquelles, en temps de paix, il avait cru devoir sacrifier. Il serait vain de revenir sur le passé. Une seule chose importe aujourd'hui : gagner la guerre. Nous croyons que les mesures prises par le ministre des Finances y aideront puissamment. Elles feront également comprendre aux Français qu'ils doivent être égaux devant le sacrifice. L'unité de la nation se trouvera ainsi renforcée et rien ne nous paraît plus propre à hâter l'heure de la victoire.

Pierre Corval

N° 2165 — 29 SEPTEMBRE 1939

Il n'est pas de plus grande preuve d'amour

Il n'est pas de plus grande preuve d'amour que de donner sa vie pour ceux que l'on aime... Avec quelle force il s'impose, l'admirable truisme évangélique, devant le sacrifice d'ores et déjà consenti par tant des nôtres, devant l'immense sacrifice de tout un peuple, armée et population mêlées, consenti par la Pologne autour de Varsovie !

Oh ! elle n'est pas sans péché devant l'histoire, cette Pologne.

Mais que pèse cela aujourd'hui pour nous, quand nous entendons cette voix émouvante que lance encore la radio de Varsovie ? Par la pureté présente de sa cause comme pour l'immensité de ses douleurs, la Pologne a droit aux privilèges du martyre. L'armée est cernée, des milliers de civils, de femmes et d'enfants sont tués chaque jour, les grands édifices publics et la plupart des maisons ne sont que ruines, l'incendie s'allume partout... Bombes et obus exercent sans arrêt sur les corps et les cœurs leur pilonnage effroyable... Et à l'heure où j'écris, l'héroïque serment est tenu... Grandeurs de la chair, effacez-vous. Grandeurs de l'esprit, inclinez-vous... Science, culture, raison, prudence ont trouvé leur maître. Nous sommes au plus haut faîte de la charité, là où a charité s'accomplit elle-même. L'amour donne son suprême signe, sa plus grande mesure. Tout le reste est petit tout à coup. Dès maintenant, il apparaît que cet héroïsme recevra ici-bas sa récompense. Une Pologne qui se fût mal défendue, il nous eût été malaisé de la défendre. On n'eût pas manqué de nous opposer, au moment des règlements de comptes, la configuration géographique du pays, ses fautes historiques, ses minorités et ses enclaves... Paradoxe impossible à faire vivre !... On ne sait tout ce que peuvent trouver, le moment venu, les conseillers habiles à munir la lâcheté de toutes sortes de bonnes excuses. Mais, cette fois-ci, nous voici cuirassés contre eux ? Bien imprudent qui voudrait tracer sur la carte la frontière de la Pologne de demain. Mais une chose est désormais inconcevable : c'est qu'il n'y ait pas de Pologne demain et que ses vainqueurs mêmes d'aujourd'hui osent la rayer de la carte d'Europe. Leur éphémère construction croulerait sous les huées du monde.

Mais combien malheureux serions-nous, en ces temps de désolation, si, par-delà les échecs et les succès terrestres, nous ne savions atteindre ce plan des valeurs éternelles, où se trouvent les fins et raisons suprêmes de la vie ! Et c'est ici qu'affirment surtout leur réalité le sacrifice et l'amour, le sacrifice donne témoignage de l'amour, l'amour allant, s'il le faut, jusqu'au sacrifice. Oh ! Cela ne veut pas dire que, même de ces biens-là, il ne puisse être fait gaspillage, ni que la vie aussi n'ait à se défendre alors contre la mort ses possibilités et ses chances... Mais comment parler de gaspillage quand un peuple défend, contre une menace de destruction totale, non seulement son sol et ses institutions, mais cette portion d'âme humaine qu'il se trouve avoir reçue en dépôt ! Et sans qu'il soit besoin d'employer de grands mots qui nous mettent aujourd'hui en légitime défiance, qui est vraiment incapable de sentir qu'alors la mort même devient une œuvre de vie ? Qui alors ne demande confusément à Dieu d'être digne de comprendre, digne, le cas échéant, de partager cette cruelle grandeur ?

Dans le train-train de la vie facile et dans l'excitation des idéologies complaisantes, nous perdons facilement de vue ces vérités augustes. Elles ne cessent pas pour cela d'être des vérités.

Paul Archambault

N° 2177 — 13 OCTOBRE 1939
Guerre d'idéologie

Quand on en est en paix, aucun homme sensé ne pense que les peuples doivent se faire la guerre à cause de leurs idées directrices, de leurs principes et de leurs systèmes politiques et des diverses fois religieuses. Que de fois n'avons-nous pas entendu déplorer les guerres de religion !

Mais quand la guerre a éclaté, nous nous apercevons que, souvent, elle est le signe terrible d'une opposition idéale, irréductible, supérieure aux intérêts particuliers, d'un peuple contre un autre. Cela est d'autant plus évident que les civilisations sont plus anciennes et fondées sur des principes moraux et des principes de droit. Personne ne pense que Dantzig était pour l'Allemagne un besoin vital au point de l'obliger d'apporter la guerre à l'Europe !

Les guerres entre Chrétienté et Islamisme, les guerres entre la Papauté et l'Empire et les guerres de religion à l'époque de la Réforme occupèrent presque un millénaire : de l'invasion arabe en Espagne (712) à la paix de Westphalie (1648).

Les guerres qui suivirent en Europe pendant un siècle environ furent des guerres de successions et d'hégémonies et des guerres contre le Turc, déjà en déclin. On espérait les éliminer grâce à l'intervention de la « nation » dans les affaires dynastiques ; mais les idéologies ne dormaient pas ; les batailles du XVIIIe siècle se firent avec la plume (et ce furent des batailles d'idées) que fermentassent les révolutions : l'américaine et la française. Tout le monde s'arma pour des guerres d'idéologie : liberté, indépendance, démocratie. La Révolution et Napoléon démontrèrent qu'on peut mettre le monde en mouvement avec des idéologies, mais que, une fois les armes en mains, le génie lui-même devient tyran.

Et les guerres du XIXe siècle ? Presque toutes furent des guerres de nationalité et de libération : d'abord la Grèce, puis l'Italie ; les révoltes polonaises et irlandaises ; guerres libérales en Espagne ; les guerres contre l'esclavage aux États-Unis d'Amérique, guerres en pays balkaniques contre les Turcs. L'Allemagne se constitua un Empire, pas suprême, de l'idée de nation dans un régime unique.

En 1914, tout idéal sacré manqua chez les promoteurs de la guerre, mais il se manifesta chez les victimes de l'agression : le droit international offensé par l'invasion de la Belgique et l'offensive contre la France. En face de la monstrueuse idéologie de la force, élevée à la dignité du droit, se leva celle du droit contre la force. Et le droit vainquit après quatre ans et demi de guerre, avec l'holocauste de dix millions de morts.

La paix venue, les idéologies furent laissées en patrimoine au peuple qui crut à la dernière guerre, à la Société des Nations, à la sécurité collective, au principe démocratique, au progrès civil et moral.

Aujourd'hui, tout cela revient devant nos yeux et demande une défense courageuse et menée à fond, une défense les armes à la maison parce qu'il s'agit du patrimoine de la civilisation, de la vie des peuples libres, du mérite des vertus chrétiennes.

Pendant les années de paix, on ne doit pas abandonner les idéaux pour lesquels on a combattu, mais pendant les années de guerre, ils doivent resplendir lumineux au-dessus de notre tête.

Luigi Surzo

N° 2203 — 12-13 NOVEMBRE 1939

Une soirée intime à l'aube, avec Louis Terrenoire et Jean Richard
Quand, il y a trois jours, on apprit que Louis Terrenoire, momentanément au repos à quelques 200 kilomètres de Paris, allait revenir parmi nous en permission de 24 heures, notre directeur pensa tout

de suite que ce pouvait être le prétexte d'une de ces réunions amicales de *l'aube* dont la vie de guerre, la vie d'alerte semblaient vouloir ralentir désespérément le rythme. Quelques coups de téléphone donnés ici et là, une lettre polycopiée en hâte sur un appareil récalcitrant convièrent quelques amis parisiens à un dîner impromptu autour du permissionnaire.

Le premier contact du soldat qui revient du front — quand ce contact est aussi bref, surtout — avec la vie civile doit être quelque chose d'assez poignant. On passe d'un monde à un autre. Ou plutôt — est-ce une imagination ? — on est entre deux mondes, sorti de l'un et de l'autre, désharmonisé d'avec l'un et d'avec l'autre. Mais on ne s'étend pas trop là-dessus, sur cette impression douloureuse, mais sans amertume, qu'ont les civils de retrouver sur les visages pourtant familiers, un air d'ailleurs...

Une retraite, a dit Louis Terrenoire, parlant de la vie des cinq millions d'hommes en armes que la guerre a retranchés du monde. Ce mot n'avait-il pas, dans son esprit, un sens quasi-religieux ?

Une retraite. Qu'est-ce à dire ? Un examen de conscience ? Certes, mais en évitant les regrets stériles, en tirant seulement des erreurs commises des carences reconnues, une leçon dont profiteront les reconstructions de demain. Car c'est cela l'important : demain.

Il ne faut pas que la nouvelle paix ressemble à l'ancienne et nous retrouve avec nos petites querelles, avec notre goût de chapelle. Il faut que la catastrophe frôlée de peu, ou traversée, nous fasse mieux sentir la nécessité, la beauté d'un vaste travail fraternel.

Nous étions là une quarantaine à écouter le secrétaire de rédaction de l'aube, plus ravis les uns que les autres de la chance inattendue. Et combien que je sais, devenus provinciaux sans vocation (n'est-ce pas Jeanne Ancelet-Hustache ? n'est-ce pas Jean Boueil ?) vont nous envier cette chance quand ils liront ces lignes.

Il y avait là Georges Bidault, bien sûr, qui prit la parole pour fêter l'équipe reconstituée de *l'aube* ! Le héros de la fête, notre Taciturne, devenu seulement un peu plus « intérieur », un peu plus grave ; Jean Dannenmüller, le benjamin, promu par les circonstances au remplacement des mobilisés et qui tient trois postes avec autant de modestie que de savoir-faire ; Jean Richard enfin, qui, alerté à son école de pilotage de X... accourut ravi et tout flambant dans sa tenue de sergent d'aviation, nous prenant à témoin qu'il ne s'était pas vanté en se déclarant splendide. (Où la coquetterie va-t-elle se nicher ?)

Il y avait là, parmi les autres amis, Claude Leblond, sous l'uniforme de capitaine, et Cornaeert, professeur au Collège de France, Gaston Tessier et Alphonse Juge, Jean Morienval et Jean Soulairol, Jean Letourneau et Max Lambert de Guise.

Ce fut une de ces soirées chaudes et douces dont on sait qu'elles marquèrent parmi d'autres : les circonstances, le coup de surprise heureuse et aussi deux coïncidences qui valent bien la peine d'être notées : le 10 novembre, anniversaire du brigadier Terrenoire, 10 novembre, ouverture du Congrès des Amis de *l'aube* 1939. Eh oui !

Je ne saurais dire pourquoi ce papier qui devait être « d'atmosphère » enlevée, vivant (Maurice Carité dixit), tourne à la chronique. On ne fit pourtant pas faute de sourire et de rire à ce dîner mémorable du 10 novembre… À commencer par notre directeur, après qu'il eût abordé le problème dramatique que pose la vie d'un journal d'opinion en temps de guerre.

Je n'ai même pas la ressource, pour sauver la face, de terminer sur l'un de ces jeux de mots que, par contagion, l'équipe joyeuse du temps de paix emprunte à Jean Richard. Tristesse ? Non. Si vous aviez été là, avant-hier au lieu d'être malade, c'est vous Paul Archambault qui m'auriez soufflé ces vers de Péguy sur l'espérance qui nous hantent :

« Il faut faire confiance à Dieu. Il faut faire crédit à Dieu. »

Jeanne-Étiennette Durand

N° 2220 — 2 DÉCEMBRE 1939

S'unir ou mourir

« L'idée de fédération », a dit Proudhon, « paraît aussi ancienne dans l'histoire que celles de la monarchie et de la démocratie, aussi ancienne que l'autorité et la liberté elles-mêmes… Pendant de longs siècles, elle semble voilée et tenue en réserve… Comme perdue dans la splendeur des grands États… » Cependant, elle a survécu. Sort-elle aujourd'hui triomphante de cette longue éclipse ? Et a-t-on compris qu'elle seule peut assurer l'ordre et la paix ? « Le diable porte pierre », avait coutume de dire Mistral : du mal peut sortir un bien. Georges Hoog multipliait récemment, ici même, les témoignages rendus dans la recherche des « buts de guerre », à la valeur du principe fédéraliste. Au demeurant, le dilemme est posé à tous les bons esprits :

ou l'Europe se fédérera ou elle est destinée à périr. La Société des Nations s'est montrée inférieure à sa tâche, parce qu'elle n'avait pas consenti à limiter la souveraineté des États contractants : le système des alliances a fait faillite ; les autarcies, les nationalismes exaspérés, les minorités nationales frémissantes sont autant de prétextes ou de causes de guerre. À l'inverse, tout semble logiquement amener à l'union, le regretté Jean Brunhes l'a lumineusement démontré : croissance du peuplement, facilité de la circulation des États. « S'unir ou mourir », écrivait M. Gaston Riou en 1929 ; « Union ou chaos », écrit, cette année, M. Clarence K. Streit.

Comment se fera cette union nécessaire ? Par l'hégémonie, par l'empire universel ? Disons le mot : par l'esclavage ? Que l'on veuille bien y réfléchir, que l'on tourne ou retourne les données du problème : il n'y a que deux solutions possibles : l'impérialisme tyrannique, la fédération des libertés. Notre choix est fait. Dans la théorie proudhonienne, le fédéralisme international s'oppose à un internationalisme niveleur, qui efface les frontières et les originalités. Chaque peuple y reste bien individuel. « S'il en était autrement, dit Proudhon, les États seraient convertis en préfectures, intendances, succursales ou régies. » C'est ce que nous promet l'impérialisme, c'est ce qui nous paraît une régression de l'humanité. Le système fédératif définit les droits égaux et les devoirs réciproques des nations et des minorités nationales : il fonde la paix sur la justice ; il tire une incomparable noblesse du fait qu'il s'adresse au libre consentement ; il crée cette « conscience commune », dont parlait Léon Bourgeois.

Que, du reste, son application demande un étude préalable, des peuples et leur perfectionnement moral, qu'elle doive, peut-être, se faire par étapes, par fédérations primaires dont l'Europe ne serait que la confédération, que l'on puisse discuter sur les différentes fédérations possibles, la chose ne fait aucun doute. L'étude que Jean Hennessy et moi-même nous proposons de présenter au public dans une série de conférences, si elle doit établir des principes, ne doit aussi que proposer, et non imposer, des solutions. Mais nous avons cru bon de montrer que la France, riche d'une tradition fédéraliste, interrompue, reprise dix fois au cours des siècles, avait un rôle à jouer dans l'Europe de demain : le plus beau de tous : le rôle d'éducatrice des peuples.

Jean Charles-Brun

N° 2221 — 4 DÉCEMBRE 1939

L'âme des nations

La presse a largement diffusé la déclaration des Publicistes chrétiens dont le président est M. Wladimir d'Ormesson. Ce nom suffirait à garantir le sérieux, la sincérité, la clairvoyance d'une telle déclaration. De quoi s'agit-il ? De ce à quoi nous pensons tous avec une déchirante ferveur : de la paix de l'Europe future.

Les Publicistes chrétiens émettent entre autres vœux « celui du rétablissement d'une morale internationale » dont S.S. Pie XII a défini les principes dans la première encyclique de son pontificat.

La morale internationale aurait donc existé ?... Certes la chrétienté en fit l'ébauche, mais cette morale est à parfaire. Or, cette œuvre-là, le grand œuvre des temps modernes, ne pourra s'élaborer que s'il existe déjà une certaine cohésion entre les nations, une certaine interpénétration morale : donc, il est urgent de créer l'âme des nations.

Sous quelle forme ? Notre époque a abusé des groupements qui, le plus souvent, ne servent que le prestige du petit nombre. Les mêmes noms passent et repassent comme aiguille dans la laine, et n'apportent à ces multiples groupements que le fugitif éclat de leur renommée.

Il faut autre chose. À idée neuve, des hommes nouveaux, dépouillés de toute ambition personnelle : des croyants, des travailleurs qui sachent que rien de durable ne s'édifie sans le Christ.

Ces hommes s'engageaient à répandre par la plume et par la parole, soit en conférence, soit au fil des discours, dans la conversation, les vérités premières qui suivent :

La guerre ne paye plus. Elle n'est qu'un vestige de temps barbares révolus.

La France vaincra, car, acculée à la guerre, elle défend la cause de la civilisation. Donc, sa mission immédiate sera d'établir enfin la paix en Europe.

La paix sans Dieu n'a pas duré. Donc, les futurs artisans de la paix devront tenir compte des valeurs spirituelles et morales et les donner pour assises à la nouvelle Europe.

Que ces vérités élémentaires soient énoncées chaque jour en France, des milliers de fois, et dans tous les milieux, et un pas sera déjà fait vers une paix durable.

Pratiquement l'A.D.N (l'âme des nations) devrait posséder son comité directeur : des noms glorieux y voisineraient avec des noms nouveaux, ces personnalités diverses demeurant sur un plan d'égalité fraternelle : attitude aisée puisque chacun travaillerait dans l'oubli complet de soi.

Ainsi, dans le calme, préservé de cette sourde fièvre qui brûle les réunions propices au jeu des ambitions personnelles, après avoir évoqué l'Esprit-Saint, ce groupe, au cours de séances régulières examinerait, étudierait, classerait ou rejetterait les diverses suggestions de reconstruction de l'Europe qui déjà viennent de toutes parts et de tous pays. Un service de presse bien fait assurerait sans trop de grands frais la possession de tous documents utiles Ces documents, examinés et classés, le Comité demanderait à telle ou telle personnalité ayant fait ses preuves de clairvoyance politique et sociale de bien vouloir donner son avis sur tel ou tel problème de la paix.

Le seul compte-rendu de ces conférences et de ces séances de travail fournirait une matière de premier ordre, et unique, aux futurs diplomates. Ainsi, les erreurs anciennes seraient évitées. Certains qui se disent des réalistes avancent non sans ironie : « fort bien ! Mais laissez d'abord nos soldats gagner la guerre. » Erreur : car nos soldats gagneront d'autant plus vaillamment cette nouvelle guerre qu'ils sauront : 1/ que la France voit en eux des vainqueurs ; 2/ qu'une élite prépare une paix cette fois solide et durable. Les deux actions doivent être menées parallèlement et avec la même ténacité, la même foi.

Il faut tout de même choisir la barbarie et, disons le mot, la latinité, en donnant à ce vocable son sens le plus large. Car la latinité qui, elle, a existé est à adapter aux temps modernes.

Une des fondateurs occultes de la S.D.N disait un jour en rentrant de Genève, où, observateur obscur, il avait écouté, un sourire d'ironie sur son vieux visage, de brillants diplomates : « En vérité, je ne suis pas très fier de ma fille ! » Il sous-entendait que toute spiritualité étant absente de la S.D.N, elle ne pouvait rien édifier de solide. Pourrait-on vivifier la moribonde avec l'apport spirituel de l'A.D.N ?

Ne regardons pas trop loin. L'immédiat est de créer un mouvement constructeur, de répéter sans cesse les mêmes paroles, les mêmes mots d'ordre en suivant la même route de lumière et de foi.

Puissent ces lignes écrites par une mère française qui désire passionnément la paix du monde, tomber sous les yeux de ceux à qui incombe la tâche surhumaine de sortir l'Europe de sa mortelle nuit.

Isabelle Sandy

N° 2223 — 6 DÉCEMBRE 1939

Ce que nous voulons
Nous n'avions jamais désespéré ici du peuple de France. Pour moi qui, depuis trois mois, vis jour et nuit avec lui, je puis véridiquement témoigner que nous avions raison. Mon régiment de pionniers est composé de paysans, rudes certes, mais robustes, résistants, de jugement sain, bons camarades : collant en quelque sorte à la terre, ils savent en tirer tout leur parti possible. Quelle magnifique expérience que la nôtre : celle de la camaraderie. Ce ne sont plus les idées que nous échangeons, ce sont des hommes réels, de chair et d'os, peinant et souffrant, qui vivent ensemble — des hommes qui ne sont ni anges ni bêtes, ou plutôt anges et bêtes à la fois, qu'on peut atteindre enfin, dans leur nudité physique et morale, dans leur dénuement total, avec son âme nue.

Or, ces hommes ont le droit d'être traités en hommes. Un silence complet, sans doute nécessaire au début, ne serait plus de mise aujourd'hui. Les hommes de France ne sont pas partis pour une nouvelle croisade : bien qu'ils le soient, ils n'aimeraient pas être appelés les soldats du droit.

Ils sont mûs par un sentiment beaucoup plus concret : un certain instinct de justice et de liberté pour tous, le sens de l'Europe à reconstruire. Ce sont vraiment — et c'est leur seule ambition — les soldats de l'Europe de demain. Pourquoi alors ne pas le crier de façon à être entendu des neutres et des Allemands eux-mêmes ? La France a repris conscience de sa mission dans son opposition à l'hitlérisme, mais une conscience encore trop négative. Il nous appartient sans doute de la révéler davantage à elle-même. Certes, il faut vaincre d'abord et tout défaitisme ne sera jamais assez énergiquement combattu. Mais si nous ne voulons pas que l'après-guerre soit une nouvelle avant-guerre, il faut dès aujourd'hui préparer l'Europe de demain. Une fois l'hitlérisme abattu, l'Allemagne devra être réintégrée à l'Europe —

avec tous ses droits et tous ses devoirs. Et nous croyons, certes, que cette nouvelle Europe sera accessible à l'influence chrétienne. Mais il importe avant tout de ne pas mélanger les plans et de respecter cette transcendance du surnaturel pour laquelle nous avons si souvent lutté.

Qu'on le sache donc bien. La victoire n'est pas pour nous une fin, mais un commencement ; ce n'est pas un but, mais un moyen, si nécessaire soit-il. Et peut-être en précisant nos fins hâterons-nous cette victoire en la rendant plus désirable pour tous — et pour les Allemands eux-mêmes.

Jean Lacroix

N° 2239 — 24 DÉCEMBRE 1939

... Pax hominibus

Ils arrivent, les permissionnaires. Pour les recevoir, les portes s'ouvrent, les fourneaux flambent, les poêles grésillent : l'hôtesse et la maison, la ferme et la fermière, se sont mises sur leur trente-et-un. Les enfants ont préparé les compliments de Noël, tout au plus si le papier dentelle ne s'en mêle point (savez-vous qu'il y a encore, rue de la Clef, une maison qui en fournit ?). Si nos hommes ne sont pas contents, ils seront bien grognons, songez-vous... Un mot seulement pour mettre le comble à leur plaisir, n'oubliez pas de leur « laisser la paix ».

Ils reviennent, les membres encore gourds du froid de là-bas, la mémoire vidée de vos petits soucis journaliers (des gros aussi : on ne peut suffire à tout). Ils ne savent plus, ils ont oublié que le poêle tire mal, que le bébé fait ses dents, qu'il a fallu mettre la bonne à la porte, que le bœuf a renchéri, ainsi que l'escalope, que le nouveau professeur du collège (un remplaçant) ne vaut pas l'ancien, que vivre avec une belle-mère grognon ce n'est pas toujours le Paradis. Il ne le sait plus. Il l'a oublié : la ligne Maginot manque de ces renseignements, ou du moins on ne les reçoit qu'au ralenti. Ne l'en accablez point. Qu'il ne trouve pas, dès le seuil de la maison, ce collégien paresseux coiffé du bonnet d'âne : si vous ne pouvez lui offrir du contre-filet, un bœuf mode savamment cuisiné sera le bienvenu. Appelez le fumiste avant son arrivée. Demandez à votre belle-mère de lui préparer son entremets favori, cela le mettra de bonne humeur. Pas de lamentations, pas de grogneries et point de soupirs. Souriez sur le quai de la gare d'arrivée. À la gare de départ, ne vous changez pas en fontaine. N'alourdissez pas sa valise de vos chagrins : c'est bien le moins que vous les portiez seule.

Pax hominibus bona volontatis.

Aimez-le, égayez-le. Et sachez aussi, quand il le faut, lui… ficher la paix.

Marguerite d'Escola

N° 2240 — 25-26 DÉCEMBRE 1939

Les jours de Bethléem

Noël !…

Heureux les pays où la fête millénaire peut être célébrée sans contrainte et sans remords, dans la joie de la paix maintenue.

Oui, ils sont heureux, et il nous est difficile, sans doute, de ne pas les envier un peu. Mais un Noël des nations en guerre et des peuples opprimés doit-il nous apparaître comme un terrible contresens ?

Ne commettons pas cette erreur. Rappelons-nous que si le premier Noël fut une grande fête dans le ciel et pour quelques privilégiés que toucha la parole des anges, il fut entouré de ces mêmes souffrances qui nous meurtrissent aujourd'hui.

Le Noël de Bohême et de Pologne, n'est-ce pas le Noël du triomphe d'Hérode ? L'enfant qui naissait il y a près de deux mille ans, il était même à des multitudes asservies. Le despote de Judée et le procurateur de César s'entendaient pour pressurer et persécuter la race élue. La cruauté asiatique et la brutalité romaine rivalisaient de zèle barbare. Ainsi en est-il aujourd'hui de Staline et de Hitler.

Ouvriers tchèques, paysans polonais, votre Noël de 1939 ressemble mieux qu'aucun autre à celui de Bethléem qui contenait déjà en puissance toute la tragédie de la passion. Mais Hérode et César sont depuis longtemps tombés en poussière, tandis que votre foi chrétienne est vivante. Le paganisme et le bolchevisme associés ne pourront rien contre votre volonté de vivre. Noël vous apporte le grand espoir qui s'éleva, une nuit d'hiver au-dessus d'une bourgade palestinienne.

Le passage de Finlande, avec sa terre couverte de neige, avec ses sapins poudrés, quel merveilleux décor de Noël ! Le Noël de tradition et des légendes, une imagerie liée à tous nos souvenirs. Mais la barbarie ne s'arrête pas à ces détails, elle en a toujours méprisé le sens divin et mystérieux et elle s'est déchaînée dans la forêt finlandaise où chaque jour la neige est rougie de sang.

Mais le massacre des Innocents n'a pas atteint son but. L'Enfant-Roi a été préservé, et, avec lui, toute la merveilleuse innocence qui tient tête dans le monde aux bas calculs, aux égoïsmes purulents, aux violences abjectes. Cette innocence qui fait la grandeur d'un cœur d'enfant, qui maintient dans l'univers un peu de poésie et qui dicte les conduites héroïques, le peuple finnois nous en donne, dans sa résistance, un admirable exemple. S'il n'avait pas d'innocence, s'il n'avait pas le cœur pur, s'il ne croyait pas au miracle, il ne lutterait pas à un contre vingt. Et, déjà, sa foi a transporté les montagnes ; les hordes rouges reculent.

Noël, c'est traditionnellement la fête du foyer, le jour béni des familles unies, la réunion joyeuse dans la salle à manger citadine ou devant l'âtre paysan. Combien poignante est votre peine, à vous qui avez perdu votre foyer, évacués d'Alsace et de Lorraine, exilés d'Europe réfugiés chez nous ! Votre Noël nostalgique ne vous apporte que la douloureuse évocation des douceurs révolues, mais aussi la tenace espérance du retour.

Espérez, car vous connaîtrez de nouveau un jour la paix familiale de Nazareth. Aujourd'hui, c'est pour vous le temps de la fuite en Égypte. Pour échapper aux sbires du tétrarque, à la Gestapo de l'époque, la Sainte Famille a dû prendre la route de l'exil. Sur cet épisode capital, nous ne possédons que quelques lignes, mais nous pouvons imaginer aisément les souffrances de cet artisan juif, de son épouse et de son fils pendant son séjour sur la terre étrangère.

Qu'au souvenir de cette épreuve, tous les chrétiens se fassent secourables auprès de leurs frères réfugiés, Français ou autres !

Dans les églises, la Crèche dresse devant les yeux ravis des bambins, sa mise en scène naïve. Pas si naïve cependant qu'elle ne contienne cette part essentielle d'authenticité : le pitoyable dépouillement de l'Enfant-Jésus au jour de sa naissance.

Mais cette paille sur laquelle il est étendu, cela ne vous dit-il rien, à vous mes camarades mobilisés ?

Cette paille ne vous sert-elle pas de couche habituelle depuis quatre mois ? Dans l'étable ou dans la grange, et souvent plus mal encore, vous vous endormez chaque soir. Le bœuf et l'âne gris ne sont pas toujours là et vous avez beaucoup de mal à vous défendre contre le froid. De même qu'il n'avait pas trouvé de place dans un chaud logis, vous devez vous contenter des installations les plus rudimentaires et vous passer du moindre confort.

Ce n'est pas un petit sacrifice pour notre faiblesse humaine, pour notre amour des aises. Il est peu de choses cependant à côté des autres qui pourraient nous être demandées, qui sont déjà demandées à quelques-uns. Couchés sur la paille de la Crèche, demandons à Dieu de ne pas nous entraîner trop nombreux jusqu'au Golgotha.

Parce que c'est Noël et que nos pauvres cœurs d'hommes se nourrissent d'espérance.

Louis Terrenoire

N° 2240 — 25-26 DÉCEMBRE 1939

Un peuple qui se retrouve chrétien
C'est une heureuse inspiration qu'a eue le président du Conseil de parler dans la veillée de Noël à la nation et à l'armée.

Grande et précieuse nouveauté que d'entendre le chef radical-socialiste du gouvernement tenant à l'occasion d'un grand anniversaire chrétien un langage dont tout chrétien reconnaîtra l'accent. C'est en de tels moments que, du milieu même de l'épreuve, on comprend que la tâche à laquelle on a dévoué sa vie n'est point un but chimérique. C'est en de tels moments qu'on se sent récompensé de tout ce qu'on a fait dans l'incompréhension ou même sous l'insulte. Cette œuvre de réconciliation pour laquelle nous avons vécu, loin d'être coupable, elle était donc sacrée, puisque ceux-là mêmes qui nous reprochaient de la poursuivre sont amenés à en saluer allègrement les effets.

Cette France laïque, laïciste et laïcisante qu'une opinion accréditée sur son sol prétendait réfractaire à tout ce qui est du Christ, voilà que le chef responsable de ce gouvernement s'exprime dans la nuit sainte dans la langue qu'eussent parlée les bergers et les mages. Ce peuple est plus chrétien que ne le disent ses adversaires, plus chrétien qu'il ne le croit lui-même. Je ne dissimulerai pas que la voix de M. Daladier évoquant Noël m'a consolé de bien des choses.

Nous devons aussi savoir gré au président du Conseil d'avoir parlé d'un ton si juste, sans emphase et sans fadeur, à toutes les catégories sociales et à toutes les provinces du pays. Il est bien que les premiers nommés aient été les Alsaciens et les Lorrains chassés par la guerre de la maison paternelle, du paysage familier, des champs héréditaires. M. Daladier a su trouver les mots qu'il fallait, simples et poignants, pour dire la reconnaissance française à ceux qui, ayant donné leurs fils comme les autres, ont donné dès le premier jour ce que, grâce à eux, les autres n'auront pas à donner.

Sur le sens de la guerre, sur l'enjeu de la guerre, M. Daladier a bien dit ce qui était à dire. Aucune parole de haine n'a souillé de notre part la nuit sanctifiée en Galilée voici deux mille ans par le premier miracle de l'Amour. Que les violents célèbrent dans l'inquiétude la fête du solstice. Nous célébrons, nous autres, en hommes de bonne volonté, le Noël de la justice et de la charité.

Georges Bidault

ANNÉE 1940

N° 2246 — 3 JANVIER 1940
Un camp de concentration pour 2 300 000 personnes

(Hitler « résout » la question juive)
Le ministre Docteur Frank « gouverneur général » de la Pologne occupée, antisémite acharné à la Streicher, ayant reçu du Führer l'ordre d'exécuter le fameux plan de transplantation des Juifs polonais ainsi que des Juifs du Reich, et du « Protectorat dans Lublin et sa région », s'est mis au travail.

Pour faire place aux israélites, il a commencé par chasser les Polonais de la voïvodie de Lublin. La population polonaise de la Voïvodie comprend 2 109 000 personnes. Celles-ci doivent être évacuées dans le délai le plus bref.

En même temps, le docteur Frank a donné des ordres pour la transhumance des Juifs.

À Varsovie, la Gestapo a communiqué par affiches à la population juive (elle était de 340 000 personnes avant l'occupation) que les israélites ont à quitter la capitale sans délai. Les familles juives doivent abandonner leurs habitations en un quart d'heure : l'exode continue sans cesse. Les expulsés sont dirigés vers Lublin.

Selon le *Times*, les Juifs habitant la ville Morawska Ostrava, ainsi qu'un grand nombre de Juifs de Katowice et des environs ont été transférés dans une partie du territoire situé au bord de la rivière de San. Il ne leur a été permis d'emporter que des vêtements et des vivres pour trois jours.

Dans quelques jours, de nouvelles transplantations auront lieu.

Pour fixer le sort des Juifs autrichiens, une délégation juive, présidée par le Dr Grinn, directeur de l'Office palestinien à Vienne, a été envoyée à Lublin afin d'y étudier les possibilités de l'installation des Juifs viennois. Mais sans attendre le résultat de ses travaux, le premier convoi de Juifs a été amené sur place. Il comprend un certain nombre de vieillards et ceux qui le composent, qui sont arrivés sans bagage, sans nourriture, épuisés, sont soumis à un régime sévère.

Les expulsés doivent abandonner tous leurs biens. Leurs maisons, leurs propriétés, leur mobilier seront vendus aux enchères. Une grande partie des fonds ainsi recueillis iront au Reich. Le reste servira d'une part à payer les dettes des évacués, d'autre part à constituer un fonds de réserve destiné à soutenir les femmes et les enfants jusqu'à leur transfert.

La transplantation de tous les Juifs allemands doit être achevée en fin mars 1940. La mesure s'étend à tous les Juifs sans exception. Se rend-on compte de ce que cela représente ? La population juive polonaise était de 3 300 000 dont un million se trouve dans la partie occupée par l'URSS. En comptant même 50 000 Juifs qui ont pu se réfugier au cours des hostilités dans les pays limitrophes : Roumanie, Lettonie et Lituanie, il resterait dans les territoires occupés par les Allemands, 1 800 000 Juifs et 500 000 en Allemagne, Autriche et Tchécoslovaquie.

Il s'agit donc de 2.300.000 Juifs dont le transfert doit être opéré. Pour renfermer les 2.300.000 Juifs dans la Voïvodie de Lublin, 2 100 000 habitants polonais doivent être expulsés de cette province.

Ainsi les nazis envisagent, dans l'ensemble, une migration de quatre millions et demi d'hommes environ.

Quatre millions et demi d'hommes, Juifs et Polonais, sont menacés d'être brusquement déracinés pour que la question juive soit résolue selon le désir du Führer allemand, et il désire la résoudre d'une façon spéciale, tout à fait spécifique !

Les 2.300.000 Juifs internés dans la Voïvodie de Lublin y arriveront expropriés de tous leurs biens avec une valise et la nourriture pour trois jours. Ils seront condamnés à rester dans une province, dévastée, ruinée et brûlée. Le gouvernement nazi est décidé à les abandonner à leur propre destin.

Selon l'agence télégraphique juive, les autorités allemandes déclinent toute action de la Croix-Rouge en faveur de la population civile en Pologne, telle que la distribution de vivres et de vêtements, soins médicaux, etc.... sous prétexte que la Croix-Rouge ne doit s'occuper que des prisonniers de guerre et que le secours aux populations civiles est en dehors de sa compétence.

Aux représentants de la Croix-Rouge internationale, on a déclaré que le Reich possède des organismes philanthropiques auxquels il incombe de secourir la population éprouvée par la guerre et qu'aucun organisme étranger ne sera autorisé à s'en mêler.

En enfermant deux millions et demi de Juifs dans une province, les nazis les vouent à la famine, ils veulent, selon l'expression du *Times*, les exterminer par « un massacre à froid ». Mais ce massacre à froid doit être complété par des massacres sanglants. Le *Schlesiche Tagezeitung* nous l'avoue : « Les troupes allemandes mettront à la raison avec un balai de fer (*Eiserne Besen*) les Juifs à Lublin qui ne cessent d'être arrogants et effrontés. »

Voici de quelle façon le Nabuchodonosor contemporain cherche en grande hâte à réaliser son plan !

La concentration des Juifs dans un endroit baptisé en son temps par la propagande nazie « État juif », considéré par le monde civilisé comme une « réserve juive » n'est en effet qu'un immense camp de concentration d'une superficie de 21 000 km^2 pour y interner 2.300.000 Juifs avec le seul dessein de les anéantir.

PS. — *Deutsche Börsen Zeitung* communique que le gouvernement allemand « ne songe pas » à constituer un État polonais mutilé, mais il projette l'expulsion totale de la population polonaise des territoires annexés au Reich.

Cette population d'environ 20 millions de Polonais serait transplantée sur un territoire appelé par les Allemands « *Restgebiet* » et qui n'embrasse pas même 80 000 km^2.

En renonçant à créer un État polonais et par sa rage aveugle contre la population polonaise, le Führer avoue qu'il n'a pas réussi à trouver dans le pays de personnalités politiques importantes prêtes à former un gouvernement marionnette polonais.

Arthur Steigler

N° 2247 — 4 JANVIER 1940

Roosevelt et les démocraties

Des hommes qui continuaient, qui continuent à se dire « nationalistes » français voulaient naguère interdire à M. Roosevelt de s'immiscer dans les affaires européennes. Heureusement pour nous, le Président des États-Unis n'a tenu nul compte d'une interdiction si parfaitement conforme aux mots d'ordre et aux intérêts du régime hitlérien. Et le voilà qui récidive. C'est déjà à ce même Roosevelt qu'un certain « nationalisme » a couvert d'outrages que nous devons, avec la levée de l'embargo sur les armes, l'avantage certainement le plus décisif qu'aient connu les Alliés depuis le début de la guerre. Mon intention n'est pas encore de publier à nouveau des propos exactement criminels. On me permettra seulement de défier ici les responsables d'en assurer à nouveau la responsabilité. Je ne veux que souligner, dans un moment où osent parler tant de gens qui devraient se taire, la parfaite concordance de la politique défendue par nous avec les nécessités du concours américain. L'ami le plus courageux que nous ayons au-delà des mers, l'ami que nous fûmes parfois contraints de défendre contre le fanatisme de la désertion, vient de tenir à nouveau un langage qui fortifie la cause des peuples libres. Grâces en soient rendues, pour notre peuple et pour tout l'univers, au grand conducteur d'hommes qui, à chaque occasion grave, a su faire son devoir.

Roosevelt a parlé contre l'isolationnisme naïf ou complice avec une vigueur dont le camp de nos adversaires n'a rien à envier de bon. Son appel à la démocratie américaine, pour que les abus de la dictature ne soient pas amnistiés, pour que la paix future ne soit pas ne se fasse pas sans que la démocratie américaine ait pris sa part du fardeau est probablement un facteur essentiel du proche avenir. Naguère, le « réaliste » en chef traitait de « blague des blagues » la constatation élémentaire, expressément conformée par le Congrès américain, que les amis de la France aimaient en elle une terre de démocratie. Le « réalisme » devra se débrouiller une fois de plus avec de nouvelles déclarations, non moins claires que les précédentes.

Qu'on appelle cela « idéologie » ou autrement, c'est parce que la France et l'Angleterre luttent pour la liberté et pour le droit, qu'elles rencontrent à travers le monde les amitiés efficaces qui achèvent de leur assurer la victoire.

Georges Bidault

N° 2261 — 20 JANVIER 1940
Les vrais buts du « protectorat juif » à Lublin

M. Zaleski, ministre des Affaires étrangères polonaises vient de déclarer à une délégation de l'Association des juifs polonais en France ce qui suit : « Dans la Pologne occupée, l'envahisseur allemand procède à la création d'un protectorat juif à Lublin. C'est un projet diabolique. Son but est d'exciter la population polonaise contre les Juifs et de créer parmi les israélites mêmes une atmosphère de dépression. Le gouvernement polonais continuant la lutte pour la libération de la Pologne dissoudra ce ghetto. Pour nous n'existent pas des réserves pour une partie de la population, quelle qu'elle soit. »

« Dans la Pologne libre, les juifs comme les Polonais auront le même droit de choisir leur domicile. Le ghetto juif, cette invention diabolique, nous ne le reconnaissons pas, comme nous ne reconnaissons pas l'occupation militaire de la Pologne en général. Dans la Pologne libre, les juifs jouiront de tous les droits appartenant à chaque citoyen sans différence de race ni de religion. »

Cette déclaration importante nous dévoile les vrais desseins du gouvernement nazi. Les autorités allemandes s'ingénient à exciter la haine des Polonais contre les juifs polonais de différentes manières. Mais le moyen le plus efficace consiste dans la réalisation du « Protectorat juif » comme l'appelle M. Zaleski.

En déplaçant les Polonais, brusquement arrachés de leurs anciens domiciles à Lublin, en les remplaçant par les juifs habitant jusqu'ici dans d'autres provinces, les nazis sèment la discorde et en excitant les Polonais contre les juifs, ils cherchent à équilibrer les souffrances infligées par la servitude, par les atroces persécutions des juifs. Ils s'efforcent de les séduire par leur politique antisémite en créant le ghetto de Varsovie, Lodz, Cracovie, en formant un immense et formidable ghetto dans le « Protectorat juif » à Lublin. Concentrés en ce protectorat, les juifs sont privés de toute possibilité de déployer une activité économique qui leur permettrait de créer un foyer.

Ils n'ont aucune possibilité de trouver un logis, du travail et de la nourriture. Et on sait que les nazis n'omettent rien pour les empêcher de s'installer. La majorité des juifs arrivant dans cet enfer sont répartis entre les « Camps de travail », peu différents des camps de concentration. On les emploie à la construction des chaussées, des voies de canalisation, au déblayage des localités détruites. Ils sont obligés de travailler 12 heures consécutives avec une interruption d'une demi-heure à midi seulement, les hommes jusqu'à 70 ans, les femmes jusqu'à 55 ans Les femmes plus âgées s'occupent des enfants. Le régime dans les camps est sévère. La tentative de fuite est punie de mort.

Ce n'est pas une exagération quand les journaux étrangers comparent le sort des juifs dans le « Protectorat » à celui de leurs ancêtres sous les Pharaons égyptiens. En traitant les juifs de cette façon, en les enfermant dans les ghettos, on songe à gagner la population polonaise, à compenser le dur joug allemand.

C'est sur la base d'une politique antisémite que le « gouverneur civil », le Dr Frank, fait des efforts pour conclure une sorte de trêve avec la population polonaise. La raison politique, le but d'une telle trêve, est de créer une atmosphère favorable à la formation d'un gouvernement polonais prêt à collaborer avec l'envahisseur.

Mais malgré toutes leurs manœuvres lamentables, les nazis n'ont trouvé dans le pays aucune personnalité politique importante, aucun leader des partis politiques polonais qui serait d'accord pour former un gouvernement, c'est-à-dire le rôle d'un factotum, d'une marionnette politique à la Hacha de trahir son pays.

Toutes leurs manœuvres jusqu'à présent étaient vaines : elles le resteront ainsi à l'avenir, car la Pologne n'a pas de traîtres : elle a des héros.

Il y a peu de temps, M. de Monzie, ministre des Travaux publics, a rappelé que la Pologne a souvent manqué de chefs, mais à aucun moment n'a manqué de héros. Il avait raison.

Et la Pologne de nos jours se félicite d'avoir des héros comme un Stefan Starzynski, le maire de Varsovie et son défenseur. Elle s'honore de tous ses héroïques paysans et ouvriers méconnus, qui sont tombés en défendant leur pays, leur liberté.

Mais en défendant leur liberté, ils ont défendu du même coup la liberté du monde entier sur le sol de la Pologne. Ainsi, en septembre 1939, les champs polonais sont devenus des Thermopyles du monde. Que les nazis, que Hitler ne l'oublient pas : en Pologne, Thermopyles du monde, il y a des Leonidas, mais il y manque des Éphialtès.

Et que les Polonais et les juifs, temporairement asservis par l'envahisseur l'apprennent et n'oublient pas le grave avertissement qui leur a été adressé par M. Zaleski.

PS. – Le correspondant berlinois du *Telegraaf* d'Amsterdam communique à son journal que Berlin a définitivement renoncé à créer un État polonais.

Il se réfère à l'article du *Volkischer Beobachter* qui annonce que le gouvernement nazi, envisageant la concentration des minorités allemandes des pays baltes dans le district de Varsovie, vient d'ouvrir dans la capitale et dans ses environs 17 écoles auxquelles ne sont admis que les enfants allemands. Dans le même district, on va ouvrir encore 23 écoles.

« Il est évident — termine le *Volkischer Beobachter* — que Berlin a complètement changé ses premiers plans à l'égard de la Pologne. »

Nous rappelons que le *Volkischer Beobachter* est l'organe officiel du parti national-socialiste.

Arthur Steigler

N° 2264 — 24 JANVIER 1940

Refaire l'Europe

J'ai parlé ici même, voici quelques semaines, de refaire l'Europe. C'est une formule séduisante, mais qui demande à être serrée d'un peu près pour qu'elle ait chance d'entre, au lendemain de la guerre actuelle, dans la voie des réalisations pratiques. Je me propose d'essayer, dans une série d'articles, de penser une Europe possible, qui serait en même temps une Europe souhaitable. Nous allons poser d'abord la question préalable, à savoir : qu'est-ce que l'Europe ? Ou plutôt si elle est autre chose qu'une expression géographique, comme on disait de l'Italie il y a cent ans. Un simple regard jeté sur la carte suffit à montrer qu'il y a au moins deux Europe, que j'appellerai respectivement l'Europe continentale et l'Europe péninsulaire. La première, qui est l'Europe de l'Est, qui correspond en gros à la Russie, est vaste, massive et plate. Elle semble n'être, par-delà la mince barrière de l'Oural, qu'un prolongement de l'Asie septentrionale. Elle en a presque toujours partagé le sort, soit que les successeurs de Tamerlan, les Khans de la Horde d'Or, régnassent sur les plaines moscovites ; soit que les tsars étendissent, grâce aux Cosaques, leurs conquêtes jusqu'aux rives du Pacifique. Observons enfin que ces vastes territoires peuplés de blancs et de Mongols diversement mélangés n'ont été conquis matériellement ni spirituellement par Rome. Ils relèvent de Byzance, et les tsars ont repris à leur compte, dès le xve siècle, les prétentions universalistes des empereurs grecs.

En un mot, il y a un problème de la Russie et de l'Europe. Ce problème ne date pas d'hier, de M. Staline et du bolchevisme. On pourrait plus justement soutenir que M. Staline et le bolchevisme ne sont que les plus récentes expressions du particularisme impérialiste de la Russie. Il suffit en effet, de lire attentivement un écrivain comme Dostoïevski, qui fleurissait entre 1840 et 1880, pour voir que la question des rapports entre la Russie et l'Europe le hantait. Il estimait que le mariage brutal de la Russie avec l'Europe, auquel avait procédé Pierre le Grand, avait détruit l'équilibre spirituel de la Russie ; et, d'autre part, il se rendait compte qu'il serait vain de chercher à rompre cette union. De là, une angoisse dont l'œuvre entier du grand romancier est l'expression pathétique.

Mais c'est justement aussi tandis que je lisais Dostoïevski que je me suis rendu compte que l'Europe existe, en dehors de la Russie. Cette autre Europe qui est la nôtre, l'Europe péninsulaire, le continent des isthmes, tendu vers l'Ouest comme une proue de navire, entre les effondrements méditerranéens et les étendues glauques des mers septentrionales. Il arrive que les étrangers nous voient plus distinctement que nous nous voyons nous-mêmes. Les Russes cultivés du siècle dernier ont tous compris qu'il existait en face d'eux non pas plusieurs Europes, mais une seule Europe, encore inconsciente de son unité. C'est ce qu'il s'agit présentement de définir. Nous ne pouvons la définir, cette Europe, que par ses frontières. Baignée sur deux faces par la mer, elle est largement ouverte du troisième côté, du côté des plaines russes. Le tracé de la limite sera toujours ici fort délicat et variera selon que nous aurons affaire à une expansion qui considérerait les terres russes comme des zones de colonisation ou bien à une Europe plus attachée au développement de ses propres ressources. On sait que la première attitude fut toujours, avec des modalités différentes, celle de l'Allemagne. À diverses reprises, et il n'y a pas si longtemps peut-être, elle a suggéré aux puissances occidentales : « À vous la mer et les territoires outre-mer ; à moi les espaces continentaux de l'Est. » Ce programme peut d'ailleurs fort bien se poursuivre sous le couvert du pacte germano-russe, comme naguère sous le prétexte de l'anticommunisme.

Si l'Allemagne était limitrophe de la Russie, les objections seraient moindres. Mais entre l'Allemagne et la Russie habitent des peuples slaves dont l'existence n'est pas compatible avec l'expansion du germanisme dans la Russie du Sud ; et nous nous battons présentement, entre autres choses, pour soutenir le droit de la Pologne à l'indépendance. Qu'on me permette de le dire tout de suite : il n'est pas possible de concevoir une Europe où la Pologne et la Bohême n'auraient pas leur juste place. Ce sont des peuples slaves ; par conséquent apparentés à la Russie par leur langue et par quelques-unes de leurs traditions ; mais, d'autre part, profondément enracinés en Europe par leur culture et leur religion, qui ne vinrent pas de Byzance, mais de Rome. Si l'Europe ne peut intégrer la Russie, quelle que soit d'ailleurs, la forme de son gouvernement, il importe que des intermédiaires subsistent entre ces deux parties du monde. Ces intermédiaires naturels, ce sont les Tchèques, ce sont les Polonais. Qui ne voit que leur germanisation, à supposer qu'elle fut matériellement possible, serait un désastre pour la communauté européenne. La tragédie de l'Allemagne, c'est qu'elle tend à briser et à méconnaître ces positions intermédiaires. Elle a, par exemple, pendant près de cinquante ans, cherché à digérer l'Alsace, sans se rendre compte que, si elle avait réussi, elle n'aurait pas moins appauvri le germanisme et la latinité.

Plus délicat encore est le problème de l'Europe du Sud-Est, de ces pays au-delà du Danube, dont Metternich refusait que le Congrès de Vienne discutât le statut. Il est trop vrai que, depuis cinquante ans et davantage, les États balkaniques ont servi de champ clos aux compétitions entre grandes puissances. Comme ils furent entre la chrétienté et l'Islam, ils risquent de se trouver demain entre l'Europe et la Russie. Mais nulle part peut-être ne se fait sentir d'une façon plus impérieuse la nécessité d'une fédération européenne que dans ces Balkans dont les divisions sont le reflet des nôtres.

Ces questions de frontières une fois indiquées, nous aurons à examiner l'unité et la diversité de l'Europe. Unité et diversité, non seulement géographiques, mais historiques et culturelles aussi. Et c'est alors seulement que nous aurons le droit de nous demander si l'Europe que nous aurons ainsi définie est susceptible d'une conscience commune.

Jacques Madaule

N° 2265 — 25 JANVIER 1940

La tactique d'intimidation

Parce que la menace qui continue de peser sur la Belgique et les Pays-Bas n'est plus aussi pesante que la semaine dernière, on parle de « détente ». C'est un mot qui a beaucoup servi en 1938 et en 1939 chaque fois que la situation restait stationnaire au lieu de s'aggraver. Nous avons appris à nos dépens qu'il n'y avait rien d'effectif derrière ces impressions favorables. La Belgique et la Hollande le savent bien qui ne relâchent pas leur vigilance. La menace sur les bouches du Rhin n'est pas la seule. La Roumanie n'en finit pas de signer des accords commerciaux de plus en plus étendus avec des négociateurs allemands de plus en plus exigeants et les États scandinaves, eux non plus, ne sont pas sur un lit de roses.

Ce qui se passe en Galicie orientale où la présence d'Allemands en uniforme est signalée sur le territoire occupé par les Soviets n'est absolument pas clair, mais il est douteux que les Roumains y trouvent des motifs de se rassurer. Un immense chantage se poursuit et s'accentue de la part du Troisième Reich sur les neutres d'Europe. Par la peur on cherche à isoler la victime, par la peur on cherche à obtenir des avantages qui en entraîneront d'autres, par la peur on tente de faire l'économie de combat. Mais il est d'autres frontières où la situation est moins nette.

C'est en pensant à ces pays qui flottent, passant de l'illusion à la crainte, que M. Winston Churchill a prononcé sa philippique. Naturellement, ce langage assez rude n'a pas été du goût de tous ceux qui ont fait retour sur leur propre cas. Il est quand même un peu excessif de protester contre Churchill, parce qu'il dit des vérités désagréables, avec plus de vigueur peut-être que contre ceux qui, seuls, menacent l'indépendance des neutres. Il est humain, mais il n'est pas juste ni honorable, ni même vraiment prudent de riposter avec d'autant plus de vivacité aux gens qu'on a moins de raisons de les redouter.

Winston Churchill n'a pas créé le péril des neutres, il l'a désigné et défini. S'indigner ou s'offusquer de cela, c'est faire comme le malade qui en veut à son médecin du diagnostic qu'il a porté. L'Allemagne compte sur l'intimidation des neutres pour ne pas perdre la guerre. Il n'est pas le moins du monde choquant que les intéressés soient priés de s'en apercevoir. Nous ne comptons pas sur eux pour remporter une victoire dont ils savent parfaitement qu'elle peut seule les sauver. Mais le moins qu'on puisse leur demander, c'est de ne pas la contrarier.

Georges Bidault

N° 2273 — 3 FÉVRIER 1940

Une nouvelle France africaine

L'on a annoncé ces jours derniers la mort en Algérie d'un grand ami de la France, le Khalifa Djelloul ben Lakdar, chef de la Confédération des Arabes Larba et résidant à Laghouat. Le Khalifa Djelloul occupait parmi les Arabes du Sud-Algérien une position de premier plan : son hospitalité fastueuse était légendaire. Par son influence sur les tribus arabes, par son entreprise auprès des caïds, des aghas et des chefs arabes de tous les rangs, il rendit les plus précieux services au gouvernement français qui lui décerna la Médaille militaire et, distinction réservée aux personnalités les pus hautes, la grand'croix de la Légion d'honneur.

La mort du Khalifa Djelloul nous met en mémoire un épisode récent qui concerne un autre des plus grands chefs arabes de l'Algérie, le cheikh El Arab El Bouaziz Bengana, d'une très antique famille arabe, remontant, paraît-il, à Mahomet et administrant de nombreuses tribus arabes de la région de Biskra : lui aussi est grand'croix de la Légion d'honneur.

Le 10 avril 1937, dans la magnifique demeure de Si Bouazie Bengana à Biskra, se déroulait une cérémonie tout à fait exceptionnelle qui avait attiré les plus hautes autorités administratives et militaires de l'Algérie, ainsi que des représentants de toutes les tribus arabes du Sud Algérien jusqu'aux confins du Soudan. Le chef El Arab mariait l'aîné de ses dix-sept enfants, Hamma, né le 21 décembre 1914 à la fille d'une autre grande famille arabe du Sud, mais résidant actuellement à Alger, Doudja Bensmala.

La cérémonie du mariage était célébrée avec toutes les pompes des fêtes arabes : au cortège fastueux à la fantasia étincelante, succéda une brillante réception au cours de laquelle fut servi, dans un cadre luxueux, d'un style mi-européen mi-mauresque, et selon toutes les traditions de l'hospitalité arabe, un immense et plantureux banquet.

Jusqu'ici sans doute rien d'original, car telles sont les fêtes arabes tant soit peu importantes. Mais ce qui était particulièrement caractéristique était le fait du mariage lui-même : les deux jeunes gens, en effet, tous deux, comme nous l'avons dit, issus des plus grandes familles arabes, avaient été entièrement élevés à l'européenne : le jeune homme avait reçu l'enseignement secondaire au lycée d'Alger et après le baccalauréat obtenu en 1934, il avait passé deux ans à l'Institut agricole d'Algérie et en était sorti avec le diplôme d'ingénieur : il avait fait ensuite son service militaire à l'école de cavalerie indigène d'Alger où il gagna les galons de maréchal des logis de spahis. La jeune fille, fait beaucoup plus rare pour une Arabe, avait elle aussi reçu l'enseignement secondaire au lycée d'Alger et était devenue bachelière en 1935. Elle avait même l'intention de faire sa médecine, lorsqu'elle fut demandée en mariage. Le cheikh El Arab, pourtant jalousement conservateur de toutes les traditions musulmanes et arabes, avait tenu à bien manifester son sens du progrès et sa sympathie aux idées modernes en présentant partout, contrairement à la coutume, la jeune mariée habillée à l'européenne et le visage découvert. La photographie du mariage, chose vraiment exceptionnelle : le jeune homme élégamment habillé à l'européenne, assis devant leurs pères et le gouverneur de l'Algérie et rayonnant de bonheur.

Le capitaine Léon Lehuraux, auteur de divers ouvrages dans lesquels il montre une connaissance si personnelle du Sud-Algérien et du Sahara, a décrit dans un livre extrêmement pittoresque, joliment rédigé dans un style aux épithètes et aux images toutes orientales, l'histoire et les cérémonies de ce mariage, en montrant surtout combien le simple exemple de ce mariage arabe est un indice de l'action profonde de la France en Algérie. Comme le dirent plusieurs orateurs au cours de la cérémonie, c'est vraiment une nouvelle France africaine qui se manifeste.

La complexité de la politique française en Afrique du Nord est précisément d'associer le respect de la religion musulmane et des coutumes arabes à la nécessité de l'évolution sociale et individuelle des sujets français. Malgré toutes les difficultés politiques, sociales et religieuses, de grands progrès commencent à être accomplis et, comme le dit justement M. Lehuraux, le mariage célébré à Biskra est un témoignage qu'il faut retenir. C'est « un symbole d'évolution rationnelle d'une grande faille intelligemment attachée aux traditions familiales et aux principes de l'Islam. Symbole de la victoire du modernisme raisonnable sur le traditionalisme sectaire, symbole enfin de l'union franco-indigène. »

Paul Catrice

N° 2281 — 13 FÉVRIER 1940

La mobilisation des consciences

Je ne voudrais pas exaspérer ceux qui ne tolèrent même pas le mot « propagande » ; je m'applique à les convaincre et mon titre dit bien ce dont il s'agit. Déjà, Maurice Barrès, en 1915, dans son beau livre : *Les Diverses Familles spirituelles de la France,* avait parlé de la « levée des âmes ».

Bien sûr, nous réprouvons le sens hitlérien qu'on peut donner à la formule. Nous n'approuvons en aucune façon certains usages que les totalitaires ont fait des techniques publicitaires. La propagande n'est pas nécessairement un instrument de domination spirituelle, un appareil oppresseur pour asservir la conscience des individus ou l'âme des peuples.

Au contraire, nous croyons que la propagande est avant tout une œuvre de libération, de persuasion, c'est une foi commune qui sait être rayonnante et conquérante, c'est un libre apostolat qui use de toutes les techniques modernes pour défendre et répandre une doctrine, un idéal de pensée et de vie.

Je tiens pour le plus inexplicable paradoxe que les régimes de liberté n'aient pas devancé les totalitaires dans cette voie. C'est justement parce que, par essence, ils s'interdisent d'user sur le plan spirituel des contraintes autoritaires, qu'ils devraient s'appliquer à perfectionner les moyens d'éclairer et de guider l'opinion, les procédés propres à conserver dans les peuples libres les principes essentiels qui fondent la communauté nationale.

Pendant des années, nous avons été tout au plus quelques demi-douzaines à nous préoccuper du problème. Mais voilà qu'après six mois d'une guerre immobile, la nécessité d'organiser, de fortifier notre front moral s'impose aux esprits les plus clairvoyants avec une éclatante évidence.

On découvre que la guerre des idées conditionne la guerre des armes. On comprend donc que les gouvernements doivent pousser avec une égale énergie la mobilisation des forces spirituelles de la nation et le recrutement des soldats, qu'il faut développer au même rythme le matériel de combat et les instruments de diffusion de la pensée. Depuis quarante-huit heures, j'ai retrouvé ce même thème, présenté avec force, chez dix de nos confrères.

Dimanche matin, je citais la phrase de M. Nore Belisha : « Cette arme, la plus influente de toutes, la propagande ! » Dans le même sens, Lucien Romier développait la même idée dans *Le Figaro* : « La lutte morale... chapitre capital de la stratégie armée ». De son côté, le général Duval, dans une de ses belles chroniques militaires du *Journal des Débats*, écrit : « Il n'y a à pouvoir pratiquer une politique d'attente que les forts dont la force ne cesse pas d'augmenter. » Hier matin, en tête de *l'Époque*, Henri de Kerillis, qui revient d'Angleterre, consacre un article entier à la propagande vue de Londres et il développe tout au long cette idée : « Dans la guerre actuelle, les facteurs moraux l'emportent sur tous les autres ».

Dans une colonne voisine, *l'Époque* publie une longue interview de M. Rauschning : c'est encore, développé, le même thème, qui était déjà la partie la plus intéressante de son livre : « L'arme secrète de Hitler, c'est la guerre psychologique. » Là où l'on n'avait vu d'abord qu'un problème de quantité, on constate enfin qu'il y a encore et surtout un problème de qualité.

Prenez des exemples concrets que vous pourrez multiplier à l'infini : moral du combattant de l'avant et de l'arrière, bon esprit de l'ouvrier qui tourne les obus, sécurité de l'agriculteur qui sème le blé, confiance du rentier qui souscrit les bons d'armement, entrain du scout qui ramasse la ferraille, sympathie du négociant étranger qui assure notre ravitaillement : autant de facteurs moraux qui déterminent directement nos forces de résistance et sur lesquels nous pouvons, de quelque manière, agir : par la presse et le livre, la radio et le cinéma. Question d'atmosphère à créer, à maintenir, à purifier. Technique délicate qui est tout à la fois une science complexe et un art difficile.

Tout se ramène à ce point capital. Augmenter le potentiel moral de la nation pour multiplier son potentiel agricole et industriel, financier et militaire, national et international. Qu'on relise donc les textes que Lucidus reproduit aujourd'hui dans son Tour d'horizon : partout on retrouvera des pensées identiques et convergentes. Plus se prolonge cette période d'attente, cette guerre des nerfs, plus il est nécessaire, primordial, de faire circuler, dans tous les compartiments de la vie nationale, de grands courants de vie civique, de redonner plus de dynamisme aux idées-forces.

Ah ! comme je voudrais que quelqu'un, à l'Hôtel Continental, prit l'initiative de demander au général Duval et à Lucien Romier de développer, en une brochure de 20 pages, l'idée même qu'ils exposaient avec tant de talent et tant de force persuasive. Cette brochure, ce tract, il faudrait les répandre par dizaines et centaines de milliers, au front et à l'arrière.

Il faudrait que tous ceux qui ont à commander, officiers ou sous-officiers, ingénieurs ou contremaîtres, puissent méditer ces conseils si opportuns, qu'ils comprennent que, même dans l'attente, nous devons avoir une « politique de guerre agissante ».

Oui, il s'agit bien de réaliser une mobilisation totale de toutes les consciences, de toutes les volontés, de toutes les entreprises, de toutes celles qui produisent les armes matérielles et de toutes celles aussi qui forgent les armes spirituelles.

À certains égards, il apparaît que, plus impérieusement peut-être que le devoir militaire, cette obligation de l'émulation et de l'apostolat civiques doit s'imposer indistinctement à tous les Français, sans distinction de sexe, ni d'âge, ni de situation, ni de profession. Nous sommes comptables envers le pays de toutes nos possibilités d'action ou d'influence.

Francisque Gay

N° 2298 — 3-4 MARS 1940

À propos de la laïcité

J'ai lu dans la presse que, au cours du récent débat parlementaire sur la Censure, M. Augustin Malroux, député du Tarn, s'était plaint que l'ont mît obstacle à la défense laïque. De son côté, M. Daladier à la fin de la discussion, a déclaré que, dorénavant, les polémiques sur des points n'intéressant pas la Défense nationale seraient autorisées. J'espère donc que *Le Midi socialiste* ne se verra pas plus longtemps interdire l'anticléricalisme, et c'est pourquoi je me permets moi-même de m'adresser aux anticléricaux.

Quelques-uns d'entre eux ont jugé récemment qu'il n'était ni opportun ni utile de discuter en ce moment sur les droits des religieux anciens combattants. Je pourrais multiplier les faits qui prouvent que la « défense laïque » est toujours d'actualité. Je ne veux pas prendre les choses au tragique. Je me laisserai même aller jusqu'à dire, si l'on n'y tient, que le temps où la défense laïque était d'actualité, c'était le bon temps. Je veux croire que ceux qui se portent avec tant d'allégresse sur le rempart rationaliste le font parce qu'ils regrettent leur jeunesse et qu'il leur plaît de penser que le monde va toujours par les mêmes chemins qu'alors.

Il faut pourtant renoncer à ces illusions pieuses. La question qui est aujourd'hui posée à la France et au monde n'est pas de savoir si l'Église romaine étendra son empire sur les consciences, ou bien si la « Raison » triomphera de l'obscurantisme. On sait quelle barbarie se développe à nos frontières ; une barbarie qui couvre l'Eurasie depuis le Rhin jusqu'à Vladivostok. Il s'agit de savoir si cette barbarie triomphera de la civilisation humaine, dont l'Occident maintient le flambeau. Je ne vois pas très bien le rapport que cela présente avec la défense laïque à l'intérieur de notre pays. La France laïque est tout aussi menacée que la France catholique ; elles sont solidairement menacées. Voilà la vérité.

J'entends bien que, pour M. Malroux et ses amis, je suis entrain, comme tout clérical qui se respecte, d'abuser de la situation. Un pas de plus, et l'on dira que, cette situation, c'est nous qui l'avons faite pour pouvoir en profiter. Ce pas, en 1914, quelques-uns l'avaient franchi. Mais ne rappelons pas ces honteux souvenirs. Le débat est plus grave. Les catholiques ne songent pas à profiter des malheurs de leur patrie. Mais nous sommes bien forcés de voir et de dire qu'une certaine attitude n'est pas compatible avec les nécessités que la guerre nous impose. L'anticléricalisme, la défense laïque purent paraître justifiés, à une certaine époque. Je vois bien comment les plus nobles de nos adversaires s'inspirent d'une tradition qui fut illustrée par Michelet et par Quinet. Il y a eu de nombreuses fautes commises, au cours du siècle dernier, et toutes ne l'ont pas été par des gens d'en face. Seulement, ce que nous disons, c'est que, aujourd'hui, cette histoire doit être enterrée ; non pas pour un temps, et parce que c'est la guerre.

Mais pour toujours. Si les Français, demain, ont encore envie de se déchirer, qu'ils trouvent donc d'autres sujets de querelle. Ces sujets ne manqueront pas, d'ailleurs, et si je voulais m'amuser à ce méchant petit jeu, il me serait facile d'en citer une demi-douzaine.

Mais l'anticléricalisme, nous devrions nous mettre une bonne fois d'accord pour reconnaître que c'est fini. De 1791 à 1906, il a fallu liquider une situation juridique et une situation de fait qui pouvait invoquer les traditions les plus respectables. Cette liquidation n'est pas allée sans blessures inutiles, ni sans injustices. Mais enfin, elle est accomplie, et, si nous demandons des retouches, des aménagements, nous ne demandons pas à ceux qui furent nos adversaires de renier leur propre pensée. Lorsqu'ils parlent de défense laïque, ils exagèrent. La laïcité n'est aujourd'hui menacée en France par personne, sinon par ceux-là mêmes qui se font ses intempérants défenseurs. Oui, parce que, enfin, laïcité, c'est pour nous synonyme de liberté de conscience. Alors nous défendons la laïcité, au même titre que M. Malroux et ses amis, contre Hitler et contre Staline.

Je sais bien que si je les pousse, ils me citeront des traits qui paraissent abominables de « pression » ou d'« infiltration » cléricales. Mais je pourrais leur citer des traits, tout aussi probants et qui ne m'indignent pas moins de sectarisme laïque. Qu'est-ce que cela prouve ? Qu'il reste encore, de-ci de-là, des flammes non éteintes des anciens incendies. Ce n'est pas une raison pour souffler dessus, quand sévit une autre tempête. Notre devoir, au contraire, est de les piétiner, ces flammes, pour les éteindre. Que chacun se charge des siens, et ce sera bientôt besogne faite.

Au moment où il s'agit, pour tout ce que la France représente au monde, rationalisme et christianisme, d'être ou de ne pas être, il serait tragique que les tenants des deux traditions opposées en fussent encore à décompter leurs torts réciproques. Quels qu'ils aient pu être, ces torts, chrétiens et libres penseurs, nous fûmes, au cours des siècles, solidairement et conjointement, la France.

Aujourd'hui l'ennemi ne nous distingue pas, et c'est lui qui a raison. Sera-t-il dit que nous ne saurons nous reconnaître que dans ses yeux ? Pour ma part, je ne veux pas le croire. Je ne proteste pas parce qu'on a refusé de faire justice aux religieux anciens combattants, sous prétexte que ne n'était ni opportun, ni utile. Il est toujours opportun et utile de faire justice ; surtout si l'on appartient à une nation qui se bat précisément pour la justice. Mais enfin la honte est pour ceux qui refusent la justice, et non pour ceux qui ne l'obtiennent pas. Ma douleur est seulement que ce soient des Français aujourd'hui qui refusent à d'autres Français la justice. Mais je vis éloigné de Paris ; je ne sais quelles intrigues politiques se cachent là-dessous, et j'aime mieux ne pas juger.

Ce qui est évident, par contre, c'est que ne pas comprendre que des Français de traditions différentes défendent aujourd'hui un même idéal d'humanisme, c'est trahir la patrie. Les mots sont durs. Je ne les crois pas exagérés. S'ils venaient à n'être pas compris de ceux qui précisément auxquels ils s'adressent, il y faudrait voir la preuve que ce pays n'était décidément pas mûr pour la mission qu'il a assumée devant le monde.

Catholiques et libres penseurs doivent aujourd'hui, sur la terre de France, pouvoir se regarder en face, se tendre la main, se comprendre, s'estimer, se pardonner les torts réciproques, au lieu de ramasser des ragots de chef-lieu de canton. Les uns et les autres ont assez de gloires et assez de noblesse. Cela n'exige, de part et d'autre, qu'un peu de courage civique.

Quand nos frères et nos fils affrontent la mort, tremblerons-nous devant un commentaire malveillant ? Si Malroux et ses amis acceptaient la main que nous leur tendons, et s'ils étaient traités ensuite de renégats, ne pensez-vous pas que le jeu en voudrait pourtant la chandelle ? et qu'ils auraient défendu la laïcité de la façon la plus efficace ?

Jacques Madaule

N° 2317 — 27 MARS 1940

Faisons-nous une âme de lutteur

Personne, aujourd'hui, ne nie plus l'évidence : la politique d'apaisement nous a fait perdre la paix. Cependant, bien que les hostilités aient commencé depuis six mois, cette politique — qui est, en réalité, un état d'esprit — a continué d'orienter la diplomatie alliée. Nous voulons parler, d'abord, de cette croyance tenace en la vertu des négociations réciproques vis-à-vis d'adversaires qui ne reconnaissent — ils l'ont crié assez haut — que la force, qui ne veulent voir, dans toute concession, qu'une preuve de faiblesse. On imagine difficilement à quel point un geste comme celui de l'attaque de l'Altmark a pu rehausser le prestige des alliés aux yeux des nôtres, celles qui sont destinées à la « consommation intérieure ». Avec quelle hargne tenace les nazis s'acharnent contre M. Winston Churchill ! Ils l'abreuvent d'injures dont la moindre est celle de menteur. (La radio allemande traitant quelqu'un de menteur ! On aura tout vu !). Et je me dis qu'il doit être l'homme de la situation. Es nazis ont un flair sûr pour reconnaître leurs adversaires les plus dangereux. Et ils s'appliquent alors, selon une méthode qui a fait ses preuves, à diffamer par tous les moyens. Cela pourrait nous servir, à nous, de contre-indication.

D'autre part, quand M. Chamberlain, dans un discours récent, déclarait qu'en aucun cas la Grande-Bretagne ne se livrerait à des représailles systématiques contre les populations civiles d'Allemagne, il obéissait à un sentiment très noble. Malheureusement, étant donné la mentalité des dirigeants nazis, il est à craindre que de telles paroles ne constituent, pour eux, une véritable invite à l'agression. Combien nous paraît plus adéquate à la logique allemande la déclaration de notre gouvernement : « Nous rendrons coup pour coup. »

De même, lorsque M. Olivier Stanley a souligné un jour, publiquement, la puissance de l'ennemi : « Nous savons que notre adversaire dispose d'une force redoutable, mais nous l'attendons de pied ferme, etc.... », je m'imagine Hitler, recevant le texte de ce discours, et attaquant un petit pas de danse joyeuse. S'il avait payé M. Stanley pour parler ainsi, il n'aurait pu désirer être mieux servi. Quel argument précieux aux mains d'une politique tout entière basée sur la terreur et l'intimidation ! Que l'on songe au parti que la diplomatie hitlérienne a su tirer de telles paroles auprès des neutres : « Vous voyez ! Faut-il que nous soyons puissants et que nos ennemis eux-mêmes le reconnaissent ! Vous qui ne disposez point de leurs ressources, il ne vous reste pas d'autre issue que la capitulation sans combat. »

Certes, le geste de M. Stanley part, lui aussi, d'un sentiment très beau : celui du *fair play*, mais qui ne joue absolument pas avec les nazis. Nous nous désolons de voir des gentlemen, aux mains blanches, vouloir appliquer leurs traditions d'hommes hautement civilisés à des rustres, des égoutiers qui ne craignent pas de fouiller à pleins bras les vases les plus nauséabondes. La partie n'est pas égale. Les Allemands sont forts ? Si c'est vrai, quel besoin de le proclamer ?

Les soldats auxquels s'adressait M. Stanley sur le front étaient mieux placés que personne pour le savoir. À notre humble avis, cela n'est d'ailleurs qu'imparfaitement exact. Un régime de tyrannie, de terreur policière ne saurait créer un état vraiment fort. On l'a bien vu dans l'attaque de la fracassante armée rouge contre la petite armée finlandaise. De même, l'Allemagne nazie est un géant soufflé qui, nous en sommes persuadé, se serait effondré depuis longtemps si l'on avait eu la résolution de lui porter quelques bons coups, appliqués avec vigueur et promptitude.

Mais les chefs des États totalitaires ont l'avantage de connaître la psychologie des masses. Ils en ont une connaissance sommaire, cynique, mais efficace. Ces démagogues issus de la foule savent que les foules ne sont point menées par leurs raisonnements, mais par leurs sentiments, et parmi les sentiments humains, l'un des plus puissants est sans doute la peur. Ses tyrans ont su reconnaître la puissance de la peur sur les hommes. Ils ont su s'en servir pour asseoir leur pouvoir chez eux. Ils veulent s'en servir maintenant, pour réussir le même coup au-dehors. Il ne faut point porter de l'eau à leur moulin en consolidant leur réputation de force — d'ailleurs usurpée.

Qu'on ne voie ici aucune intention de faire des personnalités. Mais nous avons voulu montrer, par quelques exemples, comme nous commettons encore des erreurs de psychologie. Il est indispensable d'acquérir cette mentalité de lutteur, cette pugnacité qu'un Churchill, précisément, possède à un si haut degré. Pour les nazis, la guerre n'a rien d'un jeu de football. C'est une mêlée sauvage, où aucune règle ne compte : « Toi ou moi ! L'un de nous deux doit périr. » Il importe que nous ne le comprenions pas trop tard.

Armand Pierhal

N° 2327 — 7-8 AVRIL 1940

La Pologne

Si le hasard vous conduit aux abords de l'Étoile, arrêtez-vous 46, rue Laperouse, non loin du ministère de l'Armement. Un drapeau blanc marqué d'une croix rouge frémit à la moindre brise : c'est le « Foyer des infirmières polonaises » qui sera bientôt inauguré. Déjà, l'ouvroir fonctionne avec ses gros tissus militaires, ses bourgerons bleus, ses mouchoirs kaki, son équipe de blondes jeunes filles qui, du matin au soir, tirent l'aiguille pour habiller leurs soldats. Elles sont vingt, réfugiées sans famille, venues des lointaines frontières, avec un peu de linge dans une valise. Maintenant, elles font à tour de rôle la cuisine et couchent dans des chambres blanchies à la chaux transformées en dortoirs. Outre les travaux du ménage, elles soignent leurs compatriotes dans les hôpitaux et assurent des gardes bénévoles auprès des indigents.

Leur directrice, Mme Wanda de Lada, député de Varsovie, me disait au cours d'une récente interview : « La Pologne sera catholique ou bien elle ne sera pas. » Cette affirmation m'a touchée et je n'ai pas été moins frappée par la similitude qui unit Lourdes à Czestochowa, Mme de Lada écrit : « À mi-chemin entre Varsovie et Cracovie, sur la grande voix qui conduit à Vienne, s'élève la ville de Czestochowa, mais, bien avant d'arriver à la station, on aperçoit un monticule hérissé de murs et surmonté d'une flèche élevée. C'est la montagne lumineuse, Yasna-Gora et le célèbre monastère gardien du Trésor mystique de la Pologne, le tableau miraculeux de la Vierge Marie. Un phare puissant au sommet de la tour désigne au loin cette antique place. »

« ... À ce pèlerinage célèbre accourent, par an, plus d'un million de visiteurs. On y vient, des contrées les plus lointaines, souvent à pied et avec une ardeur de dévotion qui ne se dément pas. »

Après avoir décrit la chapelle, l'auteur parle de Notre-Dame : c'est le langage même de la foi.

« Les couronnes de la Vierge et de l'Enfant, ainsi que les robes sont largement parsemées de brillants, sur fond or. Les figures sont noircies ; les deux balafres sur les joues de la Sainte-Vierge sont très apparentes. Le Modèle, "La Vierge et l'Enfant" qui a traversé les siècles et qui a été reproduit en nombre incommensurable, est populaire dans tout le pays comme est populaire le modèle du XIXe, "L'Immaculée Conception" de Lourdes. Le tableau est couvert par un écrin travaillé en bas-relief qui, par un jeu mécanique, peut s'élever et redescendre pour la "monstrance". Le matin, à 6 heures, a lieu la cérémonie de la découverte. On découvre le tableau en faisant monter lentement l'écrin, au son d'une musique impressionnante, accompagnée de tambours. La foule tombe alors à genoux et vénère l'image miraculeuse. »

« … Il est à remarquer que le visage de la Madone, malgré sa couleur brune, semble prendre vie à mesure qu'on la contemple. Son expression est étrange : on sent la clémence, la douceur, l'amour. Il est admis par les pèlerins que c'est par la volonté de la Sainte Vierge que l'on n'a jamais pu effacer les balafres : la bienveillance va jusqu'aux mécréants insulteurs. »

On sait qu'en septembre 1939, les bombes allemandes ont frappé le sanctuaire où priaient les fidèles et l'on ne peut, aujourd'hui, relire sans un serrement de cœur l'hymne national qui retentissait naguère au milieu des cantiques :

« O Dieu qui, pendant tant de siècles, as entouré ce pays de force et de gloire, toi qui l'as abrité sous ton égide pour le défendre de tous les maux, nous t'implorons ! Rends-nous notre patrie ! Rends-nous notre pays et son ancienne grandeur. Que nos champs redeviennent fertiles, que le bonheur et la paix refleurissent ! Ô Dieu vengeur, cesse tes châtiments !… Toi dont la justice sait briser les sceptres des puissants, confonds les mauvais desseins de nos ennemis ! Éveille l'espoir dans chaque âme polonaise ! Éloigne de nous toutes les misères ! Unis les peuples libres sous les ailes de l'Ange de la Paix ! »

« … Nous t'implorons, Ô Dieu, rends-nous notre patrie. »

Geneviève Dardel

N° 2331 — 12 AVRIL 1940

Cartes sur table
Il faut bien le confesser. Nous avons tous éprouvé un même malaise au cours de ces sept mois d'une guerre immobile. Une question sans cesse nous obsède. Comment emportera-t-on la décision ? Comment abattre la bête malfaisante qui se terre après avoir porté la dévastation ou la ruine dans les voisinages pacifiques de son repaire ? Depuis cinq jours, sans avoir à penser à l'horreur des combats sanglants — qui peut-être déjà se préparent —, à la clarté des événements, nous découvrons d'autres perspectives. Hitler nous a laissé voir dans son jeu. Jusqu'ici, il s'était gardé d'éparpiller ses forces. Il se refusait aux entreprises comportant de gros risques. Il semblait attendre la décision de cette immobilité même qui facilitait les manœuvres de sa propagande en énervant les centres de résistance de notre front

psychologique. La téméraire aventure dans laquelle il joue peut-être le destin de son régime manifeste son désarroi. Il apparaît que plus encore que nous, il lui faut trouver une solution immédiate à l'hallucinant problème : Comment en finir ? Depuis deux semaines, il sent l'étreinte du blocus franco-britannique se resserrer. L'étroit chenal des eaux norvégiennes qui permettait cependant de recevoir d'appréciables quantités de matières premières et de produits alimentaires. Mais voici que depuis l'affaire de l'« Altmark », les Alliés manifestent la volonté de renforcer leur contrôle et de colmater toutes les fissures. Des mesures vont être prises. À tout prix il lui faut prévenir nos initiatives. Plutôt que de laisser ses machines et son peuple périr de lente asphyxie, mieux vaut risquer le tout pour le tout. Peut-être la menace et le chantage suffiront-ils ? Pourquoi, comme d'autres, la Norvège ne s'inclinerait-elle pas devant son ultimatum ?

Lourde erreur stratégique, ont observé simultanément M. Paul Reynaud à Paris, et M. Winston Churchill à Londres. Lourde erreur psychologique, pouvons-nous ajouter. Nul n'ignore plus ce que valent les promesses et les offres de Hitler. Le peuple norvégien avait longtemps peut-être considéré que sa faiblesse ne pouvait offrir une sérieuse tentation à son puissant voisin. L'attaque brusquée du 9 avril a pu obtenir un premier effet de surprise. Mais, déjà, à l'appel de son gouvernement et de son roi, le petit État nordique s'est ressaisi. Partout, il oppose à l'envahisseur la plus farouche résistance. Staline déjà avait pu mesurer ce dont est capable un peuple qui combat pour sauver son indépendance. Hitler, maintenant, va subir les conséquences de ses parjures. Plutôt que d'accepter la protection qui lui était proposée, ce petit État de moins de trois millions de paisibles bûcherons et pêcheurs, préfère affronter les armées d'un vaste empire militaire de 80 millions de sujets.

Les Alliés, eux aussi, se manifestent sous un nouveau jour. Hitler les tenait pour incapables de décisions promptes, de ripostes hardies. Jusqu'ici, ils paraissaient entravés autant par un rigoureux conformisme, toutes les prescriptions littérales d'un loyalisme scrupuleux que par le respect — dont ils ne sauraient se départir — des règles du droit et de la justice. Mais non. Les événements les ont instruits.

Ils ne sont plus du tout résignés à attendre passivement de se trouver placés en face du fait accompli. Ils ont promis, dès la première heure, leur entière assistance à la Norvège envahie. Bien mieux, ils avaient devancé son appel. La flotte britannique-française-polonaise se trouvait déjà dans les parages. Elle entra aussitôt en action. Un premier bulletin de victoire a été publié. Les avions secondent activement les escadres. Des corps expéditionnaires sont en route ou déjà débarquent sans que cependant le front d'Alsace aux Flandres ait été dégarni. Nos troupes vigilantes surveillent les concentrations massives que les escadrilles de reconnaissance ont signalées en Lorraine.

Et les neutres ? Ont-ils enfin, tous compris, que de gré ou de force, eux aussi, sont des partenaires, des gagnants ou des perdants — dans la partie engagée. Eux aussi, ils doivent donc abattre leur jeu. Les Alliés ont à apprendre de chacun des États neutres qui subsistent en Europe, s'il est résigné à subir le sort des dix nations qui ont été ces dernières années domestiquées, dévastées, ravagées, écrasées par les empires de proie. Lord Halifax, dans son noble discours d'avant-hier, a fait entendre un avertissement net et clair. Le bon sens conseille de ne pas attendre pour appeler au secours que l'assassin vous tienne la gorge et vous enfonce son poignard dans le cœur.

Oui, en ce moment, alors que les Alliés prévoient d'un jour à l'autre, peut-être d'une heure à l'autre, l'assaut des hordes allemandes contre leurs lignes, ils engagent cependant une fraction importante de leurs meilleures forces pour secourir un courageux petit État en péril. Ils ont donc le droit d'exiger de voir clair dans les intentions et la décision des autres neutres, tous pareillement menacés.

Francisque Gay

N° 2236 — 18 AVRIL 1940

Limites de la force

« Ils sont vraiment formidables, ces types-là », voilà donc tout ce que trouva à me dire, ce jeune Français et chrétien, ce matin où je faisais allusion, au début de la classe, aux graves événements que nous venions d'apprendre. Il ne s'agit pas de contester le fait. Formidables, bien sûr, ils le sont, et au sens que le mot tenait de l'étymologie, et au sens qu'il a reçu de l'argot scolaire.

Mais, derrière la matérialité inattaquable de la constatation, je sentais bien l'état d'âme qui voulait s'exprimer : idolâtrie de la force ; intoxication des doctrines qui en font la loi suprême du monde ; et comme une secrète irritation qu'on pût encore songer à autre chose, se référer à un autre système de valeurs.

Est-ce Hitler lui-même qui va guérir ces enfants abusés ? Bien sûr, la force est forte. Surtout quand elle sait dissimuler, attendre, calculer et, le moment venu, frapper avec le maximum de violence et d'audace sur un point bien choisi. Alors, il est inévitable qu'elle marque certains avantages. La première manche lui appartiendra toujours dans la partie ainsi engagée.

Bien sûr, il faut compter avec la force. Allons plus loin : elle est normale, elle est saine, elle est un ingrédient nécessaire de tout ordre humain. Le pacifisme ne l'a pas vu : il n'est pas brave, quand il n'en fait pas publiquement son *mea culpa*. Et l'excuse habituelle — que les autres ont aussi un *mea culpa* à faire — ne vaut exactement rien.

Mais la force est soumise à une terrible *hubris*, comme disaient les Grecs, à un terrible entraînement de démesure et d'excès. Sans loi interne, il est de sa nature de ne pouvoir se retenir sur les pentes où elle s'est une fois engagée, de ne pouvoir trouver en elle — même des raisons de ne pas pousser plus loin, encore plus loin, dans la voie qui a d'abord cédé. Elle est celle qui va. Et alors, sans parler des répugnances, indignations et gaines, qui vont se multiplier, sans parler même des résistances qui vont inévitablement surgir, renforcées du choc reçu, c'est sa dilatation même qui va compromettre l'empire de la force. Les monstres sont terribles, mais fragiles. Ce qui grandit trop vite ne dure pas. Il semble que déjà — ce déjà vous paraîtra amer, mais qu'est-ce que quelques années pour de telles aventures ! — le monstre hitlérien souffre de cette faiblesse intrinsèque de la monstruosité. Quel sort un Hitler n'eût-il pu faire à l'Allemagne s'il avait su s'arrêter à temps et convertir sa puissance en ordre ! Ainsi disons-nous parfois aussi, Français, en pensant à notre Napoléon. Mais de tels êtres ne savent ni s'arrêter, ni se convertir. Nous en sommes déjà à la campagne d'Espagne. Demain, peut-être, ce sera la campagne de Russie.

Le sac aux mauvais coups et aux mauvaises surprises n'est sans doute pas vidé et nos gouvernants ont raison de nous en avertir. Nous avons affaire à un fauve de grande espèce qui fera une belle défense — à moins qu'il ne reçoive subitement dans le dos le poignard de la traîtrise que sa propre traîtrise n'aura que trop méritée.

Dès maintenant, trois points essentiels sont acquis :

« La route du fer est et restera barrée ». « L'Allemagne a doublé l'efficacité du blocus ». Pour la place assiégée, les possibilités de ravitaillement et de sortie ont diminué dans des proportions énormes.

La réputation d'invincibilité qui entourait les entreprises militaires de l'Allemagne est entamée. Sur le terrain même où il lui a plu de porter la lutte, et au regard de ses projets manifestes, il y a échec, sinon encore désastre.

Les neutres — je ne parle pas des non-belligérants — laissent tomber le masque d'indifférence glacée qui nous scandalisait. Le jour où nous donnerons le signal du travail commun, beaucoup suivront avec enthousiasme, les derniers avec résignation.

Pleurons nos morts d'aujourd'hui et de demain. Ne détournons pas nos regards du martyre des victimes encore étendues sur la croix : Pologne, Finlande, Norvège. Mais au prix que l'histoire a coutume de mettre aux grandes œuvres humaines, nous n'avons pas le doit de dire que nous l'avons cher payé.

Paul Archambault

N° 2349 — 4 MAI 1940

Prière de mai

Voici donc revenu le mois évocateur de toutes les douceurs printanières et de toutes les grâces mariales. Vainement, certains souhaitaient-ils, en des temps très lointains, l'ouvrir par des rumeurs et des cris dissonants : les 1er mai de jadis, fleuris de muguet, n'ont laissé qu'un souvenir de paix sous le signe de saint Jacques et de saint Philippe, apôtres, alors que, déjà, dans toutes les églises de la chrétienté, l'autel est paré pour le mois de Marie, blanc de cierges et de cantiques. Cette année, malgré le défi du printemps, les jours de mai ne sont et ne resteront pour nous que des jours de guerre. Pour nous, qui nous refusons à l'enlisement de l'habitude, c'est assez dire, heureusement. Car avez-vous remarqué comment, depuis que la Bête est là, on cherche à l'apprivoiser pour notre pensée par des adjectifs lénifiants ? Qui oserait reprendre à son égard les épithètes dont il l'affrontait quand elle n'était pas encore déchaînée ?

Si nous nous risquions à le faire, c'est alors qu'on nous accuserait, plus que jamais, de laisser parler notre sentiment et notre cœur.

On nous veut durs et forts, et ceints d'un triple airain. Ceux dont l'armure n'est pas sans faille gardent encore, il est vrai, le droit de se taire.

Mais voici qu'est arrivé aux hommes un appel venu de si haut qu'ils ont dû, quels qu'ils soient, l'écouter dans le respect et le silence. Ella a osé, cette grande voix, reprendre les vocables interdits, elle a parlé de peines et d'inquiétudes, de malheurs et de souffrances, de tristesse et d'angoisses. Elle ne nous a pas invités à l'héroïsme, elle ne s'est adressée qu'à nos cœurs et à notre foi, nous demandant de répandre devant l'autel nos douleurs et nos larmes. Que béni soit le Saint-Père pour ce message. Il est à lui seul, avant toute réponse aux prières qu'il sollicite, un bienfait et une douceur. Il s'insinue en nous jusqu'à ces régions de l'âme dont la guerre voulait fermer l'accès où demeure encore, dans le silence, la nostalgie d'un monde meilleur, plus charitable et plus fraternel, que la tempête semblait avoir balayée tant notre espoir a été déçu.

Ce mois de mai marial prend donc un sens nouveau. Il n'est plus seulement l'oasis où nous aurions presque un remords de nous réfugier tandis que d'autres affrontent le pire, il associe nos préoccupations les plus constantes à notre besoin d'apaisement spirituel. Et pour mettre le comble à notre émotion et à notre reconnaissance, le message contient aussi ces mots où la pensée chrétienne s'exprime avec tant de tendresse et de poésie :

« Que les enfants se réunissent chaque jour autour de leur Mère du ciel, à genoux, et les mains tendues, qu'ils lui offrent prières et fleurs, eux qui sont les fleurs du jardin mystique de l'Église.

Oui, nous avons une grande confiance dans leurs prières, à eux "dont les anges voient toujours la face du Père", dont le visage respire l'innocence et les yeux brillants reflètent quelque chose de la lumière céleste. »

Le Pape évoque les enfants de la terre, mais nous pouvons bien aussi penser aux autres puisque, plus encore que les petits destinés à devenir des hommes ici-bas, ceux-là ne perdront pas de toute éternité leur éminente dignité de petits enfants. Au jardin mystique de l'Église, ils ont été, ceux-là, des fleurs précoces tôt choisies par le divin jardinier pour être transplantées en un beau parterre : les premiers Saints Innocents, suivis de tous les autres, tués par les Hérodes de tous les siècles, surtout du nôtre. Et tous ceux qui sont partis sans même qu'il soit besoin de crimes pour les arracher de nos bras, sans que rien n'explique humainement leur élection mystérieuse, terrible et ineffable...

Et si la prière des enfants parmi nous trouve déjà aisément l'accès d'En-haut, que vaudra donc la prière de ces autres petits enfants, puisque ce ne sont pas seulement leurs anges, mais eux-mêmes qui contemplent sans cesse la face du Père ? Les larmes sont désormais séchées de leurs yeux, mais ils n'en ont pas moins leur part de nos misères, douleurs du corps, angoisses de l'âme, et sont ainsi à même de nous comprendre...

Ils savent bien aussi, eux qui sont encore en possession du Royaume, que la guerre blesse en nous encore autre chose que notre sensibilité. Quand plus qu'en temps de révolution ou de guerre, se trouve bafouée la prière du Christ pour l'unité de son troupeau ? À eux qui forment, parmi les chœurs des anges, la Cour de la Vierge, mère de tous les hommes, nous confierons donc notre prière pour que, selon le vœu du Père commun qui est aussi le vœu de tous les chrétiens, revienne au plus tôt le temps où la justice et la miséricorde pourront enfin se donner le baiser de paix.

Jeanne Ancelet-Hustache

N° 2350 — 5-6 MAI 1940

Jeanne des Alliés

Jeanne de Mai, sainte fleur humaine qui éclosez aux jours du renouveau (quand des anges semblent se poser sur les pommiers du verger paternel où vous écoutiez les voix célestes), vrai lys d'or sur champ d'azur, Jeanne de France, promesse de bonheur. Annonce de la victoire, Espérance de la Paix, une acclamation inattendue se forme vers vous, dans les entrailles de la terre, et de la mer, en ce mois de 1940, qui, plus que jamais, presse autour de vous notre confiance invincible. Et cette acclamation dit : Jeanne des Alliés !

Paysanne de Domrémy, libératrice d'Orléans. Triomphatrice de Reims, l'acclamation qui monte jusqu'à vous mêle aujourd'hui la voix des soldats de Talbot à la voix des soldats de La Hire : en anglais, en français, vous êtes reconnue et saluée et saluée comme la messagère du Roi du Ciel. Avez-vous assez désiré ce moment ? L'avez-vous assez appelé avec douleur, avec ardeur ? « Si vous faîtes raison au Roi du Ciel, disiez-vous aux Anglais, vous pourrez venir en sa compagnie où les Français feront le plus beau fait que onques fût pour la chrétienté. » Voyez, Jeanne : jamais la chrétienté n'a été plus menacée : la triple gueule de l'Enfer : Injustice, Mensonge, Orgueil, voudront broyer l'Europe entière : mais les Anglais ont fait raison au Roi du Ciel, ils ne sont vraiment plus qu'un seul corps avec les Français pour exterminer le monstre. Comment douterions-nous de votre parole ? Plus exaltés que la victoire de Samothrace à la proue du navire grec, vous volez à l'avant de toute la flotte alliée, vous planez sur tous nos avions. Invisible, mais présente, vous veillez aux créneaux de toutes les tranchées, vous bondissez sur tous les parapets. Vous, qui criiez autrefois : « Ah ! Seigneur, le sang de nos gens coule par terre : pourquoi ne m'a-t-on pas éveillée ? », comment dormiriez-vous, Sainte Colombe jaillie du bûcher de Rouen pour couvrir à jamais dans l'ombre de nos ailes les défenseurs du règne de Dieu !

Quels que soient les revers que nous ayons à subir, nous gardons foi en vous, sainte Jeanne. Vous qui avez fait la France, quand elle était réduite au petit royaume de Bourges, vous savez ce que c'est que de remonter une pente. Les habiles et les puissants haussaient les épaules devant votre certitude, claire et droite comme votre épée. Mais le jeune duc d'Alençon crût en vous : « Il savait, a dit un Anglais, de quoi dépend la guerre et que la victoire est une chose de l'âme. » Nous croyons en vous comme le duc d'Alençon. Car il ne s'agit pas d'une autre cause que celle que vous défendiez vous-même. Oh, ennemie de la guerre, les chefs actuels de France et d'Angleterre ont justement reçu leur terre en commande, parce qu'ils sont les vrais héritiers, les dépositaires exacts du testament de saint Louis. Écoutez si ce n'est point pour eux que le Prince nommé par le Pape Ange de la Paix a donné son conseil imprescriptible : « Cher fils, garde-toi de tout ton pouvoir de provoquer la guerre, et n'y recours, si on te fait tort, qu'après avoir épuisé tous les autres moyens d'obtenir justice. Tiens-toi rigidement à la justice et à la droiture et sois loyal envers ton peuple, sans tourner à droite ou à gauche, quoi qu'il puisse advenir… » … Cela est grand : ne me permettrez-vous pas de dire que ce qui se passe aujourd'hui est encore plus grand ?

Ce n'est point parce que tout leur a été fait directement, c'est parce que tout a été fait à leur prochain, à un peuple auquel leur appui avait été solennellement promis, qu'après avoir épuisé tous autres moyens d'obtenir justice, France et Angleterre ont recouru à la guerre. Elles ont compris, comme vous, qu'il ne faut pas désarmer tant que l'injustice et la haine veulent prévaloir par la force. Aurions-nous tort de penser que c'est bien là ce plus beau fait qu'ont ai jamais vu en chrétienté, auquel vous présidiez que la France et l'Angleterre participeraient en la compagnie du Roi du Ciel ? Quel acte de Chevalerie a jamais été plus haut et plus pur que celui de ces peuples, dressés d'un seul geste, pour tous les peuples qui ont auparavant souffert violence, et pour les hommes libres de l'Allemagne elle-même, errant sur les routes de l'exil ou torturés en des camps de concentration ? Jeanne, voyez et jugez. Si un grand poète a pu dire de votre épée qu'elle s'appelle l'Amour et non la Haine, ne devons-nous pas dire que c'est elle, aujourd'hui, l'unique épée de la France, de l'Angleterre, de la Pologne, de la Norvège, de quiconque enfin n'a pas arraché de sa poitrine son cœur d'homme ? Votre blanc étendard, qui porte les noms de Jésus et de Marie, peut flotter sur tous ces alliés, même s'ils ne les confessent pas, car tous professent l'Amour qu'ils signifient.

Oui, Jeanne de France, nous sommes sûrs que vous êtes Jeanne des Alliés. Miracle de notre patrie, vous serez le miracle de l'Europe. Un jour vient où l'ennemi aux mains ruisselantes du sang innocent, qui essaie en vain de les laver dans les hypocrites parfums de sa barbarie scientifique, vous trouvera devant lui, invincible, et entendra votre voix terrible comme l'Amour : « En quelque lieu que j'atteindrai vos gens... je les en ferai aller, qu'ils le veuillent ou non, et s'ils ne veulent obéir, je les ferai tous occire, et s'ils veulent obéir, je les prendrai à merci... si vous ne voulez croire les nouvelles de par Dieu et de par la Pucelle, en quelque lieu que nous vous trouverons, nous frapperons dedans... Et aux horions, on verra bien qui aura le meilleur droit de Dieu du Ciel ! »
— Chef des Alliés de la Justice, Jeanne aux mains pures.

Jean Soulairol

N° 2354 — 10 MAI 1940

La conduite psychologique de la guerre
Jusqu'ici, dans les combats individuels, le Français, l'Anglais ont presque toujours affirmé leur supériorité sur l'Allemand. Il reste

cependant que l'ennemi a révélé une certaine supériorité en matière d'organisation et dans l'action de masses. Ses succès en Pologne, au Danemark et récemment en Norvège nous en ont fourni quelques preuves. Le nier serait naïf, voire dangereux.

Cet avantage doit être inscrit au bénéfice du régime. La dictature, qui est un mode de gouvernement détestable pour la paix, est, en revanche, celui qui s'adapte le mieux à l'état de guerre. Les dictateurs le savent. C'est pourquoi ils recherchent cet état comme réalisant les conditions de vie les plus favorables à leur activité, leur climat optimum.

Quand Hitler déclare qu'il a été créé pour la guerre, il ne faut pas sourire. Il dit vrai. Sa parole même est une agression. Il a une éloquence à gifles, comme d'autres ont une tête à gifles. Il ne peut ouvrir la bouche sans insulter quelqu'un, sans outrager quelque cause sacrée ou respectable aux yeux d'un certain groupe d'humains. Même quand il flatte, il le fait aux dépens d'un tiers qu'il injurie.

Ainsi Hitler nous offre l'exemple d'un tempérament agressif à l'état presque pur. Sachons reconnaître que là réside le plus clair de sa force. Nous ne croyons pas à la solidité du IIIe Reich, bâti à la hâte, et sans fondations profondes ? En revanche, nous croyons à la valeur de Hitler comme chef de bande. Quand il a dit qu'il pensait à la victoire à chaque minute du jour et de la nuit, on en a encore souri. On a eu tort. Hitler est un obsédé, et, comme tous les hommes à idée fixe, il possède le pouvoir de concentrer toutes ses réflexions et son activité sur un seul objet. Depuis qu'il s'est lancé dans l'action politique, une seule pensée l'a conduit : battre l'adversaire. D'où cette tournure d'esprit butée, unilatérale, qui nous répugne, nous qui sommes les enfants d'une civilisation faite de mesure, d'affabilité, de largeur de vues, mais qui l'avantage incontestablement dans son activité combative.

Là est le danger, et dont il est impossible de ne pas sous-estimer la gravité. Nous avons en Hitler un ennemi constamment aux aguets, d'une effrayante présence d'esprit qui ne nous pardonne pas une minute d'inattention, une lenteur, une occasion manquée, une négligence, le moindre relâchement. C'est là, peut-être, l'enseignement le plus important que nous ayons à tirer de l'échec de Norvège. Affirmer notre confiance en la victoire est excellent. Prenons garde toutefois qu'on ne saurait sur le papier établir une victoire avec une certitude mathématique Ce serait nier le rôle de l'énergie, de l'esprit d'invention, d'initiative, de l'audace, ce serait faire montre d'un matérialisme assez étroit et tout à fait contraire au génie français.

Si nous voulons donc mettre toutes les chances de victoire de notre côté, il nous faut opposer à Hitler des chefs de gouvernement aussi combatifs, audacieux, entreprenants, intransigeants, aussi agressifs, que lui et qui n'aient, comme lui, qu'une seule pensée : battre l'ennemi. C'est cette pugnacité têtue qui faisait la valeur d'un Clemenceau et qui éclatait dans son leitmotiv : « Je fais la guerre. » Mais il fallut attendre plus de trois ans pour que l'on se décide à lui confier le pouvoir. Douze mois plus tard, cependant, l'armistice était signé.

Nous avons montré, déjà, par maints exemples, que les expériences faites dans l'autre guerre n'ont pas été perdues pour nous. N'attendons pas trop longtemps pour réaliser les réformes les plus importantes. Sans tomber dans la vanité patriotarde, nous pouvons prétendre posséder en M. Paul Reynaud un chef qui remplit les conditions requises plus haut pour combattre avec succès un adversaire tel que Hitler. Mais nous ne sommes pas seuls.

Il ne nous appartient pas de nous immiscer dans les affaires intérieures de nos amis anglais. Mais nos destins sont désormais trop intimement liés pour que nous ne portions un intérêt affectueux et passionné à tout ce qui les concerne. Nous sommes convaincus qu'ils possèdent les hommes capables d'affronter les difficultés exceptionnelles que l'actuelle situation comporte. Au courant de la plume, on en citerait dix, et qui constitueraient une équipe singulièrement « efficiciente » : MM. Winston Churchill, Anthony Eden, Hore Belisha, Duff Cooper, sir Roger Keyes, Amery, Attlee, Arthur Greenwood, Archibald Sinclair, le vieux Lloyd George lui-même qui, chargé par exemple des fabrications aéronautiques, ferait encore merveille. Si l'on nous demande pourquoi nous rapprochons ces hommes, venus des horizons politiques les plus divers, nous répondrons qu'ils ont tous donné des preuves indubitables de leur esprit de résolution, de leur caractère. Or pour combattre Hitler, qui est lui-même un caractère, nous avons besoin d'abord de caractères.

Armand Pierhal

N° 2360 — 17 MAI 1940

Une seule chose compte : maintenir la France
Bien sûr, il ne pouvait être question, hier, d'engager à la Chambre un débat politique. Pourtant, avant séance, les couloirs étaient mauvais. De groupe en groupe circulaient de fâcheuses rumeurs. M. Paul Reynaud monte à la tribune. Son discours ne durera pas dix minutes. Il lit, suivant sa manière, en martelant les phrases. Dès les premiers mots, il nous a replacés en face de la situation. L'Assemblée tout entière, dans un bel élan de reconnaissance fervente et unanime, acclame nos alliés et nos soldats.

Le Président du Conseil ne cherche pas à dissimuler la force de l'adversaire et la gravité du péril. Mais il veut que le pays sache que le gouvernement, sûr de son armée, y fera face. Si les circonstances l'exigent, on prendra « des mesures qui auraient paru révolutionnaires hier. Peut-être devrons-nous changer les méthodes, les hommes. Pour toute défaillance, le châtiment viendra : la mort. » La Chambre, debout, a fait au président du Conseil, une longue ovation. Le président Herriot, à son tour, en moins de mots encore, renouvelle au nom de la Chambre le même hommage à nos alliés d'hier et à ceux d'aujourd'hui ; puis, « un nouvel hommage, le plus ému, le plus respectueux, et si j'ose dire, le plus tendre à nos soldats ».

Pourquoi ne pas l'avouer ? J'étais venu à la Chambre — comme sans doute la plupart de mes confrères, avec appréhension, par devoir professionnel. Nous en sommes sortis avec quelque fierté et une grande émotion patriotique. Quelques mots avaient suffi pour dissiper les miasmes. En moins de vingt-cinq minutes, la séance s'était achevée, et la Chambre laissait à son président le soin de la convoquer. Pas une minute nous n'avions eu à nous souvenir des petites combinaisons de la politique. M. Paul Reynaud avait simplement tenu à rappeler, d'une phrase, que « tous les partis son représentés au pouvoir ». Il n'était pas l'heure de penser qu'un fâcheux malentendu n'a pas laissé à notre famille spirituelle une part, du reste peu enviable, dans les responsabilités gouvernementales. Peu importe, nous faisons pleine confiance à la sagesse du Président du Conseil. L'oubli en son temps sera réparé, et, en tout cas, notre concours le plus entier, le plus loyal, il le sait, lui est acquis.

Aussi bien, il s'agissait de tout autre chose que d'un accord entre des partis. L'histoire gardera de cette séance le même grand souvenir que de la séance du 2 août 1914. Il ne s'agissait pas d'une démonstration politique. Ce fut peut-être la plus belle, la plus noble, la plus réconfortante de toutes les manifestations d'unanimité nationale auxquelles il m'a jamais été donné d'assister.

Elle exprimera magnifiquement devant le monde, la résolution farouche d'une France courageuse et unanime.

Francisque Gay

N° 2362 — 20 MAI 2940

La foi

Finies, balayées, les incertitudes, les hésitations, les réserves, les tergiversations... Un grand vent passe. Ah ! Ce n'est pas que la confiance, la résolution éprouvent le besoin d'exprimer en gestes ostentatoires, en paroles solennelles ! Rien de plus grave, de plus mesuré, de plus discret que le Paris d'aujourd'hui. Silencieux, tendu certes, mais sans ces contractures qui trahissent le désespoir et la révolte. Chacun se limite, mais aussi s'applique à sa tâche quotidienne, sachant que c'est là sa chance de salut. Salut dont le pays ne peut se maintenir que dans le travail. Salut pour l'homme qui défend ainsi son âme même... Pour le reste, il s'en remet à quelque chose, disons mieux, à quelqu'un qui le dépasse.

Visiblement, la France a foi en elle-même. La foi... Ah ! Nous pouvons en parler, nous chrétiens, parce que nous avons eu à réfléchir longuement à ce qui la constitue, à nous entraîner parfois difficilement à ce qu'elle suppose. Sans mêler les plans, nous avons le droit de relever les analogies qui éclairent.

La foi, c'est un acte d'intelligence : mais arguments et raisons n'y suffisent pas. La foi, c'est un acte de volonté ; mais pas capricieux ni arbitraire. La foi, c'est une complaisance de la sensibilité ; mais qui sait aussi accepter l'épreuve de la souffrance. Par-delà tout cela, mais aussi avant tout cela, c'est un grand élan de l'être par lequel nous communions à quelque réalité en qui nous nous sentons fondés, consolidés. Un élan qui soutient au besoin la raison, impuissante, et l'empêche d'extravaguer ; qui relève au besoin la volonté défaillante et lui permet de se redresser ; qui s'impose encore au cœur meurtri et décontenancé. Une extraordinaire sécurité dans l'inquiétude même...

La France a foi en elle-même. Ce n'est pas qu'elle ignore les difficultés ni les risques. Mais de même que, disait Newman, dix mille difficultés ne font pas un doute, de même, dirons-nous, cent mille risques ne font pas un désespoir.

Du moins tant qu'on sent couler en soi cette source de certitude et de force qui, précisément, s'appelle la foi. C'est elle que je sens couler dans les veines ardentes de la France.

« Non, non, c'est impossible, c'est inconcevable, nous ne pouvons pas être battus. » Quand vous entendez un de ces avares propos qui sortent des bouches closes, peut-être avez-vous l'impression d'un raidissement artificiel, d'une tentative un peu puérile d'autosuggestion.

« C'est la civilisation même qui est en cause... Notre cause est trop pure pour périr. Autrement, la vie ne vaudrait pas d'être vécue. » Quand vous écoutez quelqu'un de ces propos officiels, peut-être hier encore, eussiez-vous été incités à vous dire : c'est toujours la méthode Coué qui opère, à l'échelle de la masse cette fois. Mais non, il s'agit de bien autre chose. Il s'agit de cet élan qui nous traverse et auquel, quand nous écoutons le meilleur de nous-mêmes, nous ne nous sentons ni le droit, ni même la possibilité de nous refuser.

À cet élan, nous avons à collaborer, nous avons aussi le cas échéant, à défendre contre d'autres parts de nous-mêmes, cette part de nous-mêmes qui l'accueille ; le problème de la grâce et de la liberté se pose ici aussi en d'autres termes. Et aussi, le problème de la foi et des œuvres, des œuvres qui doivent en même temps exprimer, servir et alimenter la foi.

Mais nous savons bien qu'il nous dépasse, qu'il vient de plus loin et va plus haut, dans une présence éprouvée et vécue. Il tient de l'instinct par sa force, de l'intuition par sa lumière. Il est surtout confiance, au sens le plus profond du mot, foi jurée qui ne veut pas, qui ne peut pas se déjuger.

La foi, vous dis-je.

La foi, en la France, en ce qu'elle est, en ce qu'elle vaut, en ce qu'elle porte et annonce.

La France « sensible au cœur ».

Paul Archambault

N° 2368 — 26-27 MAI 1940

Hitler cherche-t-il à remplacer le Juif errant par le Polonais errant ?
Deux périodes peuvent être remarquées dans la politique des nazis en Pologne envahie. La première période est caractérisée par une certaine hésitation dans l'application du système barbare inauguré lors de l'occupation de la Pologne : cette hésitation les a freinés en quelque sorte et les a retenus de pires excès ? Le désir de créer en Pologne un « Protectorat », comme en Tchécoslovaquie, en était la cause. Cependant, il ne peut y avoir de protectorat sans que les gens qui doivent être protégés en expriment le souhait. Les nazis voulaient donc provoquer au moins un semblant d'un tel souhait. C'est pourquoi il leur paraissait indispensable de former un « gouvernement polonais ». Pour y arriver, les nazis ont cherché dans le pays des personnalités politiques disposées à constituer un gouvernement marionnette. Ils n'ont pas trouvé en Pologne des Hachinskis ! Le célèbre prof. Estreicher a refusé catégoriquement de présider un Protectorat. Ainsi, les Allemands ont appris que, dans la Pologne, Thermopyles du monde, il y avait des Leonidas, mais il manquait des Éphialtès. N'ayant pas réussi à plier les Polonais, ils se sont entrepris de les briser.

Alors commence la période d'extermination totale. Le professeur Stanislas Estreicher fut envoyé en camp de concentration. Starzynski, maire et défenseur de Varsovie, jeté en prison. On installa définitivement le général-gouvernement du Dr Frank. Il s'agit de se débarrasser de la population polonaise et juive, et de transformer leur espace vital en un immense espace colonial du IIIe Reich. Pour placer quelques dizaines de milliers d'Allemands, il faut exterminer quelques dizaines de millions de Polonais et en expulser d'autres. Ce programme est en cours de réalisation. Près de 2 millions de Polonais, travailleurs et intellectuels, ont été déportés comme du bétail en Allemagne où ils sont contraints de travailler plus durement que les anciens israélites sous le joug de Pharaons égyptiens. En même temps, les nazis s'acharnent à anéantir la culture polonaise pour que le reste du peuple polonais auquel on laissera la vie, perdre son visage national, soit totalement dépolonisé.

En exterminant le peuple et la culture polonais, les nazis visent à une germanisation totale de la Pologne. Cette germanisation doit être totale au point qu'on envisage même la paganisation du pays. En évinçant l'Église catholique, on cherche à la remplacer par l'église du Führer. Cela trouve une frappante illustration dans le fait que, dans le district de Katowice, par exemple, les Ordres religieux ont été remplacés par les « *Braun Schwester* », les Sœurs brunes, qui célèbrent de véritables offices devant les photographies de Hitler, avec méditation, examen de conscience, cierges…

On se refuserait à croire qu'il soit possible d'augmenter le degré de barbarie dont les Polonais sont victimes. Cependant, les nazis, ces virtuoses de la cruauté, ont découvert les moyens de la renforcer.

Ce sont les Juifs qui sont frappés plus fort encore que les Polonais dans leur patrie commune ! Ils sont frappés plus fort, en se trouvant, en effet, hors la loi !

Le sort de la population juive en Pologne est déterminé par une foule d'ordonnances et de règlements concernant la création de ghettos, l'expulsion des Juifs dans la réserve de Lublin, la confiscation de leurs biens, l'emploi des Juifs aux travaux obligatoires, la restriction de l'usage de la langue juive, le devoir de porter des marques distinctes. Mais, en fait, la masse des deux millions de juifs en Pologne ne jouit même pas du « bénéfice » de ces règlements juridiques ! Elle est un gibier sans défense, livré au bon plaisir du premier « *Volksdeutsche* » venu.

Je m'abstiens de relater les détails de leur calvaire. On l'a fait suffisamment, à maintes reprises. Je me bornerai à illustrer leur situation en citant cet extrait de l'hebdomadaire juif *Notre voix* (n° 102), où un homme politique, arrivé récemment de Varsovie, à Paris, rapporte ceci :

Aucune ordonnance officielle ne règle les travaux obligatoires pour la population.

On appréhende les passants dans les rues.

Ces arrestations sont opérées par les soldats, les employés de la Gestapo, les « *Volksdeutsche* » civils, les membres de la « Jeunesse hitlérienne ».

Ces derniers appréhendent les Juifs pour les piller, le rançonner et s'enrichir de toute manière.

Il est arrivé très souvent à Lodz, par exemple, que des héros de la « Jeunesse hitlérienne » ont contraint un vieux passant juif à porter le panier d'une femme allemande, du marché à la maison, et l'ont battu et maltraité en route. La « Jeunesse hitlérienne » entreprend aussi des rafles dans les rues, amène les juifs appréhendés sur la place du marché, les font danser devant la populace, s'amuse à les pourchasser comme du gibier puis les remet aux Allemands en uniforme qui les astreignent au « travail » et à de nouvelles tortures.

Des bandes entières de petits garçons hitlériens se livrent à un nouveau « sport » : ils saisissent des enfants juifs, arrachent parfois les bébés de deux à trois ans des mains de leurs mamans, les battent et les maltraitent devant elles, souvent au point de les faire mourir.

Afin de mettre fin à ces procédés de la chasse à l'homme, les communautés juives ont entrepris diverses démarches, en s'offrant à fournir, chaque jour, une certaine quantité d'hommes nécessaires aux travaux. Cette proposition a été acceptée par la Gestapo. Il a été convenu que Lodz fournirait 700, Varsovie 2 000 Juifs par jour. Mais cet arrangement n'a pas fait cesser la chasse à l'homme dans les rues. Aux objections des communautés juives, les dirigeants de la Gestapo ont riposté par des éclats de rire ou, dans les meilleurs cas, en disant que les autorités militaires ne connaissent pas ou ne veulent pas connaître les arrangements de la Gestapo...

Quatre ou cinq organes différents du pouvoir sévissent dans le malheureux pays : les S.A, les S.S, le parti nazi, les autorités civiles et militaires.

Toutes ces autorités rivalisent entre elles à piller et tourmenter la population. L'une cherche à dépasser l'autre. Chacune impose ses propres ordonnances en ignorant celles de ses rivales. Outre cela, au sein de chacun de ces organismes les membres rivalisent entre eux : chacun brûle de devenir un petit Führer, de s'enrichir le plus vite possible par le pillage et le brigandage. Et tout cela, c'est la population qui le paie, particulièrement la population juive. Car, peut-on s'insinuer plus efficacement dans la faveur des chefs du pouvoir nazi et mériter leur reconnaissance, sinon par ces abominables atrocités contre les Juifs ?

On ne sait pas quels sont les buts exacts du programme final poursuivi par Hitler à l'égard des Polonais et des Juifs : mais ses méthodes barbares me font penser parfois qu'il se propose deux choses.

1° Exterminer physiquement tous les juifs en Pologne, en Allemagne et dans le monde entier.

2° Chasser de Pologne cette partie du peuple polonais qui malgré tout ne pourra pas être physiquement anéantie, comme on a chassé les Israélites de Palestine. Chasser ces Polonais en dehors de leur partie et les disperser aux quatre coins du monde !

Faire disparaître le Juif errant et le remplacer par le Polonais errant.

Vraiment, c'est peut-être cela le rêve pervers de cet homme-monstre. Pour que son rêve vicieux ne reste qu'un rêve, la résistance s'impose. Ses desseins, ses efforts doivent être paralysés.

Les Juifs et les Polonais, peuples élus de la haine hitlérienne, ont beaucoup plus souffert que les autres peuples. Ils ont été impitoyablement frappés à travers les siècles, mais le chemin épineux de leur calvaire a roidi leur nuque, endurci leur âme, pétrifié leur force de résistance.

Ces deux peuples fils de la souffrance qui ont su résister à tant de graves tempêtes sauront également résister à Hitler. De même qu'il n'a pas réussi à les plier, il n'arrivera pas à les briser. Il ne transformera pas leur espace vital en espace colonial du IIIe Reich !

Il ne triomphera pas !

Arthur Steigler

N° 2371 — 30 MAI 1940

Journée de deuil et de lumière

La journée du 28 mai 1940 comptera parmi les plus douloureuses de la guerre. Mais cette journée de douleur a peut-être été une journée de lumière et sans doute servira-t-elle à éclairer a conscience universelle.

Quand, à la première heure, la radio annonça la capitulation de Léopold III, ce fut une immense impression de stupeur plus que de colère qui frappa les auditeurs. On voulait encore espérer qu'il s'agissait d'un malheur et non d'une trahison. Des Belges fidèles à la monarchie et des Français s'efforçaient encore de chercher des excuses au roi. Ils ne pouvaient croire au déshonneur. Je les ai entendus, ces cris pathétiques qui montaient des cœurs chargés de pitié et j'ai senti jusqu'au fond de moi-même la lourde brûlure de notre écho. On aurait désiré que M. Paul Reynaud eût exagéré le blâme. On se penchait sur la Belgique en pleurs pour lui dire : « Ce n'est pas possible ! » De quel cœur on eut effacé sur les journaux ces titres vengeurs qui vouaient au mépris ce jeune roi trahi par la Fortune ; mais la journée continuait et, peu à peu, tout le monde admettait que ce n'était pas la Fortune qui avait trahi le roi. Les Belges eux-mêmes allèrent couvrir d'un voile noir la statue du roi Albert et nous n'eûmes plus que le silence pour envelopper la peine de nos amis belges qui pleuraient.

Oui, je les plains tous ceux qui avaient mis leur confiance dans leur roi, qui étaient attachés à la tradition d'une monarchie jusque là glorieuse et qui se voient aujourd'hui emportés dans le tourbillon de la vengeance céleste. Nous en connaissons qui voudraient aller au bout du monde pour oublier et ne plus entendre les voix qui condamnent et c'est pourquoi nous voudrions garder l'espoir que la faute n'a pas été aussi totale, tant il nous répugne de savoir qu'un roi jeune et chrétien sur qui le sort s'était acharné et dont le nom est inséparable de celui de la reine Astrid, a trahi l'honneur. Dieu veuille que l'ombre de la noble princesse ne se lève pas du tombeau pour dire à l'époux : « Tu m'as tuée deux fois ! » Non, nous ne piétinerons pas le cœur de ceux souffrent et ce n'est pas à eux que s'adressent ces réflexions. Pour eux, nous n'avons à leur offrir que notre affection discrète et silencieuse, et c'est du fond du cœur que nous partageons encore leur peine et leur espérance. Si demain, on venait nous dire : « C'est la Fatalité qui a tout fait », nous nous réjouirions encore dans notre douleur. Mais il faut bien constater que la faute du roi semble la conséquence d'une longue attitude, et c'est là qu'est aujourd'hui pour nous le drame. La neutralité belge trop longtemps cultivée, nous n'en parlerons pas. Les peuples ont leur liberté d'action et il faut les respecter. Mais il y a aussi les secrets penchants des responsables pour les doctrines de la mort, les sympathies troubles, les admirations illégitimes, et tout s'est passé comme si, depuis trop longtemps, le roi avait mis son cœur de l'autre côté. Quand on disait en France : « Léopold III est secrètement l'ami de Hitler », nous ne croyions qu'à demi au propos et nous demandions à nos frères belges de nous affirmer le contraire, mais nous étions émus. Quand on nous racontait que le roi Léopold III voyait sans déplaisir l'action de ce sinistre fou qu'est Léon Degrelle, nous en éprouvions malgré nous de l'amertume. Or, aujourd'hui, le roi commet un acte qui donne à ces bruits rétrospectifs un sens complet. C'est, le comprend-on ? ce qui ajoute à notre peine, car c'est ce qui rend difficile cette réhabilitation que tant de braves gens désirent secrètement.

Oserai-je rappeler un souvenir personnel ? Depuis cinq ans, j'ai reçu des rexistes belges des centaines de lettres d'insultes et des menaces de mort. Ces gens me disaient : « Vous venez représenter chez nous le libéralisme français. Hitler est cent fois supérieur à vos misérables gouvernants. Nous, nous avons un roi qui sait, qui comprend, qui domine ! » Et l'un après l'autre, je jetais au feu ces papiers immondes en pensant : « Ces abominables individus trahissent leur pays et leur roi », et malgré eux, je gardais au fils du Roi-Chevalier mon admiration et mon estime, parce qu'il avait souffert, parce qu'il représentait une famille étonnamment glorieuse ! Et voici que l'événement me donne tort. Alors comprend-on pourquoi je pleure fraternellement avec tous ceux qui pleurent ?

Joseph Ageorges

N° 2373 — 1ᴇʀ JUIN 1940

De Dunkerque à l'Yser
En dépit de la trahison du roi Léopold, l'héroïque résistance de l'armée du Nord se prolonge. Chaque jour de nouveaux exploits attestent que les valeureuses troupes françaises et britanniques conservent leur mordant.

Après la capitulation de l'armée belge qui occupait notamment les positions de Menin et de Courtrai, sur la Lys, les divisions du général Prioux développées dans la région autour de Douai, Lille Armentières, se trouvaient menacées d'encerclement. Le 30 mai au soir, nous apprenions pourtant que, malgré la pression formidable s'exerçant sur leurs deux flancs, une fraction importante des divisions du général Prioux avaient réussi à progresser vers le nord dans la direction du camp retranché de Dunkerque. Dans ce secteur, bien que les Allemands soient parvenus à s'installer au mont Cassel et que de furieux combats se déroulent encore autour du mont des Cats et du mont Kemmel, l'arrière-garde Prioux, formée, comme jadis, en carré, s'acharne à se frayer passage. Le long de la mer du Nord, de m'ouest de Dunkerque à Nieuport, nous occupons solide et la côte. La flotte britannique assure le ravitaillement régulier des troupes en vivres et en munitions. Les transporteurs, escortés d'une flotte puissante, remportent, à chaque voyage, les blessés, et les unités qui se trouvent en surnombre. Aucun chiffre n'a été communiqué, mais la radio britannique annonçait officiellement qu'une fraction notable de l'armée avait pu être évacuée.

À l'est, les Alliés sont installés sur la ligne de l'Yser, et l'on fait savoir que dans toute la région des Moeres, c'est-à-dire sur toute la riche gauche du fleuve, l'inondation a été tendue.

Quand on parle d'inondation, on ne doit pas se représenter des vagues puissantes, faisant brusquement irruption dans la plaine. Non, comme en octobre 1914, l'important système d'écluses de Jieuport à la bouche de l'Yser a seulement livré passage aux eaux marines et celles-ci par leur lente infiltration, montent peu à peu et repoussent les eaux douces des fleuves et des canaux qui, à leur tour, viendront grossir l'inondation. Elles couvrent les anciens polders qu'on ne peut maintenir en état de culture qu'en drainant constamment les terrains marécageux à l'aide de multiples moulins. Sur trente à quarante kilomètres en longueur et quatre à cinq en largeur, l'eau va, progressivement, s'élever à une hauteur de quelques décimètres. À vrai dire, l'obstacle ne saurait arrêter les fantassins et même les chars souterrains. Mais impossible de distinguer sous cette nappe bourbeuse et sournoise les multiples canaux d'irrigation ou les dépressions qui offrent des pièges multiples et singulièrement périlleux.

Il faut relire dans les beaux livres de Charles Le Goffic, *Dixmude*, et de Pierre Northomb, *L'Yser*, les descriptions d'une si vivante actualité des batailles qui se sont déroulées sous la protection des eaux de l'Yser, en octobre 1914.

L'armée alliée se trouvait à certains égards, en situation plus difficile. Les avant-gardes allemandes avaient franchi l'Yser sur plusieurs points. Elles tenaient sur la rive gauche Ramscappelle et Pervyse. L'empereur, sûr de la victoire, était venu s'installer aux environs de Dixmude dans l'espoir d'assister à la prise de Dunkerque et de Calais. C'est là que nos vaillants fusiliers marins, aidés des Britanniques et des Belges, allaient remporter une des plus glorieuses victoires.

Sans doute, nous savons que de la Somme à Calais, l'ennemi occupe aujourd'hui le littoral, mais la place-forte de Dunkerque résiste. Maîtresse du ciel, l'aviation britannique protège les réembarquements. La situation reste grave, mais nous avons les meilleures raisons de garder confiance.

Francisque Gay

N° 2375 — 4 JUIN 1940
Pour qu'on ne doute plus de nous
Il est trop évident que, si les neutres, dès le début des hostilités, avaient pris position contre un formidable et odieux impérialisme qui n'était pas moins menaçant pour eux que pour la Pologne, ni nous ni eux-mêmes n'en serions, aujourd'hui, où nous en sommes.

Cet impérialisme avait déjà dévoré l'Autriche et la Tchécoslovaquie Il s'apprêtait à dévorer la Pologne. Nul ne pouvait plus se faire d'illusions : l'appétit du monstre, loin d'être apaisé, se trouverait aiguisé par ses conquêtes.

Pourtant, jusqu'au bout, c'est-à-dire jusqu'au moment où ils furent eux-mêmes envahis, ces neutres n'osèrent pas se décider. Pourquoi ? Doutaient-ils du bon droit des Alliés ? Évidemment non. Il n'était pas nécessaire qu'ils fussent attaqués directement pour savoir que la justice était le dernier souci de l'Allemagne hitlérienne et que les peuples convoités par elle étaient exécutés, l'un après l'autre, avec un suprême raffinement d'hypocrisie, de duplicité et de cruauté.

Hélas ! Dans la politique internationale comme dans la politique intérieure, les considérations de justice n'ont jamais suffi à déterminer les actes des peuples ou des individus. C'est, sans doute, regrettable, mais c'est ainsi parce que c'est humain, si mollement et tristement humain. Dans les luttes humaines, la justice ne garde tout son prestige que si elle s'avance accompagnée de la force.

(12 lignes censurées)

Je me ferais scrupule, en ce moment, de rappeler ici certaines dates, certains événements.

(1 ligne censurée)

On sait ce que je veux dire.

(15 lignes censurées)

Ces jours derniers encore, d'émouvantes manifestations religieuses et sociales nous en apportaient les preuves infiniment réconfortantes. Le malheur est que ces preuves sont toujours trop tardives.

Les apparences nous trahissent. Faut-il donc s'étonner qu'on doute de nous quand nous avons constamment l'air de douter de nous-mêmes ? Songeons-y ! Au cours des années qui précédèrent la guerre, les Français dont les convictions politiques étaient les plus dithyrambiques, dans notre démocratie, n'étaient pas les démocrates convaincus, c'étaient les disciples d'idéologies étrangères qui se réclamaient plus ou moins d'un Staline, d'un Mussolini, voire — quelle aberration ! — d'un Hitler !

Oh ! certes, notre démocratie était et reste loin de l'idéal que nous avons d'elle. Il n'est pas un démocrate convaincu qui n'ait souhaité introduire, jusque dans sa structure, comme nous disions à la Jeune République, de profondes réformes économiques et politiques. Telle qu'était, même très imparfaite, notre démocratie nous fournissait pourtant quelques-unes des fondations de liberté, de respect de la personne, sur lesquelles on pouvait et devait construire solidement. Nous l'avons trop oublié.

À la veille de la guerre de 1914, au début de la Jeune République, Marc Sangnier préconisait ce qu'il appelait la « politique de la réconciliation nationale » pour la défense de ces principes de liberté spirituelle et civique, d'éminente dignité du travail et du travailleur, de respect de la personne qui sont communs, n'est-il pas vrai, non seulement aux démocrates conscients des exigences de la démocratie, mais à l'immense majorité des Français, même qui ne sont ou ne se croient pas démocrates.

Cette politique de « réconciliation » ne s'imposera-t-elle pas, encore demain ? N'est-elle pas, d'ailleurs, l'enjeu de cette terrible guerre entre tous les Français ? Certes, subsisteront bien des divergences. Il n'en peut être autrement dans un régime de liberté où l'individu garde sa personnalité, n'est pas réduit à l'état d'un simple rouage d'une machine dont l'âme est étrangère à la sienne.

Mai, ce qui importe, ce n'est pas que nous pensions tous de même en toutes choses, c'est que nous prenions enfin conscience avec force de ce qui nous unit, de ce que nous devons défendre ensemble pour que soient sauvegardées nos essentielles raisons de vivre et d'agir.

Le jour où nous aurons nous-mêmes pris mieux conscience de ce capital commun si précieux, les autres prendront davantage conscience de notre force réelle. Et alors, ils douteront moins de nous.

Georges Hoog

N° 2376 — 5 JUIN 1940
Ne nous payons pas de mots
Il ne saurait être question de mettre en doute la victoire finale. Au contraire ! Malgré le coup très dur que représente la capitulation de Léopold, nous sommes intimement convaincus que nos chances de succès restent supérieures à celles de l'adversaire.

Mais il serait dangereux de pousser la foi du charbonnier jusqu'à s'imaginer que la victoire nous est assurée par une sorte de grâce divine ; qu'elle nous est due parce que nous défendons la bonne cause, parce que Dieu ne peut vouloir la destruction de la France.

Cette victoire, il nous faudra la gagner, comme doivent se gagner toutes les victoires. Il nous faudra même la gagner durement, car l'adversaire est de taille. J'ai eu l'occasion dernièrement, devant un des publics les plus sensibles de Paris, de faire non pas — Dieu nous en garde ! — l'éloge de l'ennemi, mais le recensement de ses moyens, lesquels, comme nous venons de le dire, sont grands. Tout de suite, la température de la salle a baissé, et je ne serais pas étonné que quelques-uns de mes auditeurs m'aient taxé, *in petto*, de défaitisme.

Prendre la mesure exacte de l'adversaire ne signifie point qu'on lui dresse des couronnes. Être défaitiste, c'est l'estimer plus qu'il ne vaut et en avoir peur. Mais l'estimer moins qu'il ne vaut, c'est se montrer aveugle. Les deux erreurs sont également dangereuses et peuvent également nous conduire à la défaite. Ne nous berçons pas de belles phrases. Ayons le courage, nous qui ne tenons qu'une plume, de regarder la réalité en face et de dire sans ambages ce que nous voyons. C'est un courage encore bien faible, comparé à celui du combattant qui donne sa vie sur la ligne de feu. Il y a une vérité, devant l'évidence de laquelle nous reculons depuis des années et que nous aimerions voir enfin reconnue : c'est qu'il est bien difficile de battre un adversaire si l'on n'a recours aux mêmes armes que lui.

Or, nous avons affaire, avec Hitler, à un authentique révolutionnaire. La révolution qu'il propage peut bien être, comme l'a excellemment vu M. Rauschning, une révolution essentiellement anarchique, c'est une révolution tout de même. Nous voulons dire : un mouvement qui, par son action, se sert des méthodes qui violent les lois établies. Il nous faut, si nous voulons battre Hitler, retrouver l'esprit révolutionnaire. « Hé quoi ! », s'écrieront quelques-uns, « voulez-vous que nous nous conduisions en gangsters, comme Hitler ? »

Ceux qui sentent ainsi, qui sont de braves gens, commettent une confusion d'idées. Quand la police tend une embuscade à un bandit, lui-même coutumier du guet-apens, elle agit, si l'on veut, à la manière du grand bandit. Va-t-on lui en faire reproche ?

Pour nous, il s'agit de savoir si, dans la lutte à mort que nous menons, il ne faut pas avoir d'abord en vue le salut de la France. Étant donné les méthodes que Hitler emploie dans cette guerre, il serait non seulement puéril, mais coupable de ne pas y adapter les nôtres.

Prenons le dernier en date des coups de Hitler : la trahison de Léopold III. Qu'aurait fait l'adversaire dans les mêmes circonstances ? Car telle est la question qu'il faudrait désormais nous poser. Qu'aurait fait Hitler devant la menace d'une défection analogue ? Il eut certainement réagi avec toute la violence qu'exigeait la situation. Il eut peut-être chambré le roi ou l'eût kidnappé.

Hitler sait fort bien que Léopold est un esprit médiocre et une âme vile. Il le sait, parce qu'il est en général bien informé et que tous les gens bien renseignés le savaient. Je me rappelle un entretien que j'eus à l'époque de la mort de la touchante reine Astrid, avec un homme bien au courant des choses belges et qui avait eu l'occasion d'approcher le roi : « C'est un *minus habens* ! », m'avait-il affirmé en toute simplicité. (Il s'était même servi d'un terme moins académique, celui-là qu'on emploie pour désigner les goitreux de certaines vallées montagneuses.) L'entretien, je le répète, remonte à plusieurs années. Il nous suffit d'avoir lu Rauschning pour ne pas douter que Hitler était parfaitement au courant des capacités du roi des Belges et qu'il a su s'arranger pour faire jouer ces capacités à son profit. Car lui, il y a des années qu'il savait qu'il aurait besoin, un jour, d'envahir la Belgique. Soyons convaincus que le reproche de s'être servi de la trahison pour obtenir son succès le laisse indifférent.

« Qu'importe si, par ce moyen, j'ai éliminé l'armée belge, sans combat », nous répondrait-il.

Point de vue cynique, mais contre lequel la guerre ne saurait trouver que cette réponse : « Nous répondrons coup pour coup. »

Armand Pierhal

N° 2378 — 7 JUIN 1940
Repenser notre politique
Aujourd'hui, toutes les pensées vont vers cette ligne, où, de l'embouchure de la Somme à la ligne Maginot, des hommes meurent pour que la France continue de vivre. Les fluctuations de la bataille en cours dominent tout le reste et aspirent vers elles toute la faculté d'attention dont nous pouvons disposer. Il peut donc paraître ridicule et vain de parler d'autre chose. Cependant, je crois que la guerre dans laquelle nous sommes engagés et qui nous a été imposée est très différente de la guerre de 1914, que c'est la guerre totale, qu'elle intéresse la nation tout entière et que le sort de la bataille de France ne dépend pas seulement des sacrifices de nos soldats, mais qu'elle dépend aussi, pour une part importante, de la structure politique que, malgré les événements, à cause même des événements, la France de l'intérieur saura se donner.

C'est pourquoi il convient de commenter le remaniement ministériel auquel vient de procéder M. Paul Reynaud.

Nous approuvons, et nous sommes persuadés que la majorité du pays est sur ce point d'accord avec nous, les efforts successifs tentés par notre Président du Conseil pour mettre la France en état de soutenir l'assaut qui lui est aujourd'hui livré et dont il importe absolument qu'elle sorte victorieuse.

Il semble que M. Paul Reynaud ait voulu donner une direction unique aux trois départements ministériels qui apparaissent aujourd'hui comme les plus importants. Nul ne s'y trompera : c'est lui qui, entouré de techniciens éprouvés, assurera dès demain la triple direction de la Défense nationale, des Affaires étrangères et des Finances. M. Paul Reynaud aujourd'hui fait ce qu'ont fait hier, dans les pays voisins du nôtre, des hommes d'État qui n'étaient point démocrates, mais qui devaient faire face, comme lui, à des situations graves. Il crée à son usage un droit de contrôle direct, sur les rouages de l'État qui sont pour l'instant les plus importants. Rendons-lui cet hommage qu'il ne cherche pas à fuir ses responsabilités de chef, et, qu'entouré du général de Gaulle qu'il aurait mieux valu écouter il y a 5 ou 6 ans, de M. Baudoin dont l'objectivité en ce qui concerne les questions italiennes est notoire, et de M. Bouthillier qui a occupé différents postes de direction au ministère des Finances, M. Paul Reynaud peut vraiment diriger le pays.

(Passages censurés)

Il faut se réjouir de voir M. Georges Pernot, qui est un grand honnête homme et dont la compétence juridique et sociale est évidente, prendre le ministère de la Santé publique, transformé pour l'occasion en ministère de la Famille [...].

Georges Hourdin

N° 2380 — 9-10 JUIN 1940
Au-dessus de la souffrance

« C'est le moment d'avoir une âme ferme, inébranlable, au-dessus de toutes les souffrances », m'écrit un éminent archevêque de France qui veut bien m'honorer de son amitié, en m'annonçant la blessure d'un de mes fils et la mort d'un de ses propres neveux. Non pas, lâchement, en dehors et à côté de la souffrance ; non pas, passivement, morosement, livrés à la souffrance, engloutis en elle ; mais, virilement, à la fois au cœur et au-dessus de la souffrance, l'affrontant et la dominant : ainsi doivent se vouloir les hommes qui, même dans les déchaînements de la violence, songent encore à ce qu'ils peuvent garder de paix et doivent garder la charité.

La charité... Vous êtes-vous demandé pourquoi cette exquise et splendide vertu, cette vertu dont il a été écrit qu'elle demeurerait encore quand les autres auraient fini leur temps, souffre encore de tant de suspicions et de réserves, je ne dis pas auprès des grossiers, qui ne comptent pas, mais auprès des forts, des courageux, des héroïques ?

C'est que nous nous en tenons parfois à des formes un peu molles, toutes passives de la charité, la pitié par exemple même supposée pure de tout retour égoïste, qui se livre quelquefois à la souffrance d'autrui, au point de se laisser écraser, paralyser par elle : l'effacement pacifiste (il ne s'agit pas seulement, on l'entend, de la paix et de la guerre militaires) qui, par peur de la souffrance qu'il faudrait imposer ou s'imposer, en vient à hésiter devant les devoirs les pus impérieux, les évidences les plus irréfragables. Toutes choses évidemment inadéquates du drame que nous vivons !

Oui, il y a des heures où il faut, tout grands, ouvrir ses yeux, sa chair, et son cœur à la souffrance humaine, en enfoncer et en retourner au besoin la pointe en soi, si elle ne se faut pas assez sentir. Ce sont les heures de facilité où nous guettent soit l'orgueil de la vie soit l'ivresse de la vie, avec de cruelles indifférences qui en naissent. Tantôt par l'effet d'une censure plus vigilante encore que celles dont nous parle Freud, tantôt par une sorte d'anesthésie analogue à celle que connaît l'intoxiqué délirant.

Mais ce qui nous menace aujourd'hui, ce n'est pas l'orgueil ou l'ivresse de la vie, c'est l'accablement de vivre, pour certains peut-être le désespoir de vivre. Haussons-nous vers les formes plus hautes de la charité, les actives, les viriles.

Renoncer ? Il ne saurait en être question. Oublier ? À peine serait-on excusable d'y recourir dans le total désarroi, quand les nerfs, décidément, refusent tout service. Se raidir ? Oui, mais cela ne suffit pas. On ne fait pas de la vie avec des raideurs, du mouvement avec des contractions.

Mais il y a des manières possibles d'être présents aux choses sans nous laisser asservir par elles, des manières de porter notre souffrance en gardant la liberté de l'esprit et des mains.

J'ai connu une malade héroïque, des années attachée à un lit, qui n'était pas seulement de souffrance, mais vraiment de torture, et y menant jusqu'au bout une vie immédiatement féconde, et donc d'une certaine manière heureuse, d'étude, d'apostolat et de prière. « Quel mauvais service on rend aux malades, me disait-elle, en s'efforçant de les "distraire". Les détentes ainsi obtenues se paient de dépressions et de découragements pires encore. Ce qu'il nous faut, c'est savoir faire face à notre mal, mais avec le minimum d'énergie physique et morale nécessaire pour le contenir et de garder le reste disponible pour pouvoir penser agir par delà. » Et quand j'insistais, elle précisait que même la souffrance aiguë, la souffrance lancinante, permet ce dédoublement et, comme eût dit le regretté Charles du Bos, ce « survol ».

Soyons pitoyables. Pitoyables un peu à nous-mêmes, c'est permis, au sens où nous l'ont enseigné de grands saints, pitoyables à tant d'autres qui souffrent plus que nous : soldats qui se battent dans un enfer de mitraille et de feu ; réfugiés chassés de leurs foyers, et harcelés sur les routes par l'aviation ennemie ; mère et femme à qui l'être chéri n'écrit plus, n'écrira plus jamais. Certains disent : « Nos souffrances ne comptent pas, cela ne doit pas compter. » C'est mal dire. N'affectons pas ce stoïcisme inhumain. Logée au plus creux de notre cœur, indéracinable, il faut que notre douleur compte, au contraire. Non toutefois pour une résignation et une compassion stériles. Mais pour l'accomplissement toujours plus résolu, plus farouche des grands devoirs qui nous sont proposés, de la grande mission qui échoit une fois encore à la France et à laquelle, nous en sommes de plus en plus sûrs, elle ne faillira pas.

Paul Archambault

N° 2380 — 9-10 JUIN 1940

Ferions-nous moins bien que des païens ?

L'exode des populations fuyant de nouveau l'envahisseur évoque tout d'abord des époques que l'on aurait pu, que l'on aurait dû pouvoir croire à jamais révolues, mais cet exode renouvelé de ces temps lointains, antérieurs à l'apparition du Christianisme ou les malheureux qui se sauvaient ainsi ne pouvaient rencontrer pour leur venir en aide que des païens comme eux-mêmes, doit au moins inspirer à ceux qui n'ont point perdu leurs biens, les sentiments de compassion effective, ces spontanéités d'accueil qu'éprouvaient pour les réfugiés d'alors les païens de ces temps-là.

Nous dont la charité du Christ, pitoyable aux foules qu'il craignait de voir défaillir sur le chemin, doit fendre le cœur de compassion, à défaut d'une âme pleinement chrétienne, nous aurions à rougir de n'avoir pas tout au moins cette âme simplement humaine et généreuse que Virgile a su prêter à même la sienne aux bergers de ses églogues.

Les vers élégants du poète de Mantoue n'atteignent certes pas à la sublimité de la simple prose de l'Évangile et pourtant si nous savions seulement tous en écouter les suggestions. S'ils pouvaient nous inspirer de faire ce que faisaient les païens, ainsi que le constate le Sauveur lui-même.

Si nous savions agir comme le Tityre laissant son pipeau trop paisible au profit et pour le soulagement, si momentané qu'il doive être, de ceux qui nous arrivent exténués et sans ressources, à l'heure où l'ombre des montagnes s'allonge sur la plaine et que du toit des chaumières monte la fumée bleue, évocatrice de paix et de repos, comme en signe d'accueil. Malgré les préoccupations matérielles de l'heure, malgré les angoisses patriotiques, les hexamètres virgiliens, qui ne semblent que feu de poète, montent tragiques de la mémoire du cœur ; ils disent tout ce que, à mots entrecoupés, font entendre les arrivants d'aujourd'hui, pour qui les Bretons ne sont plus pour leur sécurité séparés comme aux temps anciens du reste de l'univers.

Qu'ils reçoivent au moins de chacun de nous l'accueil de Moelibée recevait de Tityre pendant que les légions d'Antoine affrontaient celles d'Octave.

Sachons au moins leur dire comme l'heureux agriculteur des bords de Mincio : Restez à passer la nuit, vous reposerez sur la paille peut-être, mais elle vous est offerte de bon cœur ; voilà quelques fruits rafraîchissants des châtaignes et du fromage.

Invitation virgilienne au souper frugal toute païenne encore, mais qui refléterait le *Mane nobiscum* des Pèlerins d'Emmaüs et qui nous vaudrait, à la fraction fraternelle du pain, d'avoir la vision du Prince de la Paix, pour la France et pour le monde.

Edward Montier

TABLE DES MATIÈRES

Introduction, Jean-Michel Cadiot	v
Année 1938	1
Georges HOURDIN, *Réalisme de Briand* (n° 1853, 1ᵉʳ septembre)	1
Maurice DUHAMEL, *À propos des 40 heures* (n° 1855, 3 septembre)	3
Élie BAUSSART, *L'heure dangereuse* (n° 1856, 4-5 septembre)	5
Michel COLLINET, *La Biennale de Venise* (n° 1860, 9 septembre)	7
Georges BIDAULT, *Ceux qui trahissent la patrie* (n° 1862, 11-12 septembre)	9
Luigi STURZO, *La crise des Allemands-Sudètes* (n° 1870, 21 septembre)	12
LUCIDUS, *Tour d'horizon : tache d'huile* (n° 1871, 22 septembre)	14
Francisque GAY, *Volonté de paix* (n° 1878, 30 septembre)	14
LUCIDUS, *Tour d'horizon : la paix sauvée* (n° 1879, 1ᵉʳ octobre)	18
Jean SOULAIROL, *Proust et Mauriac* (n° 1889, 5 octobre)	19

Carlo Sforza, *Le problème tchèque commence demain*
(n° 1892, 16-17 octobre)   21

Cécile de Corlieu, *Et maintenant ?* (n° 1898, 23-24 octobre)   27

Jean Soulairol, *Conscience, dignité humaine*
(n° 1899, 28 octobre)   28

Pierre-Henri Simon, *France, nous voici !*
(n° 1907, 4 novembre)   30

Paul Vignaux, *Défense ouvrière et renouvellement national*
(n° 1908, 5 novembre)   33

Ernest Pezet, *Munich, Eurasie et colonies.
Les risques d'une fausse paix* (n° 1909, 6-7 novembre)   36

Francisque Gay, *Le rapport que Francisque Gay
présentera au Congrès* (n° 1912, 10 novembre)   39

François Veuillot, *La force que chacun doit identifier*
(n° 1912, 10 novembre)   44

Maurice Carité, *En avant ! Pour les Nouvelles
Équipes françaises !* (n° 1916, 15 novembre)   46

Nouvelles Équipes françaises, *Un ordre du jour
de la NEF sur les persécutions contre les juifs
(la « nuit de cristal »)* (n° 1916, 15 novembre)   54

Jeanne Ancelet-Hustache, *Attention chez nous aussi !*
(n° 1920, 19 novembre)   54

Wilfred Monnot, *La voix d'un pasteur*
(n° 1922, 22 novembre)   57

Emmanuel Mounier, *Thérapeutique de nos divisions*
(n° 1922, 22 novembre)   58

Jacques Nanteuil, *Francis Jammes et Léonard Constant*
(n° 1938, 11–12 décembre)   61

René Nouat, *Ceux de la « Solidaridad »*
(n° 1963, 29 décembre)   63

Année 1939 67

Hélène Dufays, *L'enrôlement des femmes*
(n° 1979, 19 janvier) 67

Georges Bidault, *Réfugiés* (n° 1998, 9 février) 69

Francisque Gay, *Le Pape de la charité*
(n° 1990, 11 février) 71

Cécile Brunschvicg, *Témoignage* (n° 1990, 11 février) 73

Marc Sangnier, Georges Duhamel, Jacques Maritain,
Wilfred Monod, *Témoignages à l'occasion du numéro 2000*
(n° 1996, 19 février) 74

René Capitant, Pierre-Henri Teitgen, *Témoignages
à l'occasion du numéro 2000* (n° 2000, 23 février) 75

Étienne Borne, *Refaire des citoyens* (n° 2001, 24 février) 76

Georges Bidault, *Janvier 1939. La France et l'Angleterre
reconnaissent le général Franco* (n° 2004, 28 février) 77

Edward Montier, *En lisant Racine aujourd'hui*
(n° 2005, 1er mars) 79

Maurice Carité, « *Un grand apôtre, un grand pape,
une grande conscience », nous dit M. Yvon Delbos*
(n° 2007, 3 mars) 81

Claude Leblond [Charles Blondel], *Le devoir de la France*
(n° 2019, 17 mars) 83

Marguerite d'Escola, *Ghazi Ier, roi d'Irak* (n° 2036, 6 avril) 85

Georges Bidault, *Le massacre de Pâques* (n° 2039, 9-11 avril) 86

Cécile de Corlieu, *Mme Avril de Sainte-Croix :
souvenirs et méditations sur une tombe* (n° 2045, 18 avril) 87

Pierre Corval, *Les Nouvelles Équipes Françaises
ont fêté M. Van Zeeland « homme de notre esprit,
grand démocrate et grand Européen* (n° 2051, 25 avril) 91

Étienne Borne, *Sur les propos d'un notable en difficulté* (n° 2072, 20 septembre)   100

Hélène Dufays, *Le 150ᵉ anniversaire de la Révolution* (n° 2076, 25 mai)   102

Louis Terrenoire, *Pour trouver des chefs à la mesure de la France* (n° 2078, 27 mai)   104

Maurice Carité, *Les deux premiers évêques noirs viennent d'être nommés par le Pape* (n° 2081, 1ᵉʳ juin)   106

Denis Peter, *Les persécutions contre l'Église d'Autriche* (n° 2087, 8 juin)   107

Paul Archambault, *Pour les quatre-vingts ans d'Henri Bergson* (n° 2088, 9 juin)   108

Cécile de Corlieu, *Autour d'une parade militaire* (n° 2099, 22 juin)   110

Louis Terrenoire, *Fermeté contre la guerre* (n° 2100, 23 juin)   113

André Sidobre [Maurice Schumann], *Le Japon contre l'Angleterre* (n° 2103, 27 juin)   116

Marguerite George, *Salut au* Catholic Worker (n° 2116, 30 juin)   120

Geneviève Dardel, *Quatorze Juillet* (n° 2118, 14-17 juillet)   121

Paul Catrice, *Un catholique italien refuse de haïr la France* (n° 2135, 5 août)   124

Jean Morienval, *Puissance de Claudel* (n° 2142, 2 septembre)   126

Georges Bidault, *Dans la nuit* (n° 2143, 3-4 septembre)   128

Georges Bidault, *Face à l'agression hitlérienne* (n° 2145, 6 septembre)   129

Georges Bidault, *L'Armée rouge avance en Pologne à la rencontre de la Reichswehr* (n° 2156, 19 septembre)   130

Marguerite d'Escola, *La robe sans couture* (n° 2158, 21 septembre)   132

Pierre CORVAL, *À temps nouveaux méthodes nouvelles*
(n° 2160, 23 septembre) 133

Paul ARCHAMBAULT, *Il n'est pas de plus grande
preuve d'amour* (n° 2165, 29 septembre) 134

Luigi STURZO, *Guerre d'idéologie* (n° 2177, 13 octobre) 136

Jeanne-Étiennette DURAND, *Une soirée intime à l'aube,
avec Louis Terrenoire et Jean Richard*
(n° 2203, 12-13 novembre) 137

Jean CHARLES-BRUN, *S'unir ou mourir*
(n° 2220, 2 décembre) 139

Isabelle SANDY, *L'âme des nations* (n° 2221, 4 décembre) 141

Jean LACROIX, *Ce que nous voulons* (n° 2223, 6 décembre) 143

Marguerite D'ESCOLA, *... Pax hominibus*
(n° 2239, 24 décembre) 144

Louis TERRENOIRE, *Les jours de Bethléem*
(n° 2240, 25-26 décembre) 145

Georges BIDAULT, *Un peuple qui se retrouve chrétien*
(n° 2240, 25-26 décembre) 147

Année 1940 149

Arthur STEIGLER, *Un camp de concentration
pour 2 300 000 personnes* (n° 2246, 3 janvier) 149

Georges BIDAULT, *Roosevelt et les démocraties*
(n° 2247, 4 juillet) 152

Arthur STEIGLER, *Les vrais buts du « protectorat juif »
à Lublin* (n° 2261, 20 juillet) 153

Jacques MADAULE, *Refaire l'Europe* (n° 2264, 24 janvier) 155

Georges BIDAULT, *La tactique d'intimidation*
(n° 2265, 25 janvier) 158

Paul CATRICE, *Une nouvelle France africaine*
(n° 2273, 3 février) 159

Francisque GAY, *La mobilisation des consciences* (n° 2281, 13 février)	161
Jacques MADAUL, *À propos de la laïcité* (n° 2298, 3-4 mars)	163
Armand PIERHAL, *Faisons-nous une âme de lutteur* (n° 2317, 27 mars)	166
Geneviève DARDEL, *La Pologne* (n° 2327, 7-8 avril)	168
Francisque GAY, *Cartes sur table* (n° 2331, 12 avril)	170
Paul ARCHAMBAULT, *Limites de la force* (n° 2336, 18 avril)	172
Jeanne ANCELET-HUSTACHE, *Prière de mai* (n° 2349, 4 mai)	174
Jean SOULAIROL, *Jeanne des Alliés* (n° 2350, 5-6 mai)	176
Armand PIERHAL, *La conduite psychologique de la guerre* (n° 2354, 10 mai)	178
Francisque GAY, *Une seule chose compte : maintenir la France* (n° 2360, 17 mai)	181
Paul ARCHAMBAULT, *La foi* (n° 2362, 20 mai)	182
Arthur STEIGLER, *Hitler cherche-t-il à remplacer le Juif errant par le Polonais errant ?* (n° 2368, 26-27 mai)	184
Joseph AGEORGES, *Journée de deuil et de lumière* (n° 2371, 30 mai)	187
Francisque GAY, *De Dunkerque à l'Yser* (n° 2373, 1er juin)	189
Georges HOOG, *Pour qu'on ne doute plus de nous* (n° 2375, 4 juin)	191
Armand PIERHAL, *Ne nous payons pas de mots* (n° 2376, 5 juin)	193
Georges HOURDIN, *Repenser notre politique* (n° 2378, 7 juin)	195
Paul ARCHAMBAULT, *Au-dessus de la souffrance* (n° 2380, 9-10 juin)	196
Edward MONTIER, *Ferions-nous moins bien que des païens ?* (n° 2380, 9-10 juin)	198